기획을
설계하는
생각 도구
100

SUGOI SHIKO TSURU Kabe wo Toppa Suru Tame no 100 no Hoteishiki
by KONISHI Toshiyuki
Illustrated by MIYAZAKI Tomoe

Copyright ⓒ 2024 KONISHI Toshiyuki
All rights reserved.
Original Japanese edition published by Bungeishunju Ltd., in 2024.
Korean translation rights in Korea reserved by BOOK21 Publishing Group,
under the license granted by KONISHI Toshiyuki, Japan arranged with Bungeishunju Ltd., Japan
through AMO AGENCY, Korea.

이 책의 한국어판 저작권은 AMO에이전시를 통해 저작권자와 독점 계약한 도서출판 북21에 있습니다.
저작권법에 의해 한국 내에서 보호를 받는 저작물이므로 무단 전재와 무단 복제를 금합니다.

THINKING TOOL

기획을 설계하는

팔리는 아이디어를 만드는 전략적 도구들

고니시 도시유키 **지음** 고정아 옮김

생각 도구 100

돈 안 들이고 시작하는 마케팅 사고법

21세기북스

———————— 프롤로그 ————————

당신은 요즘 일을 할 때 어떤 점이 고민스러운가?

- 매일매일 일에 치여 사는데 성과는 오르지 않는다.
- 우리 회사의 제품, 서비스와 관련된 과제를 해결할 아이디어가 떠오르지 않는다.
- 요즘 시장에 먹힐 신선한 기획을 좀처럼 짤 수 없다.
- 사내 회의나 고객 상담 때 내 아이디어가 받아들여지지 않는다.
- 분명 좋은 제품인데 어떻게 홍보해야 할지 모르겠다.

이 책에서 소개하는 100가지 생각 도구(Thinking Tool)를 알면, 일을 하면서 곧잘 부딪히는 '업무의 벽'을 단번에 깨부술 수 있다.

나는 지금까지 1,000건이 넘는 광고를 기획했고, 1만 건이 넘는 프레젠테이션을 진행했다. 각 분야를 이끄는 뛰어난 경영자들과 아이디어를 주고받았고, 다종다양한 업계의 고객사와 함께 제품 개발, 기업 브랜딩, 도시 개발 등에 관여했다. 이렇게 35년 동안 일하며 차곡차곡 쌓아 온 '살아 있는 노하우'를 업종, 업계를 불문하고 누구나 바로 사용할 수 있는 공식으로 정리한 것이 바로 이 책이다.

이 책이 '대단'한 이유는 수많은 경영자로부터 "이거 정말 대단한데요."라는 평가를 받아 왔기 때문이며, 또 실제로 '최하위 광고인'으로 실

004

적이 매우 나빴던 내가 급성장할 수 있었던 비결이기 때문이기도 하다. 처음부터 잘나간 사람이 설명하는 방법론과 달리, 생생함과 절실함이 묻어 있으므로 누구든 자기 것으로 만들 수 있다고 자부한다.

사실 나는 광고대행사에 '추가 합격'하는 것으로 광고인 인생을 시작했다. 지망 부서가 아닌 크리에이티브 팀으로 발령을 받았고, 카피라이터로서 매일같이 센스 없다는 소리를 들으며 혼났고, 프레젠테이션도 실패하기만 했다. 이렇게 별다른 성과도 내지 못한 채 2년이 지나자, 몸도 마음도 만신창이가 돼 회사를 그만두기 일보 직전까지 내몰렸다. 더는 떨어질 데도 없던 풋내기가 어떻게 부활했는지는 차차 이야기하겠다. 다만 당시에 큰 영향을 미친 계기가 하나 있다. 바로 '실패를 통해 배운 것'을 토대로 내 나름의 '생각 도구'를 만들기 시작한 일이다.

'생각을 위한 방법'이 정리되면 사고가 단번에 활성화된다.

이는 매우 단순하지만 심오한 발견이었다. 나는 이 사실을 깨닫고, 수많은 실패와 성공, 누군가와의 만남, 말의 발견 등 모든 것을 '생각 도구'로 정리해 왔다. 이를 주변 사람들에게 보여 줬더니 다들 "힘든 과제를 해결해 줄 강력한 사고법이다.", "더 일찍 알았으면 좋았을걸!" 하고 말했다. 그것이 바로 이 책이 탄생한 계기다.

이 책에서 소개할 '100가지 공식'은 내 경험을 통해 도출한 업무에 활용할 수 있는 방법으로 총 4장으로 구성돼 있다.

제1장에서는 '팔리는' 아이디어를 떠올리는 방법을 중심으로, 모든 일을 과제화해 창의적인 발상으로 벽을 허무는 비결을 다룬다.

제2장에서는 프레젠테이션 성공 법칙부터 매력적인 스토리 구성 방법에 이르기까지 '전해지는' 커뮤니케이션의 기술을 깊이 있게 파헤친다.

제3장에서는 내 개인적인 체험을 바탕으로 정리한 성장 비결, 실패에서 교훈을 얻을 수 있는 루틴, 최강의 메모 기술 등 핵심적인 업무 비결을 소개한다.

제4장에서는 미래를 디자인하는 비전의 힘에 관한 내용으로, 누구나가 회사에서 활기차게 활약하며 설레는 미래를 만들어 나가는 기술을 전한다.

나는 "광고 기술에는 사람과 기업과 세상을 행복하게 만드는 힘이 있다."라는 신념으로 POOL이라는 회사를 만들었다. 그리고 바로 이 책에 그런 광고 기술들을 '생각 도구화'해 어떤 일에든 응용할 수 있도록 구축해 놨다. 이 모든 것이 내가 힘들게 일하던 시기에 밑바닥에서부터 하나하나 쌓아 올린 계단으로, 반드시 여러분을 높은 경지로 이끄는 지침이 되리라 믿는다.

솔직히 말해 '생각 도구' 없이 일하는 것은 배트 없이 타석에 들어서는 것이나 다름없다.

배트 없이 공을 제대로 칠 수 있을 리 없다. 그렇지만, 한번 배트를 손에 넣으면 시대가 바뀌어도 꾸준히 히트를 칠 수 있다. 그 이유는 '생각 도구'가 도출하는 것이 **답이 아니라 보편적인 물음**이기 때문이다.

생각 도구에서 생성되는 물음은 분명 눈앞의 벽에 바람구멍을 뚫는 계기가 돼 일을 몇십 배나 즐겁게 만드는 버팀목이 돼 줄 것이다. 독자 여러분이 이 책을 유용하게 활용한다면 더없이 기쁠 것이다.

― 차례 ―

프롤로그 • 004

I 아이디어를 떠올리는 공식

1 돈이 드는 아이디어는 아이디어가 아니다 • 017
2 '이견의 견'을 통해 진화하자 • 021
3 뒤집어서, 옆에서, 밑에서 보자 • 024
4 일상 속 아이디어의 씨앗을 조합해 보자 • 027
5 돋보기 전략으로 틈새 분야를 보자 • 032
6 규칙보다 목표를 생각하자 • 036
7 상식에서 벗어나야 유행한다 • 040
8 협업은 가장 거리가 먼 상대와 • 043
9 위화감을 화제로 만드는 비법 • 046
10 해체×수평 전개를 통해 오리지널 아이디어로 • 049
11 아이디어 100개 화이트 곱셈 메모 • 054
12 히트시키려면 블랙 나눗셈 메모 • 058
13 아홉 칸짜리 불만 빙고 • 062
14 불만은 현장에서 생기고 있다 • 066
15 모두가 몰랐던 불만 찾아내기 • 069
16 미움을 받아 보는 발상으로부터 출발 • 073
17 폭발적으로 아이디어가 떠오르는 3초 허들 메모 • 077

18 아이디어가 안 떠오르면 회의명을 바꿔라 • 081
19 옳은 답은 없다, 옳은 질문은 있다 • 083
20 제품을 팔기 어렵다면 행동을 팔자 • 087
21 하고 싶다, 할 수 있다, 해 보자! • 090
22 인생 사고 방법으로 아이디어를 창출 • 094
23 공짜는 일단 의심하자 • 099
24 맨밥보다는 후리카케를 뿌린 밥 • 101
25 세상을 끌어들이고 싶다면 쟁점화 작전 • 103
26 생명과 관련된 아이디어는 계속 팔린다 • 107
27 아이디어 구상을 위한 화살표 크리에이티브 X→Z • 111
28 X→Z로 드러나는 비즈니스 전환기 • 115
29 갈피를 잡지 못할 때는 세 가지 → • 119
30 둘 이상의 과제를 동시에 해결 • 125

II 커뮤니케이션의 공식

31 시작이 재미있으면 관객은 졸지 않는다 • 131
32 재미없는 이유는 자기의 이야기를 하지 않아서 • 135
33 프레젠테이션 필승 공식 : 과제 → 미래 → 실현 방안 • 139
34 완벽한 프레젠테이션은 아홉 가지 주제로 • 142
35 안이한 목표는 꿀맛 나는 독사과 • 147

36	맛있어 보이는 제안은 밥 70퍼센트, 반찬 30퍼센트 • 149
37	그 아이디어에 여백이 있는가 • 151
38	유행은 위화감과 깊이감으로 이루어져 있다 • 155
39	물건 말고 이야기를 팔자 • 159
40	불만 해결로 이어지는 스토리 • 163
41	역경은 이야기를 진수성찬으로 만든다 • 167
42	전체적인 꿈을 보여 주자 • 173
43	낚시하는 사람에게 물고기를 그냥 주지 마라 • 177
44	프레젠테이션 대상의 끝판왕은 어린이 • 180
45	'전하다'에서 '전해지다'로 • 183
46	비즈니스에도 어포던스 개념을 도입 • 187
47	작명은 마법의 지팡이 • 191
48	기획서를 만드는 세 가지 자세 • 195
49	명의는 환자의 말에 귀를 기울인다 • 198
50	듣는 것도 프로, 듣지 않는 것도 프로 • 202
51	커뮤니케이션 비결을 노부부에게 배운다 • 204
52	미움받아도 괜찮다. 하지만 미움받지 않도록 하자 • 207
53	상상을 뛰어넘는 것을 계속 보여 주자 • 211
54	우연이 세 번이면 운명이다 • 215
55	상대의 눈치를 보지 말고, 감사받을 일을 하자 • 219
56	넓힐 때는 반드시 뾱뾱이 전략 • 222

57 빡빡이 전략으로 보스 캐릭터와 맞선다 • 227
58 축제형 커뮤니케이션 • 232
59 가시 돋친 말은 쓰지 말자 • 236

III 일을 디자인하는 공식

60 빠르게 성장하려면 슬립 스트림 속으로 • 243
61 싫은 사람과는 동지가 되자 • 248
62 프로로서 다른 분야의 프로를 대한다 • 250
63 중심은 흔들지 말고 피벗 스타일로 • 252
64 센스는 지식 + 경험 + 배려심 • 255
65 안테나를 세워 관찰하고 재발견해 공유하자 • 257
66 맹렬한 속도로 구르면 앞으로 더 튀어 나갈 수 있다 • 261
67 좋아하는 것과 만들고 싶은 것의 차이 • 266
68 생각한다 = 목적에 도달하는 방법을 짜낸다 • 270
69 터무니없는 지시도 때로는 환영 • 274
70 곤란할 때는 불만으로 돌아가자 • 276
71 좌절했을 때는 아이디어를 떠올리자 • 279
72 고민스러울 때는 삼자 택일 • 281
73 그림을 그릴 때, 색을 줄이자 • 285
74 문장 수업은 노래방에서 • 289

- 75 밖으로 나가 사진을 찍고 메모를 달자 • 292
- 76 최강의 메모 기술, 셀프 세렌디피티 • 296
- 77 일하는 방식은 밴드와 솔로를 겸해서 • 300
- 78 사다리꼴이 아닌 삼각형 위에 서자 • 302

IV 미래를 만들어 내는 공식

- 79 세상에는 북극성이 필요하다 • 309
- 80 비즈니스의 발전은 비전의 크기와 비례한다 • 313
- 81 유행을 만들려면 세계 제일을 노려라 • 316
- 82 진짜 크다, 엄청 많다, 첫 체험! • 319
- 83 쿨저펜에서 저펜쿨 전략으로 • 321
- 84 개선보다 혁신 • 325
- 85 기업 경영에 모모타로 이론을 적용 • 327
- 86 비전은 목표에서 자세로 • 331
- 87 지속가능성 가치관을 공유 • 334
- 88 공감과 참여를 지향하는 기업 활동 • 338
- 89 메이지진구의 숲을 만들 수 있을까 • 340
- 90 미래가 과거를 만든다 • 343
- 91 '작게, 느리게'로 지역성이 돋보이는 시대 • 347
- 92 이름으로 지역에 가치를 불어넣자 • 350

93 '없는 것'으로 차별화하라 • 354

94 관계인구 이전에 관심 인구를 • 357

95 수익이 없으면 미래도 없다 • 361

96 섞이지 않아도 되는 패치워크의 다양성 • 365

97 그 아이디어라면 확실히 행복할까 • 368

98 사랑이야말로 아이디어를 구현하는 힘 • 371

99 손에 손을 잡는 리좀식 업무 • 375

100 세 가지 질문으로 아이디어를 최종 판단 • 379

에필로그 • 384

I

아이디어를 떠올리는 **공식**

> THINKING TOOL
> # 1
> # 돈이 드는 아이디어는
> # 아이디어가 아니다

먼저 돈을 들이지 않고 할 수 있는 일을 생각하다 보면 창의력이 샘솟는다

"고니시 씨는 광고 회사에 다녀서 좋으셨겠어요. 저도 큰돈이 오가는 일을 해 보고 싶어요."

이런 말을 몇 번이나 들었는지 모르겠다. 물론 광고 회사에 다닌 덕분에 보통은 만나기 어려운 사람들과 만나, 보통은 접하기 힘든 일을 하며 성장해 왔기에 앞말은 수긍이 간다. 그러나 뒷말은 인정할 수 없다.

왜냐하면 "큰돈을 들이면 성공할 수 있을 텐데……."라고 생각하는 사람은 대체로 큰돈이 있어도 성공하기 쉽지 않다. 처음부터 아이디어를 구상할 때 유명 연예인이나 큰 이벤트부터 떠올리는 것은 고정관념에 갇혀 있어서다.

물론 돈이 있어야 실현할 수 있는 아이디어도 있지만, 돈을 들이지 않고도 세상을 바꾸는 뭔가를 이뤄 낸 사례도 셀 수 없을 정도로 많다.

그라피티 아티스트인 뱅크시는 예술계를 완전히 바꿔 놨는데, 거기에 든 비용은 기껏해야 스프레이값 정도다.

비즈니스로 세상을 바꾼 우버나 에어비앤비 등도 창업 당시에는 돈이 거의 필요 없는 아이디어에서 출발했다. 아이디어와 돈은 밀접한 관련이 있어 보이나 사실은 전혀 상관이 없다.

그럼 어떻게 하면 돈이 필요 없는 아이디어를 떠올릴 수 있을까?

☞ 출발점을 바꿔 보자

예전에 하버드대학에서 "100달러로 창업하려면 어떻게 해야 할까?"라는 주제로 강의가 개설됐다. 당시에 승리한 팀이 쓴 비용은 0달러였다. 해당 강의 자체를 '매체'로 삼아 기업의 과제를 해결하고 홍보하는 사업을 하겠다는, 그야말로 눈이 번쩍 뜨일 만큼 기발한 아이디어를 제시한 결과였다.

자신에게 어떤 자산과 강점이 있는지 새로운 눈으로 살펴보면, 돈을 들이지 않고도 정곡을 찌르는 아이디어를 떠올릴 수 있다. 이때 사고법의 핵심은 출발점을 바꿔 보는 것이다. "100달러로"라는 말을 '돈을 들이지 않고'라는 의미로 해석한다면, '제일 좋은 방법은 돈을 들이지 않고 수익을 올리는 것'이 된다. 승리 팀은 이런 생각으로 과제에 임했기 때문에 다른 팀과는 차원이 다른 아이디어를 떠올릴 수 있었다. 이처럼 모두가 당연하게 생각하고 지나쳐 버리는 전제를 바꿈으로써 새로운 아이디어가 탄생하는 일은 비일비재하다.

나 역시 2012년에 거의 제로에 가까운 비용으로 프랜차이즈체인 하나 마루우동을 홍보한 적이 있다. '기한 종료 쿠폰 대부활제'라는 캠페인으로, 뭐든 기한이 끝나 버린 쿠폰을 갖고 오면 어떤 메뉴든 50엔을 깎아 주는 방식이었다. '종잇조각'에 불과한 쿠폰을 '화폐'로 만들어 버린 것이다.

"서점 쿠폰이든 슈퍼 쿠폰이든 상관없다고? 기한이 지난 쿠폰이면 어떤 거든 쓸 수 있다고?"

다들 이 놀라운 소식을 포스팅하면서 SNS에서 크게 화제가 됐다. 이 아이디어의 어떤 점이 획기적이었을까?

바로 남의 것으로 자신의 실속을 챙겼다는 점이다.

아직 디지털 쿠폰이 없던 시절, 거의 모든 기업이 종이 쿠폰을 나눠 주던 시대였지만, 이 캠페인은 쿠폰 인쇄비가 전혀 들지 않았다. 게다가 지갑이 각종 쿠폰으로 넘쳐 나는데 기한 지난 쿠폰까지 마구 섞여 있어 정리하기 귀찮다는 '숨은 불만'을 가진 사람이 많았던 터라 강한 공감대가 형성됐다. 이런 숨은 불만을 '쿠폰 발행'이라는 출발점에서 재검토함으로써 돈을 들이지 않고 지갑을 깔끔하게 정리해 주는 아이디어로 승화시킬 수 있었다.

이듬해에는 샐러드 우동 발매를 계기로 '건강보험증을 보여 주면 50엔 할인'이라는 제로 쿠폰 기획을 추진했다. 또 아이를 동반하면 할인받을 수 있는 '어린이 쿠폰'이라는 이벤트도 열었다.

"손님을 쿠폰 취급하다니요!" 쇼핑센터 측은 쓴웃음을 지으며 나무랐지만, 이 역시 큰 화제를 불러일으켰다.

이 모든 아이디어는 '쿠폰 인쇄 없이 돈을 들이지 않고 할 수 있는 일이 뭐가 있을까?'라며 굳이 어려운 조건을 출발점으로 삼아 자신을 몰아 붙였기에 생각해 낼 수 있었다.

> 아이디어의 출발점을 바꾸자.
> 돈 없이도 세상의 '숨은 불만'을 해소하는
> 아이디어를 실현할 수 있다.

> THINKING TOOL
> 2

'이견의 견'을 통해 진화하자

'완성보다는 반성'으로 업데이트해 나가자

어떤 기획이든 '관점을 바꾸는' 것이 필수다. 특히 '상대 입장'에서 생각하는 것이 중요하다. 그러나 아무리 주의 깊은 사람도 눈앞의 일에 몰두하거나 한 아이디어에 매달려 이를 구체화하는 데 급급해지면 상대 입장에서 생각해 보는 단계를 놓치기 쉽다.

이때 주의할 점이 '상대를 위해'와 '상대 입장에서'는 완전히 다르며, 서로 정반대 결론이 날 수도 있다는 것이다. 예를 들어 공개적인 장소에서 연인에게 커다란 꽃다발을 건넸더니 순식간에 분위기가 썰렁해졌다. 그 이유는 상대의 입장을 고려하지 않았기 때문이다.

'상대를 위해'라는 사고에는 자신에게 유리하도록 극대화시키기 쉽다는 함정이 있다. 결국 자신이 좋아하는 것을 상대에게 밀어붙일 수 있으므로 편하고 즐거워서다.

반대로 '상대 입장에서' 사고하기란 어렵고 힘들다. 상대에 대한 적절한 정보가 필요하고, 넓은 관점에서 상대의 상황을 읽어 내는 힘도 필요하기 때문이다.

일본 전통극 노가쿠(能楽)에서는 이를 '이견의 견'이라 부른다. 무대를 보는 관점은 배우의 눈으로 보는 '아견(我見)'과 관객의 눈으로 보는 '이견(離見)', 이렇게 두 가지가 있다. 그리고 '이견의 견'은 배우가 관객의 눈으로 자신을 보는 관점, 즉 객관적으로 전체를 보는 힘을 말한다. 이 세 가지 관점을 의식하면 배우는 대성한다고 한다.

이는 일을 할 때도 매우 중요하다. 왜냐하면 "일이 잘 풀리지 않는 까닭은 이견의 견이 없어서, 즉 자신의 생각과 상대의 생각이 겹치는 지점을 잘 몰라서"라는 문제를 알아차릴 수 있기 때문이다.

참고로 '상대의 입장에서' 개발한 제품이나 서비스, 나아가 지역사회 조성 같은 일도 세상 밖으로 나가 직접 '상대'의 반응을 보고 거듭 검토하는 과정을 통해 완성도를 높여야 한다. 일단은 '완성'했더라도 객관적인 관점으로 매일 업데이트해 나가야 한다. 그래서 나는 '완성보다는 반성이 중요'하다고 생각한다.

☞ 모래 놀이터 연구가의 가르침

얼마 전에 모래 놀이터 연구의 일인자이자, 일본 각지에 모래 놀이터를 만드는 회사의 경영자이기도 한 도로시 선생님을 만났다. 그녀와 대화를 나누던 중 인클루시브 놀이기구와 아이의 관계에 대한 이야기를 듣고 깜짝 놀랐다.

인클루시브 놀이기구란 장애 여부와 상관없이 다 함께 놀 수 있는 시설로, 최근에는 꽤 많은 공원에 설치돼 있다. 모래 놀이터의 경우에는 휠체어에 앉아서도 서서도 이용할 수 있게 디자인됐다. 덕분에 난치병 어린이가 놀다가 활짝 웃었다는 기분 좋은 이야기도 종종 듣는다.

다만 실제로 휠체어를 타는 어린이 중에는 이 특별한 놀이기구를 사용하지 않고, 굳이 모두가 함께 노는 모래 놀이터로 기어가서 어울리려는 경우도 있다고 한다.

아이의 마음이 돼 보면 그러고 싶은 심정을 충분히 알 수 있다. 인클루시브 놀이기구를 설치하는 것도 당연히 중요하지만, 거기서 끝이 아닌 것이다. 휠체어에 앉아 있는 아이를 진정으로 배려하는 시설이 뭔지, 당사자 입장에서 생각하고 개선해 나가야 한다.

> 만들기만 하면 끝이 아니다.
> 사용자 입장에서 몇 번이고 검증한다.
> '완성보다는 반성'의 정신으로 고쳐 나가자.

THINKING TOOL
3

뒤집어서, 옆에서, 밑에서 보자

상황도, 잠재 고객도, 이점도
각도를 바꾸면 새로운 스토리가 보이기 시작한다

관점에 대해 좀 더 이야기해 볼까 한다. "삼각형인 줄 알았는데, 위에서 보니 원뿔이고 옆에서 보니 삼각기둥일 수도 있잖아."

내가 평소에 종종 하는 말이다. 한 방향에서만 보면 사물의 본질을 알 수 없다. 그 이면에 어떤 가능성이 숨어 있는지도 알 수 없다. 그래서 나는 일을 맡으면 먼저 제품을 여러 각도에서 살펴본다. 다른 상황에서 써 보면 어떨까? 다른 잠재 고객에게는 어떤 이점이 있을까? 이렇게 알아본다는 말이다.

관점을 바꿈으로써 예상하지 못한 형태로 제품이 팔리거나 새로운 시장이 형성되는 경우가 종종 있다. 유명한 예로 베이비오일이 미용에 쓰이면서 큰 인기를 얻은 경우를 들 수 있다. 아기용, 저자극, 무향료라는 USP(Unique Selling Proposition, 소비자가 느끼는 해당 제품의 강점)가 순한 미용 오일을 찾는 여성에게 먹혔다. 식품 보관용 지퍼백이 내용물이 보일 뿐 아니라 가볍고 방수도 된다는 이유로 지갑 대신으로 쓰이거나, 주방용 신발이 장화로 팔리기도 한다. 이처럼 관점을 바꾸면 생각지 못한 이점이나 사용법을 발견할 수 있고, 새로운 판매 방법이나 시장이 생긴다.

프랑스의 주물 냄비 브랜드 르크루제가 일본 시장에서 인기를 얻은 계기가 냄비의 기능이 아닌 부엌 인테리어 때문이었다는 이야기는 유명하다. 색이 화사한 냄비가 일본 식탁에서 강한 니즈를 불러일으킨 것은 그야말로 다른 각도에서 접근한 덕분이었다.

☞ 삼각형을 뒤집으니 모든 게 보였다.

이직 지원 서비스를 제공하는 비즈리치의 지주회사인 비저널을 개발할 때의 일이다. 사업회사와 지주회사의 관계성에 대해 창업자인 미나미 소이치로(南壯一郎) 씨와 많은 이야기를 나눴다. 보통 지주회사는 사업회사의 '위'에 있는데, 미나미 씨는 오히려 "사업회사가 열심히 뛰고 있으니 그 사원들이 위이고, 우리는 밑에서 받쳐 줘야 한다."라고 여러 차례 말했다.

다시 말해 정반대의 발상이다. 이 이야기를 거듭 논의하던 중 뉴욕에서 활동하는 그래픽디자이너 엔도 다이스케(遠藤大輔) 씨의 "플랫폼으로서의 지주회사"라는 말이 떠올랐다. "그럴 수도 있겠는데!" 싶으면서 생각이 부풀었다. 그렇게 해서 정삼각형 조직을 뒤집은 '역삼각형 조직'이 탄생했다. 비저널의 머리글자 V는 이 역삼각형을 나타내는 문자며, 그룹 미션인 "새로운 가능성을 잇달아"는 그 가능성이 탄생하는 장으로서의 사업회사를 지원하는 사상을 표현한다.

지금도 미나미 씨와 당시 이야기를 나눌 때면 "정삼각형을 뒤집으니 모든 게 보였죠."라며 마주 보고 웃는다. 이처럼 관점을 바꾸면 회사의 새로운 미래도 디자인할 수 있다.

관점을 바꾼다 = 과제에 대한 인식을 바꾼다.
"그럴 수도 있겠는데!"를 발견하자.

THINKING TOOL

4

일상 속 아이디어의 씨앗을 조합해 보자

온갖 '불만'을 즐기고, 온갖 '좋은데!'에 안테나를 세운다

"창의적 발상에 대한 고니시 씨의 이야기는 정말 공감합니다. 메모도 잔뜩 해 뒀죠. 그런데 저는 지방에 있는 회사에서 총무를 하고 있어 상관이 없을 것 같네요."

지방에서 강연회를 하고 나면 종종 이런 감상평을 듣는다. 물론 창의성이라고 하면 얼핏 화려한 느낌이 들어, 도시에서 기획을 담당하거나 크리에이터로 활동하는 사람들의 영역이라고 생각하기 쉽다. 그런데 사실은 정반대다. 도시보다 해결 과제가 많은 지방 쪽이 아이디어가 더 필요하다. 총무, 인사, 영업 등과 같은 부서에서 문제 해결에 필요한 아이디어가 요구되는 일이 더 많다. 그래서 나는 이런 감상평을 전하는 사람에게 꼭 말한다.

"그럼 선생님이 하시는 일은 모두 순조롭겠네요?"
"아뇨. 물론 그렇지는 않습니다. 부끄럽게도 문제투성이죠."
"그렇다면 문제를 어떻게 해결하시나요?"
"어떻게든 좋은 해결책을 찾고 싶기는 합니다만……."
"그렇죠? 그게 바로 아이디어를 생각한다는 말이거든요!"

그러면 그제야 뭔가를 깨달은 듯한 표정을 짓는다. 아이디어라고 해서 긴장할 필요는 없다. '아이디어'라는 말을 내 스타일로 바꿔 표현하면 "이러면 잘 해결되지 않을까?"다. '즉흥적으로 떠오른 생각'이어도 괜찮다는 말이다. "그 일을 어떻게 하면 좋을까요?" "그러게요. 이러면 되지 않을까요?" 이것이 아이디어의 정체다. 이렇게 생각하면 마케팅이나 기획 부문뿐 아니라, 매일같이 지연되기 쉬운 다양한 업무가 넘쳐 나는 영업, 총무 부문에서는 "이러면 잘 해결되지 않을까?"가 필수적이라는 사실을 알 수 있다.

예전에는 아이디어 같은 건 필요 없다고 여겼던 영업, 인사 영역에서 세일즈포스나 비즈리치 같은 디지털전환 기업이 활약하는 이유도 바로 여기에 있다.

"힘들지만 열심히 하는 수밖에 없다."라며 장기간 방치해 온 영역이 사실은 많은 아이디어를 필요로 하는 블루오션 분야임을 깨달은 것이다.

누구나, 무슨 일을 하든 아이디어가 필요하며, 창의적인 발상이 중요해진 셈이다.

👉 아이디어가 샘솟는 두 가지 습관

그래서 나는 업무 관련 조언을 해 달라는 말을 들으면, 상대가 어떤 직종에 있든 "아이디어를 떠올리는 습관을 들여 보세요."라고 말한다. 그런데 어떻게 하면 그런 습관을 들일 수 있을까?

첫 번째는 온갖 '불만'을 즐길 것. 살면서 품게 되는 갖가지 불만은 아이디어의 원천이다. 그러니 불만을 싫어하지 않고 기꺼이 찾아 모으는 정신이 중요하다. 불만이란 어떤 의미에서는 보물 창고다. 더 자세한 이야기는 뒤에서 다루기로 하자.

두 번째는 온갖 '좋은데!'에 안테나를 세울 것. 자신을 둘러싼 일상에서 "이거 좋은데!"라고 느낀 편리한 것이나 기분 좋은 것을 찾아 모은다. 예를 들면 화장실 변기에 앉았을 때 "아, 따뜻해서 기분 좋은데!", 책을 읽을 때 "포스트잇이 참 편리하네!", 마우스를 움직일 때 "손목 쿠션 덕분에 조금 편한데!" 같은 식이다. 이런 것들은 모두 누군가가 궁리 끝에 세상에 등장시킨 아이디어다. 이를 의식하는 것은 아이디어를 생각하는 데 매우 중요하다. 오래전 한 선배가 "정보는 안테나를 세워 둔 사람에게만 모여든다."라고 했는데, 이런 '좋은데!'의 축적이 좋은 아이디어로 이끌어 준다.

남은 일은 이 두 가지 습관을 통해 모은 '불단'과 '좋은데!'를 어떻게 아이디어로 바꾸느냐인데, 사실 매우 간단하다. 해결하고자 하는 '불만'을 정하고 '좋은데!'를 조합하면 된다.

동일본대지진 이후, 어린이용 교재를 만드는 기업이 '방재와 어린이'라는 주제로 뭔가를 제안해 줬으면 좋겠다고 요청했을 때도 이런 방법으로 아이디어를 생각했다. 먼저 방재라는 주제 안에서 '안전모가 무겁다.', '바로 옆에 두기 어렵다.'라는 불만을 해결하기로 정하고, 다음 세 가지의 '좋은데!'를 조합해 봤다.

① 홍백 모자 유치원이나 초등학교에서 체육 수업 때 쓰는 모자. 빨간색과 흰색 양면으로 돼 있어 많은 인원을 그룹으로 나누기 좋다.
② 방재 두건 교실 의자 등받이에 씌워 쿠션으로 쓰다가, 위급할 때 바로 뒤집어써서 재빨리 머리를 보호할 수 있는 우수한 제품이다.
③ 운동화의 에어쿠션 엄청 가벼운데 무거운 체중을 흡수해 줘서 획기적이다.

앞서 서술한 불만에 이 세 가지를 조합한 아이디어로 탄생한 것이 '에어쿠션이 들어간 6색 방재 두건'이다. 방재 두건을 학년마다 색을 달리해 나눠 주고, 6년간 쓸 수 있도록 한다. 많은 학생이 대피하는 상황이 발생했을 때도 학년 구분이 쉽다. 에어쿠션이 들어가 있어 머리를 보호하는 기능도 우수하다. 프레젠테이션에서 상당히 호평을 받았지만, 여러 가지 사정이 있어 방재 기획 자체가 무산되면서 아직까지 생산하지는 못했다. 관심 있는 기업이 있다면 꼭 연락해 주길 바란다.

그럼 이제 고개를 들어 주변을 살펴보자. 지금 있는 곳이 거리든 회사든 가정이든 분명 '불만'이나 '좋은데!'와 같은 아이디어의 씨앗이 많이 떨어져 있을 것이다. 아이디어 이삭줍기는 공짜다. 어떻게 연결시키느냐에 따라 독자적인 아이디어가 탄생할 수도 있다. 멍하게 지나치지 말자. 안테나를 세우고 다니다 보면 "이걸 이렇게 하면 잘될 것 같은데!"라는 생각이 떠오를 것이다.

거리는 아이디어 씨앗의 보물 창고.
'불만'과 '좋은데!'를 모으는 습관을 들여
"이렇게 하면 좋지 않을까?"란 아이디어를 떠올리자.

THINKING TOOL

5

돋보기 전략으로
틈새 분야를 보자

좁지만 뜨거운 시장이 미래의 대중 시장일지도 모른다

"예전에는 어느 커피숍을 가든 스페이스 인베이더 게임 테이블이 있었잖아."

"인기 코미디 프로그램을 안 보면 다음 날 대화에 끼지 못했어."

기성세대들이 모이면 꼭 이런 이야기가 나온다. 그 자리에 함께 있던 젊은 친구들은 눈을 동그랗게 뜰 뿐이다.

누구나가 입었던 브랜드, 누구나가 흥얼거렸던 유행가, 집마다 하나씩은 꼭 있었던 가방……. 기성세대는 전국적인 유행을 다 함께 경험했다. 많은 사람들이 좋은 대학을 나와 좋은 직장에 들어가 작아도 내 집을 마련하는 것이 목표였다. 이런 사회 흐름에 발맞추지 못하는 사람들은 반항의 아이콘으로 끝내 고등학교를 중퇴한 오자키 유타카에 열광하며 그의 노래 〈졸업〉에 눈물 흘렸다. 중학교를 배경으로 한 드라마에 등장하는 문제아에 공감했다.

얼마 전 한 행사에서 디제이가 예전에 유행했던 가요를 틀자 그 자리에 있던 기성세대들이 다 함께 따라 불렀다. 이를 본 젊은 친구들이 눈물을 보였다. 왜 그러냐고 묻자 "이런 공간에서 모두가 하나가 되는 모습을 처음 봐서 감동했어요."라고 대답했다. "전 국민이 아는 유행이 있었네요. 어쩐지 부러워요……."라고 중얼거렸다.

그러고 보면 그때는 모두가 일상을 보내는 중에도 알아 둬야 하는 정보, 화제의 아이돌, 안 보면 대화가 안 되는 방송을 전부 챙겼다. 같은 것을 접하며, 개성 없이 사는 것이 편한 시대였는지도 모르겠다. 클럽 무대에서 모두가 비슷한 복장을 하고 똑같은 춤을 추던 거품경제 시대는 그에 어울리는 종말을 맞았다고 생각한다.

하지만 그 뒤로 스마트폰이 발명되고, SNS 전성기를 맞은 다양성 시대 속에서 사람들은 코로나19에 맞서며 살아왔다. 지금은 세계적으로 같은 것이 유행하는 일이 드물다. 같은 나라, 같은 시대라도 공통의 가치관이나 기호성으로 분위기가 고조되는 일이 많지 않다. 세분화된 커뮤니티에서 각자가 좋아하는 것을 쫓는다.

마케팅 측면에서도 '대중'은 거의 사라졌다. 소비의 중심은 '대중에서 소집단'으로 바뀌었고, 매우 세분화된 사람들의 마음을 깊숙이 자극하지 못하면 매출을 늘리지 못한다.

이런 시대에는 '작게, 느리게'의 브랜딩이 강하다고 나는 생각한다. 좁은 국토, 좁은 지역에서의 개성화라는 점에서도 합리적이고, 지방의 작은 브랜드라도 천천히 시간을 들여 쌓아 나가다 보면 충분히 독창성 있는 가치를 펼칠 수 있다. 이는 엄연히 위축과는 다르다. 틈새 수요에서 시작해 세계를 손에 넣는 비즈니스로 발전하는 일도 많으니 말이다.

지금 방송계에서는 매우 특이한 경험을 했거나 기상천외한 취미 생활을 하는 일반인을 초대해 이야기를 나누거나, 외딴곳에 집을 짓고 사는 사람들의 사연을 듣는 등, 이제까지와는 전혀 다른 정보 프로그램이 인기를 끌고 있다. 대중매체가 알려 주는 정보는 시시하지만, 인터넷에서 재미있는 정보를 찾아내기란 쉽지 않다. 그래서 신기한 정보나 1인 가구의 삶을 보여 주는 예능 프로그램을 가볍게 즐기고 싶은 것이다. 대중을 대상으로 하는 방송국에서 희귀한 정보를 다루는 예능 프로그램을 만든다. 이런 모순적인 흐름은 일반적인 비즈니스로까지 퍼져 나가고 있다.

국민 아이스크림 가리가리 군으로 유명한 아카기유업은 신제품을 연간 100종류 이상 출시한다. 이 중에는 옥수수 포타주 맛이나 나포리탄 맛 같은 독특한 맛도 많다. 비상식적인 전략이지만 어쨌거나 잘 팔린다. 신제품이 점점 도태돼 가는 시대를 역이용해, 쭉 팔 생각은 없다고 말하는 듯한 '희귀템'을 개발한다. 이것이 SNS에서 열렬한 반응을 불러일으키며 급성장하는 것은 간과할 수 없는 사실이다.

이미 큰 시장을 형성하고 있는 성우 산업도, 여기서 파생한 2.5차원 공연 산업(배우가 애니메이션이나 만화 캐릭터를 연기하는 공연 – 옮긴이)도 애초에 희귀템에서 확장된 결과다. 탈출 게임도 소소하고 희귀한 활동이 계기가 됐다. 물론 엔터테인먼트 분야에만 해당하는 이야기가 아니다. 고급 가전 장르를 개척한 발뮤다나 불과 10점이라는 적은 수량도 위탁 생산해 주는 화장품 회사 가이케쓰혼포(解決本舗)도 처음에는 틈새를 노렸지만 이제는 크게 성장했다.

나는 이렇게 매우 좁은 분야를 개발하거나 고작 의뢰 몇 건을 바라보고 사업을 시작하는 사고방식을 '돋보기 전략'이라고 부른다. 큰 흐름이 보이지 않는 앞으로의 시대에는 작지만 확실히 재미있거나, 좁지만 뜨거운 곳에서 시작해 탄탄하게 키워 나가는 사업이 주류가 될 것이라고 본다.

관심이 있다면 가까이 다가가 돋보기로 들여다보자. 그 작은 세계 안에 우주와 같은 세계가 펼쳐져 있을지도 모른다.

> 틈새 분야의 '희귀템'이야말로
> 큰 브랜드로 성장할 가능성을 품고 있다.

THINKING TOOL

6

규칙보다 목표를 생각하자

높은 산에 올라 경치가 보고 싶다면 오를 산을 바꿔도 좋다

교토에 스바라는 유명한 국숫집이 있다. 그 가게를 인테리어한 유스케 세키는 젊은 디자이너 중 최고 실력자다.

오랜 친분을 맺어 온 그와 만나 국숫집 이야기를 하다가 재미있는 발상이라고 무릎을 탁 친 적이 있다.

"사실 처음에는 좋은 테이블을 두고 싶었어요. 그런데 제작비가 100만 엔이라 아무래도 의뢰인이 허락하지 않을 것 같더라고요." 그가 말했다.

"그래서 포기했구나?"

"아뇨. 의뢰인에게 100만 엔짜리 조각품을 구매하도록 해서, 그걸 테이블 대신 썼죠."

놀라운 생각이었다. 국숫집 테이블이 100만 엔이라고 하면 비싼 것 같지만, 100만 엔 이상의 가치가 있는 예술품이라면 오히려 싸게 먹히는 편이다. 그는 시가현에서 활동하는 작가에게 커다란 돌기둥 같은 조각 작품을 의뢰했다. 그 존재감 넘치는 조각 덕분에 그의 의도대로 가게가 멋지게 완성됐다. 게다가 평범한 테이블이 아닌 기울인 예술품에 국물을 튀겨 가며 국수를 먹는 진풍경이 SNS에서 화제가 됐다. 만일 그가 너무 비싼 것은 안 된다는 규칙에 따라 저렴한 테이블을 만들었다면 화제를 불러일으키지는 못했을 것이다. 그는 정해진 산을 오르려고 등산로를 이리저리 찾아다니거나 산 중턱에서 어쩔 수 없다며 포기하지 않았다. 높은 산에서 보이는 멋진 경치를 즐기기 위해 오를 산을 바꿔 버렸다. 규칙을 바꾸면서까지 목표를 지향하는 이러한 접근 방식은 모든 비즈니스에 응용할 수 있는 생각 도구다.

"흰 종이에 흰색 펜으로, 내가 볼 수 있도록 또렷하게 글자를 써 주세요."

여러분이라면 이 문제를 어떻게 풀겠는가? 이것은 내가 초등학생을 대상으로 아이디어 발상 수업을 할 때 반드시 하는 질문이다. 아이들은 "펜을 꾹꾹 눌러서 쓴다.", "불에 쪼이면 드러나도록 쓴다." 등 다양한 아이디어를 내놓는다.

내 답은 이렇다. "먼저 검정색 펜을 달라고 말한다." 그러면 "우우, 뻔뻔하게 그게 뭐예요?"라는 원성이 터져 나온다. 그런데 정말 그럴까? '흰 종이에 흰색 펜으로 쓴다.'라는 규칙에 얽매이면 검정색 펜을 달라는 것은 당치 않으며, 뻔뻔하다는 소리를 들을 만도 하다. 그러나 "내가 볼 수 있도록 또렷하게 글자를 써 주세요."에 초점을 맞춘다면 검정색 펜을 달라는 것도 정답 중 하나가 된다. 즉 무엇을 중요한 목표로 생각하느냐에 따라 발상의 출발점이 달라진다.

유스케 세키의 예로 돌아가 보자. 그는 가게에 어울리는 테이블을 둔다는 목표를 달성하기 위해 100만 엔씩이나 들일 수는 없다는 규칙 안에서 어떻게 해 보려고 하지 않았다. 대신 번창하는 가게를 만든다는 목표만을 보고 100만 엔 이상의 가치가 있는 예술품을 둔다는, 말하자면 '조금 뻔뻔한' 아이디어로 승부를 건 셈이다.

☞ 참신한 아이디어는 늘 규칙 너머에 있다

규칙보다는 목표가 뭔지 생각하는 습관을 들이면 기존 규칙에서 벗어나거나 새로운 규칙을 만들어서라도 목표를 향해 나아갈 수 있는 아이디어를 생각해 낼 수 있다. 그런데 우리는 이렇게 규칙에서 벗어나는 발상에 서툴고, 또 그러기 싫어한다. 규칙을 지키는 것이 늘 옳다고 가르치는 교육 때문인지 전제가 되는 규칙을 의심해 보려는 사고 습관이 없다.

회사에서도 마찬가지다. 모두가 개선하는 편이 좋다고 생각하면서도 습관, 사규, 상사 눈치 등과 같은 이유 때문에 새로운 아이디어의 씨앗을 없애는 일이 매우 많다.

그러나 아이디어는 늘 규칙 너머에 있다.

과거에 누군가가 만든 규칙은 시대와 상황에 따라 누군가가 바꾸지 않으면 안 된다. 그렇게 해서 새로운 방법이 만들어지면 그것이 새로운 규칙이 된다.

당신의 업무를 다시 살펴보라. 규칙을 우선적으로 생각하는 프로젝트가 있다면 그것은 분명 목표가 애매해졌다는 증거다. "결국 뭘 하고 싶었던 거지?" 이 질문이 규칙을 초월한 아이디어를 떠올리는 계기가 될 것이다.

규칙은 목표가 아니다.
목표에서 규칙을 만들어도 된다.

THINKING TOOL

7

상식에서 벗어나야 유행한다

비즈니스 아이디어는
통념을 살짝 벗어나는 편이 딱 좋다

규칙이나 상식에 얽매이면 획기적인 아이디어는 나오지 않는다. 과거의 성공 사례나 흔한 방법을 따라 해서도 역시 화제가 되지 못한다. 진심으로 화제를 불러일으키고 싶다면 일탈할 용기가 필요하다.

예전에 오사카에 있는 유서 깊은 호텔의 임원이 점심 식사 손님을 늘릴 방법을 생각해 봐 달라고 의뢰한 적이 있다. 점심 식사는 뷔페식으로 5,000엔이었다. 가족 단위 손님을 위한 어린이용 메뉴 구성도 좋았지만, 좀 더 화제가 될 만한 기획이 필요했다.

나는 '진짜 아이의 시선'에 맞추자고 제안했다. 예를 들면 아이의 손이 닿는 높이에 요리를 두고, 요리 이름표도 아래쪽에 배치하는 등 아이가 직접 보고 두근두근 설레는 뷔페를 체험할 수 있도록 하자고 말이다. 아이들이 좋아하는 기획은, 긴 안목에서 봤을 때 레스토랑을 어른이 가족을 데려가고 싶은 곳으로 만들어 준다. 음식점을 기획할 때 중요한 것은 무엇보다 맛있고, 또 먹는 경험 그 자체가 즐겁고, 사랑받을 수 있느냐다. 이런 요소 없이는 아무리 SNS를 활용하고, 디자인에 공들인 세계관을 보여 줘도 세상은 꿈쩍도 하지 않는다.

☞ "말도 안 돼!"라며 웃음을 터뜨렸다

그런데 당시에는 "좀 더 획기적인 방안은 없을까요?"라는 질문을 받았다. 의뢰인은 의외성 있는 협업 방안 등을 기대했는지도 모르겠다. 그래서 다음으로 꺼낸 카드는 "그럼 1만 엔을 주는 런치 뷔페를 합시다."였다. 호텔 관계자 모두 얼굴빛이 사색이 됐다. 바로 다음 순간 "말도 안 돼!"라는 말과 함께 웃음이 빵 터져 나왔다.

그러나 나는 매우 진지했다. 상식적으로 생각할 때 5,000엔짜리 런치 뷔페에 1만 엔을 선물하면 큰 적자가 날 수밖에 없다. 하지만 홍보를 위해 간판을 제작하거나 광고를 내면 100만 엔 정도는 눈 깜짝할 사이에 없어진다. 그럴 100만 엔이 있다면 1만 엔을 붙여 주는 런치 뷔페를 100인분은 제공할 수 있다. 얼마든지 실현 가능한 이야기인 것이다. 게다가 홍보 효과는 절대적이다. 왜냐하면 오히려 돈을 받고 밥을 먹을 수 있으니 SNS에서 난리가 날 게 분명하니까 말이다. 뜨 100인분 한정이라면 사람들이 앞다퉈 몰려들 테니 각종 미디어에서 취재를 올 것이고, 메뉴도 잘 알릴 수 있다. 꿈같은 아이디어가 아닌가.

결국 이 제안은 실행에 이르지 못했다. "그거 괜찮은데요!"라며 관계자가 열정적으로 나서지 않으면 이런 종류의 아이디어는 이리 재고 저리 재는 과정에서 변질된다. 그러면 재미가 사라져 화제가 되지 못한다. 하지만 이런 벽을 뚫고, 모두가 당치 않다고 하는 것을 치밀하게 궁리해 실현해 내면 크게 확산된다.

음료 회사 산토리가 출시한 녹차 이에몬(전통 있는 녹차 가공 회사 후쿠주엔을 창업한 후쿠이 이에몬(福井伊右衛門)의 이름에서 따왔다.-옮긴이)이 바로 그 좋은 예다. 산토리는 이 '어디에도 없는 독특한 제품명'을 오히려 승부처로 삼겠다는 각오로 기세 좋게 추진했다. 그 결과, 독특한 이름이 독창성을 끌어내면서 이에몬은 오랫동안 사랑받는 제품이 됐다. 진심으로 사람의 마음을 움직이고자 한다면, 목적을 확고히 한 다음 상식에서 벗어나서 생각해야 한다.

가능성이 있는 것부터 '말도 안 돼!'까지 생각하고, 그중 가장 마음이 움직이는 것을 찾아내자.

THINKING TOOL
8

협업은 가장 거리가 먼 상대와

"앗, 진짜?", "오호! 좋은데."가 성립하는
가장 거리가 먼 협업 상대를 찾자

비즈니스 기획에서 협업 아이디어가 나왔다고 하면 대부분은 '관계가 있을 것 같은 영역'과의 협업이다. 나는 경영자와의 만남이나 신규 개발 프로젝트를 위한 자리에 불려 가 브레인스토밍 상대가 되는 일이 많다. 그때 나오는 이야기는 온통 '비슷한 분야에서 잘나가는 상대와의 협업'에 관한 것이다.

얼마 전에도 요식업 회사의 요청으로 신규 사업 영역을 논의하는 자리에 나갔는데, 역시나 그런 패턴으로 이야기가 흘러갔다. 그때 내가 단도직입적으로 꺼낸 의견은 "가장 거리가 멀다고 생각하는 영역의 회사와 협업하자."였다.

한번 생각해 보자. 음악과 패션, 음식과 지역 기업 등 '느낌이 비슷한 브랜드'나 '밀접하지만, 아직 해 보지 않은 기업'과의 협업은 선택지 중 하나지만, 세상은 그다지 놀라지 않는다. 때때로 "이왕이면 급이 비슷한 기업과……."라며 수준이 비슷하며 잘나가는 곳과의 협업을 원하는데 전혀 새롭지 않다.

예를 들어 음료 회사 기린과 호텔, 웨딩, 레스토랑 사업 등을 하는 플랜·두·시(Plan·Do·See)가 협업한다고 하면 "흐음……." 정도로 끝날 것이다. 그런데 언뜻 상관없어 보이는 애플과 나이키의 경우, 애플워치 나이키처럼 오히려 궁합이 너무 잘 맞아 "누가 봐도 그럴 것 같은 느낌이지."라는 말이 나온다.

유행을 일으키는 협업에는 '위화감'이 필요하다. 그러려면 이미지상 거리가 먼 기업, 브랜드와 협업하는 편이 좋다.

예를 들어 메르세데스 벤츠가 산토리와 협업하면 놀랄 것이고(어떻게 자동차랑 술이?), 스타벅스와 나이키의 경우라도 놀랄 것이다(커피와 스포츠?). 또 LVMH가 교토의 작은 니시진오리(일본의 대표적인 고급 직물-옮긴이) 회사와 협업하는 등 브랜드 영역 간 거리가 멀 뿐 아니라 규모 면에서도 차이가 나면 '도대체 왜?' 하고 흥미가 생긴다. 단 "앗, 진짜?" 하고 놀랄 만한 협업이라도 단순히 거리가 먼 업종이라는 이유만으로는 안 된다. 깊이 수긍하며 마음이 움직일 만큼 특별한 스토리가 있어야 "오호! 좋은데."라는 감동이 세계 곳곳으로 퍼진다.

성공 사례를 살펴보자. 과거 나이키가 디자이너 버질 아블로와 협업해 전 세계를 열광시켰던 더 텐. 스트리트 패션과 럭셔리 패션의 경계를 허문 선구자가 스포츠 브랜드와 함께 만든 운동화는 공전의 히트작이 됐다. 지금이야 운동화 브랜드와 아티스트의 협업이 드물지 않지만, 당시에는 새로운 시도로 받아들여져 '기분 좋은 위화감'이 있었다. 대기업이 일개 아티스트에게 협력을 구하는 것 자체가 보기 좋았고, 또 스트리트 감성의 제작 철학을 존중하는 자세에 세계가 매료돼 '좋은데!'가 퍼져 나갔다.

  협업은 서로의 업종적 친화성보다 감동을 낳는 조합을 우선해야 한다. 이를 위해서라도 두 브랜드로 어떤 이야기를 그리고, 공감을 낳고, 마음을 움직일 것이냐를 기준으로 협업 상대를 신중하게 택해야 한다.

기분 좋은 위화감과 감동을 만들어 낼 수 있어야 좋은 협업 상대다.

THINKING TOOL 9

위화감을 화제로 만드는 비법

섹시한 가수에게 섹시한 노래를 시키지 않는다

협업할 때의 요령과 마찬가지로, 제품을 설계하거나 홍보할 때도 '기분 좋은 위화감'과 '간극'을 조성하는 것이 세상의 이목을 끄는 열쇠다. 좋은 기획, 좋은 제품인데 전혀 먹히지 않거나 팔리지 않는 경우를 보면 대체로 위화감이 빠져 있다.

전설적인 음악 프로듀서 기사키 겐지(木﨑賢治) 씨는 "섹시한 가수에게는 섹시한 노래를 시키지 않는다."라는 태도를 고수한다. 의외성이야말로 세상을 매료시킨다는 이 엔터테인먼트의 핵심 요소는 내 신조인 '위화감'과 '간극' 조성을 응축한 표현이라고 할 수 있다. 그리고 이 핵심 요소는 제품 프로모션이나 홍보 이벤트는 물론이고 일반적인 비즈니스에도 통용된다.

내가 했던 입욕제 광고의 경우, 일반적으로 대중에게 친숙한 인물을 모델로 기용하는 데 반해 나는 실험적인 전자음악을 하는 호소노 하루오미를 기용했다. 위화감에서 새로운 감각을 자아내기 위한 시도였다.

이런 접근법은 네이밍을 비롯해 기획 아이디어 그 자체에도 응용할 수 있다. 예를 들면 차 음료 중에서도 롱셀러 브랜드인 오~이오차는 독특하게도 누군가를 부를 때 쓰는 말인 '오~이'를 제품명으로 썼다. 무인

양품(無印良品)도 '노브랜드'를 의미하는 '무인'과 '좋은 제품'을 의미하는 '양품'을 이어 붙인 위화감형 명칭이기에 기억에 남는다. 또 유명한 영화인 〈티파니에서의 아침을〉은 그야말로 위화감 있는 제목의 대표라고 할 수 있다.

여기서 주의할 점은 '이상함'이 아니라 '위화감'을 추구해야 한다는 사실이다. 단순히 이상하기만 해서는 안 된다. "좋은데!", "오호, 그렇구나!", "딱이다!"라는 공감을 불러일으키는 것도 중요하다.

또 스타벅스에서 출시한 #스트로베리 베리 머치 프라푸치노®도 굳이 말하기 어려운 '긴 이름'을 택함으로써 기분 좋은 위화감을 낳았다. 기본적으로 소비재의 명칭은 가능한 짧아야 좋다는 것이 일반적인 생각이다. 그런데 이 제품을 즐기고 SNS에 올릴 젊은 사람들의 흥미를 끌려면 "우아!" 하고 생각하게 만드는 접근이 필요했다.

매일같이 수많은 정보를 접하는 이들의 흥미를 자극하려면 제품 정보도 전달하면서 상식을 거스를 정도로 "너무 길잖아!" 싶은 이름이 필요했고, 의도는 적중했다. 신제품의 차별화는 물론이고 "너무 길어!"라는 불평 아닌 불평이 입소문을 타면서 널리 알려졌으니까 말이다.

☞ 쇼핑센터에서 검은색은 안 쓴다는 금기

일부러 위화감을 조성하는 접근 방식은 브랜드 이미지를 만들 때도 응용할 수 있다. 예를 들면 쇼핑센터 이온레이크타운을 브랜딩할 당시, 우리 팀은 쇼핑센터에서 금기시되던 검은색을 키컬러로 정했다. 간판과 표지판은 물론이고 종업원 유니폼과 부지 내 이동 수단인 전동이륜평행차, 심지어 휠체어까지 모두 검은색으로 통일했다. 온 가족이 찾는 곳이니 예쁘고 청결한 인상을 주는 색이어야 한다며 반대하는 의견도 있었다. 하지만 세상의 이미지와 동떨어진 검은색을 선택함으로써 다른 쇼핑센터에는 없었던 고급스러운 이미지와 품질의 우수성이 한층 두드러져 시설 전체의 격을 높이는 데 보탬이 됐다. 그야말로 위화감이 만든 성공적인 브랜딩 사례라고 생각한다.

당연한 조합은 아이디어가 아니다. 세상을 거슬러야 화제가 되고 확산된다. 물론 정석대로 하는 편이 좋은 타입의 제품이나 홍보도 있겠지만, 큰 화제를 불러일으키고 싶다거나 지금 상황을 뛰어넘고 싶다면 위화감을 주는 발상법이 효과적이다.

위화감 없는 아이디어는 아이디어가 아니다.
헉 소리가 나올 만큼 깜짝 놀라게 해야 한다.

THINKING TOOL
10
해체×수평 전개를 통해
오리지널 아이디어로

**좋은 아이디어를 그대로 베끼기보다
그 아이디어에서 영감을 얻자!
'유행의 핵심 요소'을 뽑아내 흉내 내면 된다**

"바로바로 갈아서, 바로바로 구워서, 바로바로 지어서"라는 세 가지 '바로바로'를 내세운 숯불구이 함박스테이크와 밥 전문점 히키니쿠토코메. 동료끼리 만든 이 브랜드는 2020년에 문을 연 뒤로 SNS를 통해 세계 곳곳에서 유행하며, 요식업계에 커다란 화제를 불러일으키고 있다. 인기를 얻어 뿌듯하고 자랑스럽다. 하지만, 실내 디자인부터 먹는 방법 안내서에 이르기까지 똑같이 흉내 낸 짝퉁 가게가 - 일본은 물론이고 해외에서도 활개치기 시작했다.

아이디어의 모방이 꼭 나쁜 것만은 아니다. 세상에 존재하는 거의 모든 아이디어는 이미 존재하는 것을 그 형태를 바꾸거나 섞어 놓은 것이니 말이다. 다만 '똑같이 따라 하는 것'은 좋지 않다. 도둑질이나 다름없으며 지식재산권을 침해하는 일이기도 하다.

뛰어난 아이디어의 핵심 요소를 흡수해 응용하거나 다른 것과 섞는 것은 좋다. 영감을 얻어 오리지널을 만들면 된다.

049

구체적으로 어떻게 하면 좋을지 알려 달라는 요청을 종종 받는다. 이 기회를 빌려 해체와 수평 전개라는 두 가지 생각 도구를 소개하고자 한다.

👉 해체해 '생각하기 위한 무기'를 만들자

해체란 말 그대로 아이디어를 해체하는 것이다. 흥미로운 아이디어를 접했을 때 어디서 나온 발상인지, 유행하는 이유는 뭔지를 생각해 자기 나름대로 유행의 본질을 찾는 생각 도구다.

여기서 핵심은 자신이 흥미를 느낀 유행에서만 핵심 요소를 뽑아낼 것, 그리고 고유명사가 아니라 일반적인 말로 바꿔 볼 것, 틀려도 괜찮다고 생각할 것, 이 세 가지다. 자기 스타일로 바꿔야 독창적인 아이디어에 도달하기 쉽다.

예를 들어 요즘 인기를 끌고 있는 사우나를 분석해 보면 몇 가지 유행의 핵심 요소가 드러난다. ①텔레비전에 소개됐다. ②바이블이 있다. ③전도사가 있다. ④트렌드가 됐다. ⑤의식(儀式)이 있다. ⑥슬로건이 있다. ⑦신구의 대립 구조가 있다. ⑧커뮤니티가 있다. ⑨독자적 체험이 있다.

먼저 다나카 가쓰키가 그린 만화 《사도(サ道)》라는 바이블의 존재가 무엇보다 큰 역할을 했다. 실제로 너무 자유로운 것보다는 '이상적인 형태'가 존재하는 편이 유행하기 쉽기 때문이다. 또한 '쾌감'이라는 슬로건이 있다는 점, 사우나 → 미온수탕 → 노천 휴식과 같은 루틴(의식)이 있다는 점, 나아가 커뮤니티(사우나)의 존재, '참기 대 무리하지 않기'를 둘러싼 신구 대립, 핀란드식 사우나 뢰일리 같은 오리지널 체험 등이 유행

의 본질을 이루며 하고 싶은 욕구와 말하고 싶은 욕구를 자극했다고 분해할 수 있다.

아무것도 없는 상태에서 유행을 만들기는 어렵지만, 어떤 포인트로 공략하면 좋을지를 알면 훨씬 생각하기 쉬워진다. 이런 식으로 흥미를 느낀 유행의 핵심 요소를 뽑아내 저장해 두면, 다음에 뭐가 유행할지 생각하는 계기로 이어질 수 있다. 이런 데이터를 가진 사람과 없는 사람은 기획력에서 당연히 큰 차이가 난다.

☞ 수평 전개도 강력한 무기

영감을 얻는 또 하나의 방법은 수평 전개다. 수평 전개는 해체 작업을 거쳐 뽑아낸 유행의 핵심 요소를 다른 분야로 전개하는 것을 말한다.

킷캣의 수험생 응원 캠페인을 예로 들어 보겠다. 우선 흥미를 느끼면 해체한다. 이 경우에는 운을 부른다고 하면 팔림, 언어유희로 상품과 관련짓기, 부적으로 이용, 응원할 수 있음, 과학적 근거(단것=두뇌 활성화) 등을 유행의 핵심 요소로 끌어낼 수 있다. 남은 일은 이 핵심 요소들을 저장해 뒀다가 다른 일을 할 때 끄집어내 조합하면서 아이디어를 떠올리는 것이다.

예를 들어 택시 앱 GO와 일할 때 앞서 해체해 뒀던 '운을 부른다', '언어유희' 등을 수평 전개하면 'GO카쿠(GO格, 합격을 뜻하는 일본어 '고우카쿠'와 발음이 같다.-옮긴이) 응원 라이딩'과 같은 아이디어를 생각해 낼 수 있다. 이처럼 유행의 핵심 요소를 수평 전개해 보면 어떤 일이든 재미있

|그림 1| 수평 전개 방법

STEP 1 해체
흥미로운 아이디어에서 '유행의 핵심 요소'를 찾아 저장

STEP 2 재발견
다른 분야의 일을 관찰해 '유행의 핵심 요소'와 비슷한 점을 재발견

STEP 3 매칭
'유행의 핵심 요소'와 신사업을 조합해 말을 만들어 내는 것이 비결

고 유행할 만한 아이디어를 떠올릴 수 있다. 언어유희라도 좋으니 이벤트나 프로젝트에 이름을 붙여 보자. 그렇게만 해도 충분히 아이디어가 된다.

수평 전개의 핵심은 다른 분야의 일에서 비슷한 점을 찾아내 적용하는 것이다.

예를 들어 수험 시즌은 킷캣과 택시 앱 GO를 연결시켜 준다. 세상의 비슷한 행동, 흥미, 생각을 의식하면 정밀하게 수평 전개할 수 있다.

2020년에 로토제약에서 선보인 D2C(Direct to Consumer) 기반 스킨케어 브랜드 스키오(SKIO)도 바로 이 수평 전개가 출발점이었다. 당시 유통업계에도 간소화 붐이 일어나 택배 상자 대신 뽁뽁이(에어캡)에 싸서 상품이 배송되는 경우가 늘었다. 이와 관련된 내용을 해체해 저장해 뒀다가 D2C라는 점에 초점을 맞춰 '뽁뽁이 포장'으로 수평 전개했다. 그 결과, POP(Point Of Purchase) 광고 기술을 활용해 귀엽게, 그러면서도 제품을 보이는 그대로 발송하는 아이디어로 승화시켰다.

이렇게 해체와 수평 전개를 하면 뛰어난 아이디어에 경의를 표하면서도 사람의 마음을 움직이는 독창적인 아이디어를 떠올릴 수 있다.

나는 '유행은 시샘하는 것'이라고 생각한다. 왜냐하면 그 시샘이 이상적인 아이디어에 도달하는 원동력이 돼 주기 때문이다. 시샘이든 불만이든 큰 힘을 갖고 있다. 그 힘을 사용하면 아무도 흉내 낼 수 없는 아이디어를 떠올릴 수 있다. 그야말로 스티브 잡스의 말처럼 "흉내 낼 엄두조차 못 낼 수준으로 혁신해 나가자."

> 유행하는 것을 시샘하며
> 성공 원인을 해체하고 수평 전개하라.
> 그러면 독창적인 아이디어가 보일 것이다.

THINKING TOOL 11

아이디어 100개 화이트 곱셈 메모

'할 수 있는 것×좋아하는 것=아이디어'라는 공식

아이디어를 내는 기술적인 방법을 하나 더 말해 보고자 한다. 이 방법은 공식만 알면 누구나 한 시간에 100개가 넘는 아이디어를 생각해 낼 수 있는 강력한 생각 도구다.

먼저 전제가 되는 것은 '아이디어는 무언가와 무언가의 곱'이라는 점이다. 지금 같은 시대에는 진정한 의미로 제로에서 탄생하는 아이디어는 없다. 세상이 깜짝 놀랄 만한 아이디어도 사실은 예전 제품의 아이디어와 지금의 니즈가 곱해졌거나 다른 업계의 아이디어를 수평 전개해 개발한 것인 경우가 많다.

오래전에 항공사 마일리지 정책을 수평 전개해, 전에 없던 성과를 달성한 캠페인이 있었다. 바로 '1킬로미터 달리면 1엔, 1년 타면 1만 엔. 기술의 닛산 마일리지 캠페인'이다. 자동차 교체 촉진 캠페인에 당시 유행하던 마일리지 개념을 도입해 '낡은 자동차=창피하다'라는 인식을 '낡은 자동차=이득'으로 바꿔 놓은 유명한 사례다. 이런 아이디어의 핵심에 있는 '곱하기'를 사용한 생각 도구가 바로 화이트 곱셈 메모이다. 웹매거진 〈롯폰기 미래 회의〉 워크숍에서 불과 15분 만에 아이디어를 100개 이상 생각해 내게 만든 강력한 방법이다. 방정식으로 나타내면 다음과 같다.

할 수 있는 것×좋아하는 것=아이디어

먼저 해결 과제를 정하고, 겹쳐 놓은 두 삼각형 안에 세 단계로 핵심어를 집어넣어 섞기만 하면 된다. 그럼 실제로 해 보자.

예를 들어 "젊은 친구들이 더 많이 찾는 서점을 만들고 싶다."라는 과제를 정했다고 하자. 먼저 ①'할 수 있는 것'을 왼쪽에 적는다. 그 주제(여기서는 서점)의 장소에 있는 것, 가능한 것, 기술, 가능성 등 뭐든 좋다. 관련 있는 요소를 나열한다. 가령 책장, 에어컨, 의자, 강연회, 현수막, 얌체 독서, 서점 직원, 책 배열, POP 전문가 등 여러 가지가 있을 것이다.

②다음은 오른쪽에 '좋아하는 것'을 적는다. 자신이 아니라 타깃이 좋아하는 것을 적는다. 유행하는 물건, 행위, 사람, 좋아하는 물건, 관심이

|그림 2| 화이트 곱셈 메모의 예

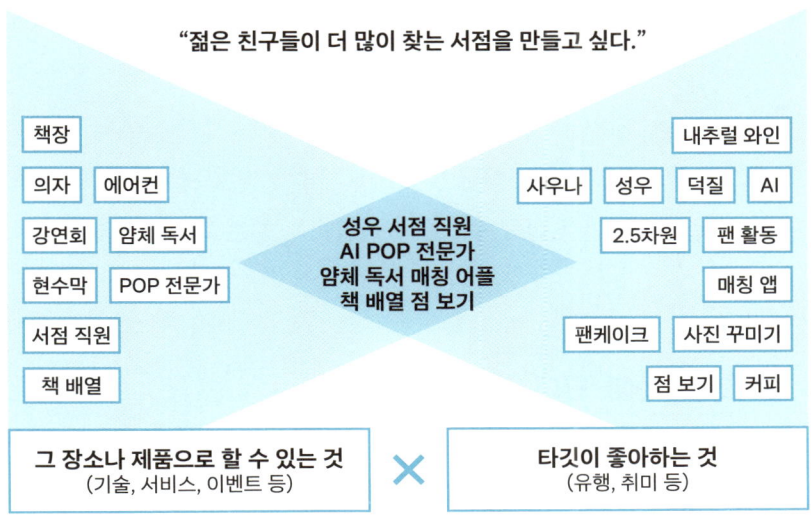

가는 것, 해 보고 싶은 것 등 많이 적을수록 좋다. 지금 타깃은 '젊은 친구들'이므로, 내추럴 와인, 사우나, 덕질, 2.5차원, 성우, AI, 매칭 앱, 팬케이크, 사진 꾸미기, 점 보기, 커피 등 얼마든지 쓸 수 있을 것이다.

③마지막으로 이 단어들을 곱한다. 그러면 성우를 하는 서점 직원, 책 배열 점 보기, AI POP 전문가, 얌체 독서 매칭 앱 등 아이디어를 한 시간에 100개 정도는 거뜬히 내놓을 수 있다. 여기까지 하면 이제 즐겁게 선택만 하면 된다. 성우를 하는 서점 직원이라면 손님을 잘 끌어모을 수 있을 것이고, AI POP 전문가도 얼마든지 화제가 될 듯하다. 엉뚱한 것도 많겠지만, 애교로 봐주자. 진지하게 생각했을 때는 도저히 나오지 않을 아이디어들 속에 혁신적인 아이디어가 섞여 있는 법이다.

이 화이트 곱셈 메모를 통해 탄생한 것이 2014년에 수입 생활용품 잡화점 플라자의 50주년 기념 프로젝트에서 개발한 'I WRAP♥YOU'다. 가게에서 할 수 있는 것 중 하나인 포장과 당시 유행하기 시작한 셀카, SNS용 사진 찍기를 조합해 세상에 하나뿐인 포장지를 만드는 아이디어로 승화시켰다. 본인, 가족, 반려동물 등의 사진이 인쇄된 포장지로 상품을 싸서 선물한 것이다. 그러자 "손주의 웃는 얼굴이 인쇄된 포장지라 버릴 수 없다.", "예쁜 반려견 사진이 인쇄된 선물을 받았다." 등과 같은 사연이 큰 화제가 되면서 선물 수요를 끌어올리는 좋은 전략이 됐다.

👉 메모 왼쪽에 '반대 내용'을 넣으면

참고로 '할 수 있는 것' 자리에 지금 상품과는 '반대인 내용'을 넣어 보면 다른 각도에서 아이디어가 나온다. 예를 들어 냉장고는 보통 흰색에 크고 무겁다. 이와 반대되는 '검은색', '얇다', '가볍다'를 왼쪽에 적고, 오른쪽의 '좋아하는 것'과 조합해 보자. 그러면 벽걸이형 냉장고 같은 새로운 아이디어가 탄생하기도 한다. 앞서 예를 든 서점의 경우에는 '책이 많다.'의 반대인 '책이 한 권밖에 없다.'라고 적으면 '책 한 권과 술 한 잔을 즐기는 책방' 같은 아이디어가 탄생한다. 책을 한 종만 파는 책방으로 화제가 됐던 긴자의 모리오카서점을 뛰어넘을 수 있을지도 모른다.

참고로 아이디어를 생각할 때 잘 빠지는 함정이 '그 제품이나 서비스와 관계없는 아이디어가 되고 마는' 것인데, 이 화이트 곱셈 메모에서는 왼쪽에 제품에 관한 내용을 적기 때문에 그럴 일이 없다. 게다가 유행을 고려할 수 있고, 그냥 생각해서는 나오지 않을 것 같은 아이디어를 내놓기 쉬우므로 특히 사업이 고착 상태에 있을 때 이용하면 발상이 크게 확장될 수 있다.

이처럼 화이트 곱셈 메모는 실제로 쓸 수 있는 아이디어를 빠르게, 많이 내놓을 수 있어 좋다. 그런데 **이보다 더 큰 장점이 있다. "아이디어를 생각하는 게 즐거운 일이구나. 나도 얼마든지 할 수 있구나."라고 생각하게끔 되는 것이다.** 한번 즐기기 시작하면 다양한 일을 처리해 나갈 때 아이디어를 생각하고 궁리하고 싶어진다. 어렵다 생각하지 않고 즐겁게 만들고 좋은 것을 고른다. 이것이 아이디어 구상과 친해지는 길이다.

*화이트 곱셈 메모로 아이디어를 내는 즐거움을
느껴 보자. 많이 써 두고 그중에서 고르기만 하면 끝!*

THINKING TOOL
12

히트시키려면 블랙 나눗셈 메모

상품 기획이든 사업 계획이든 불만을 나열하는 것에서 시작

기발한 것도 포함해 대량으로 아이디어를 만들고, 그중에서 대박 날 것 같은 아이디어를 골라내는 것이 화이트 곱셈 메모의 진수다. 유행의 핵심 요소가 담긴 아이디어를 단시간에 많이 낼 수 있어 특히 프로모션이나 이벤트 기획에 최적이라는 이야기를 종종 듣는다.

이에 반해 블랙 나눗셈 메모는 불만이라는 부정적인 블랙의 감정을 토대로 히트 요소가 높은 아이디어를 떠올리는 방법이다. 아이디어를 확산시키는 것이 아니라 수렴시키므로 개수는 적지만, 강한 공감을 불러일으키는 아이디어를 내기 쉽다는 점이 특징이다. 방정식은 다음과 같다.

세상의 불만÷기업의 기술=아이디어

곱셈이 아니라 나눗셈인 이유는 불만을 기술로 나눔(풀어 헤침)으로써 아이디어를 개발하기 때문이다. 이 공식도 화이트와 마찬가지로 그림을 사용한다. 다른 점은 왼쪽에 '불만', 오른쪽에 '기술'을 적는다는 것이다.

예를 들어 과제를 '혼자 사는 젊은 세대가 좋아할 만한 가전제품 만들기'라고 해 보자. 먼저 ①왼쪽에 '불만'을 쭉 적어 나간다. 여기서는 혼자 살아서 생기는 불만을 생각나는 대로 모두 나열한다. 이를테면 개수대에 그릇이 잔뜩 쌓여 있다, 쓰레기가 넘쳐 여자 친구를 초대할 수 없다, 냉장고에 유통기한 지난 음식이 꽉 차 있다, 리모컨이 보이지 않는다, 이웃이 시끄럽다, 큰 텔레비전을 살 수 없다 등과 같은 식이다.

다음은 ②오른쪽에 제공할 수 있는 기술을 적는다. 여기서는 이해를 돕기 위해 주요 최신 기술을 적겠지만, 본래는 해당 기업만의 기술, 주력 분야, 새로 개발한 장치나 서비스로 할 수 있는 것 등을 적는다. 마지막으로 ③양쪽을 가만히 살피면서 '불만을 기술로 해결할 수 있을 만한 것'을 적어 본다. 이때 약간의 요령이 필요하다. 오른쪽에 쓰인 기업의 기술을 조금 과대 해석하면, 아이디어를 실현하기 위한 기술적 발상을 떠올

|그림 3| 블랙 나눗셈 메모의 예

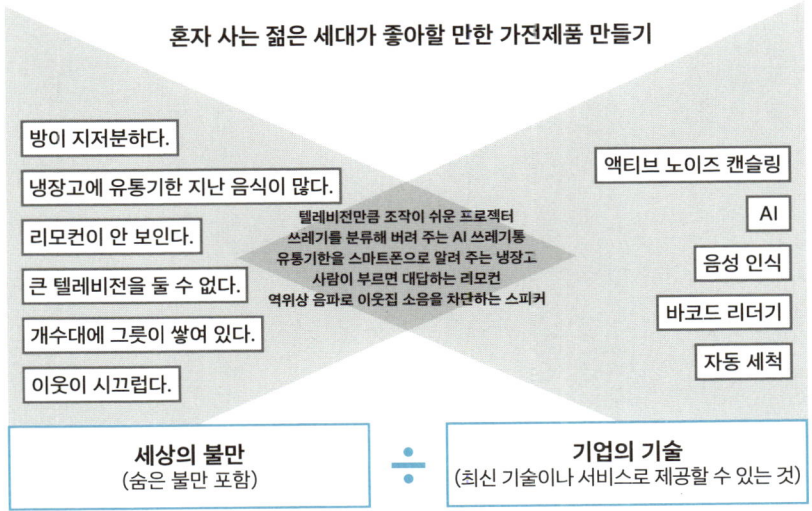

리기 쉽다.

　블랙 나눗셈 메모를 해 본 결과, 쓰레기를 분류해 버려 주는 AI 쓰레기통, 역위상 음파로 이웃집 소음을 차단하는 스피커, 유통기한을 스마트폰으로 알려 주는 냉장고, 자동 식기 세척기, 사람이 부르면 대답하는 리모컨 등을 쉽게 생각해 냈다. 이 가운데 리모컨 등은 당장이라도 상품화하고 싶어지는 수준이 아닐까 생각한다.

☞ 좋은 것보다는 불만 쪽이 생각하기 쉽다

제법 괜찮은 아이디어가 어떻게 이렇게 쉽게 나오는 걸까? 사람은 좋은 것보다 불만을 더 잘 생각하기 때문이다. 10초 동안 기업의 좋은 점을 꼽아 보라고 했을 때보다 나쁜 점을 말해 보라고 했을 때 더 많은 의견이 나오며 '신랄한 지적'도 잇따른다. 게다가 불만이 해결되면 그것만으로도 공감이 솟구쳐 다른 사람에게 마구 말하고 싶어지기 때문에 불만에서 출발한 아이디어는 유행하기 쉽다.

　실제로 히키니쿠토코메를 개발할 때 이 블랙 나눗셈 메모를 활용했다. 먼저 기존 함박스테이크 가게에 대한 불만을 왼쪽에 적어 나갔다. 그랬더니 맛이 일률적이라 재미없다, 막 구워 냈다고 해도 먹는 동안 식는다, 밥이 맛없다 등의 불만이 쏟아졌다. 게다가 남자는 양이 적다고, 여자는 양이 많아서 남긴다는 불만을 털어놨다.

　이런 불만을 토대로, 기본적인 소금 간과 더불어 여러 가지 조미료로 맛을 바꿀 수 있다, 함박스테이크 세 장을 차례로 구워 내간다, 밥도 그때그때 짓는다, 한 개 단위로 주문할 수 있다 등과 같은 아이디어를 생각해 냈다. 히키니쿠토코메는 맛이 좋은 것은 물론이고 예쁜 사진을 찍을 수 있다는 점 때문에 인기를 끌고 있는데, 불만에서 나온 아이디어가 유행을 뒷받침한다는 것은 틀림없다.

> 기술과 불만을 동시에 살피면서
> 불만을 해소해 줄
> 아이디어를 끌어내자.

THINKING TOOL

13

아홉 칸짜리 불만 빙고

아이디어를 생각하는 것은 불만을 즐기는 일

내가 생각하기에 아이디어의 원천은 '불만'에 있다. 일본에서는 불만을 토로하는 것을 미덕이 아니라고 여기지만, 아이디어를 짜내려면 불만에 주목하고, 나아가 불만을 즐기는 것이 좋다.

참고로 나는 평소에 늘 '아니 불(不)' 자를 의식한다. 왜냐하면 '불'이 들어간 말은 모두 아이디어의 씨앗이 되기 때문이다. 불만을 비롯해 불안, 불결, 불쾌, 불편, 불길, 불가능, 불공평 등등. 이것들에 주목하면 주변에 얼마나 많은 해결 과제가 숨어 있는지를 알 수 있다.

'불'은 다시 말해 개선의 씨앗이다. 그 모든 것에 아이디어가 필요하다. 좀 더 말하면 '불'은 사람의 마음을 부정적으로 흔든다. 그렇기에 해결되면 긍정적인 움직임이 생기고, 다른 사람들에게 말해 주고 싶은 충동이 인다. 이것이 매출, 유행으로 이어지는 것이다.

그러므로 여러분도 즐거운 마음으로 '불'을 찾기를 바란다. 그런데 막상 찾으려고 하면 잘 보이지 않는다. 그래서 우선 '불' 중 하나인 '불만'에 주목해, 주변 반경 5미터 안에서 불만을 찾아보기를 추천한다. 그렇게만 해도 충분히 아이디어의 씨앗을 발견할 수 있을 것이다.

예전에 연쇄 창업가인 손태정 씨가 자신의 형인 손정의 씨의 평소 루틴에 대해 이야기해 준 적이 있다. 그는 매일같이 불만을 노트에 적어 두고, 이를 해결해 줄 아이디어를 토대로 발명한다고 한다. 손정의 씨는 음성 번역기라는 아이디어를 전자 회사 샤프에 팔아 창업 자금을 구했다는 이야기로 유명하다. 그런데 시발점이 불만을 토대로 한 발명 루틴이었다니 왠지 기뻤다. 게다가 많은 사업을 경영하는 지금도 여전히 그 습관을 유지하고 있다고 한다. 재계의 거인이 된 사람조차도 불만을 발견하는 감각을 날카롭게 유지하는 것이 중요하다는 말이다.

☞ 조건이 좋을 때일수록 불만 빙고로 검증

나는 일을 시작하기 전에 항상 불만과 마주하려 한다. 어느 스키 리조트 브랜딩을 의뢰받았을 때도 그랬다. 최근 일본의 스키 리조트 산업은 활황이며, 전 세계에서 투자금이 몰려들고 있어 앞길이 창창하다. 다만 이런 상황에서는 회의에서 다들 긍정적인 의견을 내고, 기대에 부푼 맹랑한 아이디어만 나와 본질적인 해결을 하기 어려워진다. 솔직히 돈, 물건, 사람을 그저 모으기만 해서는 10년 안에 질려 버릴 가능성이 있다. 좀 더 본질적인 관점에서 사람(생명)의 욕구에 가깝게 개발해야 하며, 그러려면 지금 사람들이 마음 저 밑바닥에서 생각하고 있는(생각은 하지 않아도 존재하는) 불만을 해결하는 방향으로 움직여야 한다.

그래서 이 일을 할 때도 나는 아홉 가지 불만에서 출발했다. '불만 빙고'라고 이름 붙인 아홉 칸은 아이디어를 개발하기 위한 준비운동으로 종종 써먹는다. 사람의 마음속에 잠들어 있는 과제를 끄집어내는 데 최

|그림 4| 불만 빙고

	나	주변	사회
기능	1	2	3
기회	4	5	6
기분	7	8	9

적인 생각 도구기 때문이다. 원리는 간단하다. 그림 4와 같이 '나의 불만, 주변의 불만, 사회의 불만×기능의 불만, 기회의 불만, 기분의 불만'을 각각 생각하면 된다.

예를 들어 스키 리조트에 대한 '나의 불만×기능의 불만'이라고 하면 대여 스키복이 촌스럽다, 가족끼리 놀 만한 곳이 없다 등 얼마든지 들 수 있다. '주변의 불만×기회의 불만'의 경우, 학생들 입장에서는 리프트권이 너무 비싸다, 종업원들에게 영어가 안 통한다 등이 있다. '사회의 불만×기분의 불만'이라고 하면 '외국 기업이 개발을 주도하는데 이대로 일본은 괜찮을까?' '땅값이 올라도 지역 주민들에게는 환원되지 않을 텐데……' 등을 들 수 있다.

어느 불만을 해결해야 하는지는 개발 주체가 지역 기업이냐 외국계 기업이냐 아니면 지자체냐에 따라 달라질 것이다. 그러나 일단은 이 불만 빙고를 통해 '불'을 드러내면 모든 불만이 가시화돼 근본적으로 해결해야만 하는 아이디어의 방향성이 또렷이 보이기 시작한다.

불만 빙고는 아이디어를 생각하기 위한
준비운동에 안성맞춤.
잠들어 있는 문제를 흔들어 깨워
넓은 시각으로 살펴보자.

THINKING TOOL

14

불만은 현장에서 생기고 있다

불만 현장 조사에 나서자
거리 곳곳에 신제품, 신규 서비스의 씨앗이 잠들어 있다

비즈니스와 불만의 관계를 조금 더 파헤쳐 보자. 먼저 스마트폰 화면을 보기 바란다. 내 스마트폰 화면에는 구글, 넷플릭스, 교통카드, 라인, 뉴스와 날씨 앱 등이 있다. 이것들을 '불'이라는 관점에서 보면 모두 불만이나 불편에서 만들어졌음을 알 수 있다.

방 안을 둘러봐도, 출퇴근 도중 거리를 둘러봐도 '불'을 해결한 아이디어로 넘쳐 나고 있음을 알 수 있다. '불'이라는 안경을 쓰고 주변을 보면 '불'과 비즈니스의 관계가 얼마나 깊은지 깨닫고 깜짝 놀랄 것이다. 이런 관점에서 자신의 업무를 점검해 보기만 해도 다른 풍경이 보인다.

어느 음료 회사에서 이 이야기를 했더니, 사람들이 당장 실행해 보고 싶다고 했다. 그래서 팀별로 편의점에 가서 음료 선반을 살피며 '불'이 없는지 살폈다. 그러자 고작 10분 만에 갖가지 '불'이 쏟아져 나왔다. 코로나19가 한창 유행하던 상황까지 맞물려, 냉장고 손잡이가 불결하다거나 제품 수량이 적다는 불편부터 글자가 작아서 잘 안 보인다, 냉장고 유리문에 김이 서린다는 불만에 이르기까지 다양했다. 가장 많았던 것은 원하는 제품이 없다, 용량이 커서 너무 무겁다 등과 같은 기능적 측면의

불만이었다.

그러고 나서도 팀별로 거리를 돌며 음료를 마시는 장소에 대한 불편이나 자판기에 대한 불만을 모았고, 나아가 커다란 사회적 불만까지 모아 이를 아홉 칸짜리 불만 빙고(64쪽 참조)에 정리했다.

책상 앞에 앉아 생각만 하는 것이 아니라 현장에 나가 불만을 모으는 것에서 시작한다. 우리는 이 불만 현장 조사를 통해 불만은 현장에서 생기고 있음을 실감했다. 이것이야말로 현실적으로 요구되는 개발임을 깨달았다.

이렇게까지 설명해도 불만을 토대로 한 아이디어 개발을 꺼리는 기업이나 사람이 있는 것도 사실이다. 앞서도 서술했듯이 일본은 문화적으로 불만을 드러내길 싫어해, 불만을 말하는 사람을 기피하는 경향이 있다. 우리 회사 사외이사가 "내 역할이 세상의 불만이나 회사에서 미흡한 부분을 지적하는 건데, 직접적으로 말하면 다들 싫어한다."라며 개탄할 정도다. 그러니 사원이 불만을 토로하는 일은 금기나 다름없다.

하지만 불만은 중요한 미래의 씨앗이므로 입 밖으로 꺼내야 한다. 그래서 내가 추천하는 방법은 바로 **"불만을 말하면서 동시에 아이디어도 말한다."** 라는 것이다. 이 둘을 세트로 묶으면 의외로 논의가 긍정적으로 발전하고, 사업적인 인사이트도 발견하기 쉬워진다. 게다가 모두 "이 점이 문제인데 이렇게 하면 해결된다."라며 해결책을 말해 주면 좋아한다. 덕분에 "저 사람이 하는 말은 꽤 들을 만한데."라는 기분 좋은 부산물도 얻을 수 있다.

중학생을 대상으로 아이디어 강연을 하던 중 불만과 아이디어를 함께 말하라고 권했더니 모두가 웃는 얼굴로 관심을 보이며 재미있어했다.

그러고 보면 교육에도 충분히 응용할 수 있는 생각 도구가 아닐까 생각한다.

> 불만과 아이디어를 세트로 묶어 말하면
> 비즈니스에 속도가 붙고,
> '창의적인 사람'이라 불린다.

THINKING TOOL
15

모두가 몰랐던 불만 찾아내기

숨은 불만은 '레어템'
좀처럼 발견되지 않는 대신 보상이 굉장하다

불만에는 크게 두 종류가 있다. 바로 '모두가 이미 알아차린 불만'과 '모두가 아직 알아차리지 못한 불만'이다. 전자는 요즘 여름 날씨가 너무 덥다거나 점심값이 너무 올랐다거나 차단기가 고장 난 전철 건널목 때문에 짜증이 난다거나 등과 같이 이미 모두가 공감하는 문제로, "정말 싫지 않니?" 하고 동의를 구하기 쉽다.

한편 후자는 불만을 말했을 때 "듣고 보니 그렇네."와 같은 깨달음의 반응이 돌아온다. 예전에는 자동차 앞창에 쌓인 눈을 그때그때 차에서 내려 치우는 것을 성가시다(사실 이것이 와이퍼를 탄생시킨 불만)고 여기지 않았듯이, 일상의 당연함에 매몰돼 불만스럽게 여기는 줄 알아차리지 못하는 일이 의외로 많다. 나는 이런 불만을 '숨은 불만'이라고 부른다. 이 숨은 불만이야말로 숨겨진 보물처럼 귀중한 존재다.

이런 말을 하는 나 역시 불만을 알아차리지 못하던 때가 있었다. 학창 시절, 음악을 매우 좋아해서 1년에 100회 정도 라이브 공연을 보러 갈 만큼 공연에 미쳐 있었다. 당시는 티켓을 구하려면 전화를 수백 통 넘게 해야 했다. 나는 귀찮기는 했어도 너무나 당연한 일이라 불만스럽게 여기는 줄 몰랐다.

숨은 불만은 "그야 당연한 일이니까."라는 의식 아래 잠겨 있다. 더구나 가까이에 있는데도 좀처럼 만날 수 없고, 붙잡을 수 없다. 게임을 하다 레어템을 발견하는 일보다 더 어려울지도 모르겠다. 그럼 어떻게 하면 레어템 수준의 불만을 발견할 수 있을까?

☞ '사실은 싫었어' 게임으로 드러내자

앞서 언급한 손태정 씨로부터 "사실은 형이 변좌가 차가운 게 불만이라며 이를 개선하는 아이디어를 궁리한 적도 있다."라는 이야기를 들은 적이 있다. 지금은 당연해진 '따뜻한 변좌'를 손정의 씨가 팔았을 뻔했다는 말인데, 바로 이 "사실은……"이라는 말을 의식하는 것이야말로 숨은 불만을 발견하는 열쇠다.

"사실은……" 하고 말을 꺼내면, 우리는 "당연한 거니까 생각하지 마."라는 암묵적인 사고 편향을 뒤엎고 마음속 불만에 도달할 수 있다. 이를 실천하기 위해 개발한 훈련이 '사실은 싫었어' 게임이다.

순서는 다음과 같다.

① 숨은 불만을 드러내기 위한 주제를 정한다.
② 각자 '사실은 싫었어'를 10분간 생각한다.
③ 그룹끼리 논의하고 나서 '최고의 싫었어(숨은 불만)'를 정한다.

　이 게임을 기업이나 프로젝트에서 하다 보면 상당히 많은 것을 발견할 수 있고, 무엇보다 분위기가 굉장히 좋아진다. 어느 대학 워크숍에서 이 게임을 했을 때는 학생들이 엄청나게 호응하며 숨은 불만들이 소용돌이처럼 마구 몰아쳤다. 사실은 강의 때 교수님 목소리가 너무 작다, 사실은 의자가 차가워서 짧은 치마를 입을 수 없다, 사실은 휴강일을 알기가 어렵다 등등. "이런 불만들을 참고해 강의 환경을 개선하면 좀 더 나은 강의가 되겠네요." 하고 교수가 진지하게 이야기한 것이 재미있었다.

　또 이 게임을 실제 개선 아이디어로 연결시킨 사례가 2023년 후지 록 페스티벌이다. 대자연 속에서 불편을 즐기는 것도 이 행사의 장점이라 좀처럼 숨은 불만이 보이지 않았다. 그런데 이 게임을 통해 화장실이 불결하다, 텐트촌이 불편하다 등 이미 알던 불만뿐만 아니라 푸드존의 대기 줄이 너무 길다, 무대까지의 동선이 멀다, 티켓이 너무 비싸다 등과 같은 숨은 불만이 드러났다. 이에 대한 해결책으로 내건 것이 후지 록 플러스라는 신규 서비스다. 전용 셔틀버스를 제공하거나 푸드존 전용 대기 줄과 휴게소에 접근할 수 있는 권리를 판매하고, 매출 일부를 젊은이들의 티켓 대금으로 환원했다.

이처럼 "사실은……"이라는 문제 제기만으로도 당연함이라는 벽 뒤에 있는 본심을 밝혀내 숨은 불만을 발굴할 수 있다. 단순하지만 비즈니스에서 회심의 일격을 노릴 수 있는 최고의 트레이닝이므로 꼭 시도해 보기 바란다.

"사실은……"은 본심을 밝히는 마법의 말.
게임으로 단련해 회심의 일격을 노리자!

THINKING TOOL

16

미움을 받아 보는 발상으로부터 출발

잘 팔리는 아이디어는 생각해 내기 어렵지만, '팔릴 것 같지 않은 아이디어'는 쉽게 떠올릴 수 있다

더 이상 아이디어가 떠오르지 않을 때 단순하지만 강력한 돌파구가 돼 주는 것이 바로 '미움을 받아 보는 발상'이라는 생각 도구다.

사람은 상대에게 미움받지 않으려 주의한다. 하물며 거래처 사람이라면 더욱 그럴 것이다. 나는 누구에게나 잘 보이고 싶어 하는 성격이라 실수하는 일이 없도록 '뭘 하면 그 사람이 싫어할까?'를 늘 신경 써 왔다. 그러다 보니 상대 입장에서 생각하고, 상대의 눈으로 나 자신을 보는 습관이 생겼다. 이것이 앞에서 언급한 '이견의 견'과도 이어졌다고 생각한다. 개인적으로는 이런 성격이 너무 싫지만, 조금은 인생에 도움이 됐을지도 모르겠다.

그런데 미움을 받아 보는 발상은 정반대다. 상대 입장에서 '당하면 싫은 것'부터 생각해 보는 접근법이다. 예를 들어 신주쿠역과 이어진 빌딩에 라멘 가게를 차린다고 하자. 당신이라면 어디서부터 생각하겠는가? 유행하는 라멘 가게를 검색하거나 고객층 분석을 바탕으로 국물이나 면을 개발할지도 모르겠다. 또는 외국인 관광객을 노린 닌자 콘셉트, 토핑을 잔뜩 올려 SNS에 자랑하고 싶게 만드는 메뉴 등과 같은 아이디어가 나올지도 모르겠다. 하지만 결정타가 없어 좀처럼 결단을 내리기가 쉽지 않다. 자, 어떻게 할까? 이런 일은 사업 운영에서 흔히 접할 수 있다고 생각한다.

이럴 때는 거꾸로 타깃이 싫어하는 라멘 가게는 어떨지부터 생각해 보는 것이 좋다. 신주쿠역과 이어진 빌딩이라면 패션 아이템을 보러 오는 여자가 많을 것이다. 이들은 불결한 가게는 거들떠보지도 않는다. 친구와 함께일 테니 테이블 없이 카운터석만 있는 곳은 꺼릴 테고, 사진이 예쁘게 찍히지 않을 것 같은 곳도 안 된다. 양이 너무 많으면 남길 테니까 탈락. 열량이 높고 몸에 나쁠 것 같은 음식도 탈락. 너무 비싼 곳도 탈락……

이렇게 매우 현실적으로 '싫어하거나 거르는 요소'를 드러내, 이것과 '반대'되는 것을 아이디어로 삼는다.

사실은 이런 발상에서 만들어진 라멘 가게가 있다. 잇푸도가 2016년에 신주쿠에 선보인 2분의 1 푸도다. 타깃인 젊은 여성들이 꺼리는 요소들과 반대로 만들어, 양도 열량도 잇푸도에서 판매하는 라멘의 절반인 메뉴들로 구성했다. 가게 내부는 밝고 깨끗한 데다 시각적 요소가 많아 사진도 예쁘게 잘 나온다. 유감스럽게도 가격만은 절반으로 하지 못했지만, 모든 것을 잇푸도의 거의 절반으로 구성한 가게는 큰 화제가 됐다.

굳이 미움을 받아 보는 발상에서 시작해 이를 반대로 생각할 필요 없이 처음부터 소비자가 원하는 것을 생각하면 되지 않냐고 하는 사람도 있을지 모르겠다. 그러나 진전이 없을 때는 이 발상이 아이디어를 떠올리는 데 꽤 도움이 되므로 적어도 선택지 중 하나로 남겨 두는 편이 좋다고 생각한다.

👉 팔릴 것 같지 않은 아이디어는 생각하기 쉽다

미움을 받아 보는 발상은 아이디어 개발 말고도 활용할 데가 있다. 이에 관해서도 소개해 보고자 한다. 아주 오래 전의 일이다. 어느 회사로부터 젊은 여성에게 사랑받는 속옷에 대한 아이디어를 생각해 달라는 의뢰가 들어왔다. 남자인 내가 그런 걸 알겠냐고 생각하면서도 회의 자리에 나가 "반대로 싫어할 만한 속옷에 대해서는 여러 가지로 생각해 봤습니다."라고 질러 버렸다. 그랬더니 진전 없는 회의에 지쳐 있던 사람들의 얼굴에 화색이 돌고, 논의에 활기가 띠더니 좋은 아이디어가 나온 적이 있다.

또 어떤 사람은 회사를 나와 창업할 때 그때까지 만났던 꼴 보기 싫은 상사를 떠올리고 그 사람의 행동과 언동을 뽑아내 "내가 사장이 되면 완전히 반대로 하자."라고 마음먹었다. 실제로도 이 결심을 실천함으로써 회사를 팀워크가 뛰어난 조직으로 키워, 상장을 추진할 수 있을 정도로 성장시켰다.

이처럼 미움을 받아 보는 발상은 원활한 커뮤니케이션이나 행동 지침을 개발할 때도 효과를 발휘하는 생각 도구다.

잘 팔리는 아이디어는 생각해 내기 어렵지만, 팔릴 것 같지 않은 아이디어는 쉽게 생각할 수 있다. 사랑받는 상사가 되는 법

은 모르지만, 나쁜 상사의 예라면 셀 수도 없다.

즉 반대로 생각하는 루트를 알아 두면 강점으로 삼을 수 있다. 산이 험해 뒤쪽으로 돌아가 봤더니 로프웨이가 설치돼 있더라 하는 식으로 일을 할 때도 비슷한 경우가 많다.

'뭘 하면 미움받을까?'라는 생각에서 역산해 앞을 가로막은 아이디어의 벽을 깨부수자.

THINKING TOOL

17
폭발적으로 아이디어가 떠오르는 3초 허들 메모

뭐부터 생각하면 좋을지 알 수 없을 때는 '말'로 허들을 만들자

비즈니스 아이디어를 생각할 때 제일 처음에 아무것도 없는 상태에서 '뭐부터 생각하면 좋을지'를 고민하는 사람이 많다. 실제로 우리 회사의 젊은 친구들도 회의 자리에서 "죄송합니다. 뭐부터 손을 대야 할지 알 수가 없어서……."라며 헤매는 경우가 많다. 솔직히 말하면 예전의 나도 그랬다. 새로운 일을 시작할 때면 항상 어디서부터 생각하면 좋을지 몰라 우왕좌왕했다. 마치 경주에 참여하기는 했는데, 출발점을 몰라서 한 바퀴나 뒤처진 느낌이랄까.

그래도 처음부터 할 일이 좁혀져 있는 안건은 그나마 알기 쉽다. 광고 제작까지는 정해졌다면 어떤 광고를 만들지부터 생각하면 된다. 그런데 요즘은 사업 환경이 너무 복잡해졌다. 예를 들어 "간호전문학교의 학생 수가 줄어들어 문제다."라든가 "세계적인 스키 리조트로 만들려면 어떻게 해야 할까?" 같은 식으로 일반적인 광고의 틀을 뛰어넘는 일이 불쑥 들어오기도 하고, AI 등 복잡한 기술이나 지속가능성 같은 주제와 관련한 브랜딩 의뢰가 들어오기도 한다.

그러면 생각할 범위가 너무 커서 출발점 바로 앞에서 가만히 서 있게 된다. 물론 이것은 광고업계만의 이야기가 아니다. 모든 일이 복잡해지면서, 지금까지 없었던 성과에 대한 요구가 생겨나고 있는 까닭에 '뭐부터 생각해야 하느냐'는 누구나가 고민하는 일이 됐다.

👉 그것은 "정말로 ○○할 수 있을까?"

그런데 사실 이 질문에는 좋은 처방전이 있다. 내가 늘 실천하고 있는 '3초 허들 메모'라는 생각 도구다.

사람은 자유보다 제약이 있을 때 오히려 창의적이 된다. 이 방법은 제약이 되는 '사고 허들'을 고작 3초 만에 설정하는 것이다.

실제로 해 보자. 예를 들어 앞서 언급한 "간호전문학교의 학생 수가 줄어들어 문제다."라는 고민이 있다고 하자. 먼저 이 문제를 "간호전문학교의 학생 수를 늘리고 싶다."라는 과제로 삼는다. 하지만 이것만으로는 어디서부터 손을 대야 효과적인 방안을 제시할 수 있을지 솔직히 막막하다. 이때 필요한 것이 '사고의 허들화'다. 다시 말해 과제를 "그것은 정말로 ○○할 수 있을까?"로 바꿔 쓰기만 해도 단번에 생각하기가 쉬워진다.

이 경우에는 "그것은 정말로 간호전문학교의 학생 수를 늘릴 수 있을까?"라고 바꾸기만 하면 끝이다. 나머지는 뭐든 생각나는 아이디어에다 "그것은 정말로?" 하고 되묻기만 하면 된다. 생각해 낸 아이디어가 다음과 같다고 하자.

- 각지의 고등학교에 간호전문학교 팸플릿을 배포한다.

- 고등학생을 대상으로 학교 설명회를 개최한다.
- 장학금 제도를 내실화한다.

이제 각지의 고등학교에 팸플릿을 배포하면 "정말로 간호전문학교의 학생 수가 늘어날까?" 하고 되묻는다. 그러면 사고의 출발점이 생겨 생각하기 쉬워진다. 이를테면 팸플릿 내용은 뭐가 좋을까와 같은 새로운 질문이 생긴다. 대학이 아니라 간호전문학교에 진학하면 좋은 이유, 즉 장점을 제시하거나 천직을 찾은 보람을 전한다 같은 아이디어를 떠올릴 수 있다. 또 애초에 "팸플릿으로는 흥미를 끌지 못한다."라는 본질적인 과제도 보이기 시작한다. 그러면 다른 매체를 찾거나 더욱 흥미를 끌도록 《투명한 요람》과 같이 고등학생을 주인공으로 한 의료 만화와 협업하자는 등 보다 정밀한 아이디어로 발전시킬 수 있다.

이처럼 사고의 허들이 있으면 아이디어를 생각하기 쉽고, 게다가 좋은 아이디어로 범위를 좁히기 쉬워지므로 더욱 완성도 높은 아이디어를 낼 수 있다. 또 이 허들을 설정하는 데는 3초도 걸리지 않는다. 문제를 과제로 삼아 재빠르게 시작할 수 있는 생각 도구다.

실제로 잇푸도에서 '큰 화제가 될 만한 창업 축제의 모객 방안'을 기획했을 때도 "그것은 정말로 큰 화제가 될 만한 창업 축제의 모객 방안일까?" 하고 허들을 설정했을 뿐인데 팀원들의 기획 정밀도가 높아졌다. 결과적으로 "창업일인 10월 16일(10/16)을 기념해 가격을 16분의 10(10/16)으로 하자."라거나 "창업자가 직접 10그릇만 만들자."라는 등 구체적인 방안이 나와 큰 성공을 거뒀다.

또한 이 3초 허들을 기획서 제목이나 프로젝트 슬로건으로 쓰기만 해도 아이디어의 정밀도가 향상되니 꼭 시도해 보기 바란다. 예전에 우리 회사에서 '도쿄 여자 프로젝트'라는 사이트를 운영했을 때도 "그것은 정말로 여자들을 행복하게 하는 아이디어일까?"를 슬로건으로 매일매일 기획을 했더니 일을 하는 데 대의명분이 생기고, 의욕도 솟았다. 무엇보다 회의 때 모두가 "이것은 정말로 여자들을 행복하게 하는 아이디어예요!"라며 허들을 뛰어넘는 제안을 내놓으면서 기획의 재미가 비약적으로 높아졌다.

3초 허들 메모는 폭발적인 속도로 사고를 촉진하고, 팀의 결속력을 높이고, 공감을 낳는 등 마치 마법과도 같은 생각 도구라고 할 수 있다.

'사고의 허들화'로 판단 기준을 만들면 단번에 아이디어를 내기 쉬워진다.

THINKING TOOL
18
아이디어가 안 떠오르면 회의명을 바꿔라

말의 힘을 빌려 분위기를 활성화한다

사람은 말에 약하다. 감동적인 말에 눈물을 흘리고 좌우명에 움직이고 직위나 정의를 나타내는 말에 영향을 받는다. 명함에 대단한 회사명이 적혀 있으면 굉장한 사람이구나 하고 생각하고, 규모가 작은 회사라도 직함이 사장이나 이사면 대단한 사람이라고 생각한다. 또는 교자 마을이나 무쇠 주물 마을처럼 말로 마을을 정의하면 왠지 그 정의에 이끌려 구경을 가거나 괜스레 뿌듯해한다. 가가와현은 우동의 고장이라는 정의로 수많은 관광객을 불러들였으며, 전국적인 브랜드로 큰 매출을 올렸다.

이런 말의 힘은 당연히 아이디어를 떠올리거나 브랜드를 만들 때 효과적으로 활용할 수 있으며, 말에 의한 정의의 힘을 이용해 아이디어를 생각해 내는 분위기를 활성화할 수도 있다.

일례로 '회의에 이름 붙이기'가 그렇다. 유통 그룹 이온의 어패럴 프로모션을 담당할 때의 일이다. 경영진 중 한 사람이 "정기 회의 때 젊은 사원이나 여사원은 의견을 잘 내지 않아요."라며 고민을 털어놨다. 회의에 참석해서 보니 확실히 젊은 사원이나 여사원은 의견을 내는 데 적극적이지 않았고, 이른바 아저씨들이 회의를 주도했다.

그때 굉장히 신경이 쓰이는 것이 있었다.

그것은 바로 아무도 신경 쓰지 않는 '회의명'이었다. 그래서 나는 한 가지 제안을 했다. 회의명을 '춘계 어패럴 기획 제안 회의'에서 '지금 원하는 옷을 다 함께 만드는 회의'로 바꿔 보자는 것이었다.

단지 회의명만 바꿨을 뿐인데 효과는 절대적이었다. 먼저 그동안 회의명을 바꾸는 일이 별로 없었기에 '왜 굳이?'라는 의문과 더불어 '뭔가 바뀌려나!'라는 기대감이 생긴 것이다.

게다가 '지금 원하는 옷', '다 함께 만든다'라는 표현이 젊은 사람이나 여성의 의견이 필요하다는 메시지로 작용해 이들의 의욕을 고취시켰다.

이 회의는 그 뒤에도 오래도록 이어져 많은 신상품을 선보였다. 나아가 "지금 원하는 옷이, 있다."라는 캠페인으로도 만들어져 매출에 큰 도움을 줬다. 솔직히 이름을 바꾸는 데는 돈 한 푼 들지 않는다. 그런데도 아이디어를 창출하는 토대를 활성화할 수 있으니 하지 않을 이유가 없지 않은가.

말은 강력하다. 이 강력한 힘을 잘 활용하면 영업 부문이나 업무 지원 부문의 의욕을 끌어올릴 수도 있고, 멈춰 있던 사업을 다시 움직일 수도 있다. 이처럼 돈을 들이지 않고도 말 하나로 역량을 강화할 수 있는 일이 회사 안에 많지 않을까.

일에 진전이 없을 때 회의나 부서의
이름을 바꾸면 의외로 효과를 볼 수 있다.

THINKING TOOL
19

옳은 답은 없다, 옳은 질문은 있다

처음부터 '답을 찾으려고' 하면 도달할 수 없는 답이 있다

비즈니스에서든 사회의 다양한 상황에서든, 문제는 다방면으로 복잡해지고 있다. 생각하고 또 생각해도 헤매기 쉬운 지금 시대에 반드시 알아둘 포인트가 있다. 바로 문제와 과제는 다르다는 점이다. 이 둘은 비슷하지만 절대 같지 않다.

문제는 곤란한 것, 과제는 극복하는 것.

나는 이렇게 정의한다. 즉 "이거 곤란한데." 또는 "좀 심하지 않아?"라는 생각이 드는 것은 문제고, "그건 바꿔야지!"라는 생각이 드는 것은 과제다. 예를 들어 "관광객 증가로 쓰레기가 넘쳐 나서 곤란하다."라는 것은 문제며, "관광객 증가로 넘쳐 나는 쓰레기를 줄이려면 어떻게 해야 할까?'는 과제다. "으음! 뭐가 다르지?"라고 생각하는 사람도 있을 텐데, 이 둘은 상당히 다르다.

문제는 그대로 두면 "이렇게 더럽히다니!"라는 분노나 "진짜 민폐 아냐?"라는 부정적인 감정밖에 생기지 않는다. 이와 달리 과제로 삼으면 "어떻게 하면 좋을까?", "나한테 이런 아이디어가 있는데."라는 긍정적인 제안으로 바뀐다. 같은 현상을 표현만 다르게 했을 뿐인데, 행동에 큰 변화가 생기는 것이다.

문제를 과제로 바꿔 생각하기만 해도 여러 가지를 해결할 수 있다. 한번 주변에 있는 문제를 열거해 과제로 바꾸는 연습을 해 보자. 단 과제가 본질적이냐 아니냐에 따라 결과물은 크게 달라지므로 과제 설정의 정밀도를 높여 가야 한다.

이때 활약하는 것이 '애초에 왜?'라는 사고다. '애초에 왜?'를 몇 차례 반복해 본질적인 과제를 드러내는 생각 도구다. 도요타의 그 유명한 5Why 분석('왜?'라는 질문을 반복하는 방법-옮긴이)의 분해형 사고법과 같지만, '애초에'라는 말을 집어넣음으로써 간과하기 쉬운 '전제의 오류'부터 의문을 가지고 사고할 수 있게 개량했다.

👉 실천 문제

"공원에 고양이가 늘어나서 곤란하다."라는 문제를 예로 생각해 보자. 그 전에 생활양식이 다양해진 지금 시대에는 '단순한 정답'이란 없으며, 어떤 과제를 설정해야 좋은지도 의외로 어려운 문제임을 이해해 두자. 이제 위의 문제에 대해 생각해 보면, 공원 인근 주민들은 "고양이 울음소리를 해결할 방법이 없을까?"를 고민할 것이다. 아이 엄마라면 "공원에 있는 고양이 배설물 등이 비위생적이라서 어떻게든 하고 싶다."라고 생각할 것이다.

또 고양이를 좋아하는 사람은 "포획되지 않도록 보호해야 하는데."라는 생각을 하지 않을까?

여기서 '애초에 왜?'라는 사고를 통해 전제부터 정리해 보자. "①애초에 왜 늘어난 길고양이를 어떻게든 해야 할까?"→"고양이 울음소리가 시끄러워서." "고양이 배설물이 더러워서 골치니까." "고양이가 싫어서." 이것만으로도 과제가 선명해지지만, 각각에 대해 한층 더 깊이 파고들어 간다.

가령 두 번째 과제라면 "②애초에 왜 고양이 배설물이 더러운 것이 문제가 될까?"→"아이들이 손으로 만질 가능성이 있어서."→"③애초에 왜 아이들이 손으로 만질 수 있는 곳에 배설물이 있을까?"→"고양이가 모래 놀이터 등에 똥오줌을 싸서."→"④애초에 왜 모래 놀이터에 고양이가 똥오줌을 쌀까?"→"모래 놀이터는 고양이가 똥오줌을 싸기에 적합한 곳이라서."→여기서부터 "⑤애초에 왜 모래 놀이터에 고양이가 들어갈 수 있을까?" 또는 "⑤애초에 왜 모래 놀이터에 고양이가 똥오줌을 싸고 싶어 할 만한 모래가 있을까?"와 같은 새로운 질문이 생긴다.

이처럼 '애초에 왜?'를 몇 차례 반복하다 보면 처음에는 보이지 않았던 본질적인 과제가 보이기 시작한다. 위의 ⑤를 토대로 아이디어를 생각하는 것과 최초의 "공원에 고양이가 늘어나서 곤란하다."라는 문제에서 아이디어를 생각하기 시작하는 것은 그 목표 지점이 전혀 다름을 알 수 있다. 좋게 해결하기 위한 아이디어를 내고자 한다면, 첫 단계에서 적절한 과제 설정=옳은 질문에 도달하는 것이 중요하다. 옳은 답은 없어도 옳은 질문은 있는 법이다.

위에서는 '애초에 왜?'라는 사고를 ②의 과제로 한정했지만, 최초의 과제 설정 단계부터 해결하는 방법도 있다. 바로 '사실은 ○○ 리서치'라는 조사 방법이다. 앞에서도 말했듯이 '사실은……'에는 본심을 말하게 하는 힘이 있다. 바로 이 힘을 이용해 본질적인 과제를 조사하는 방법이다. "공원에 길고양이가 늘어났다."라는 문제라면, 공원 이용자나 인근 주민을 대상으로 "사실은 이 문제로 어려움을 겪고 있다면 말씀해 주세요."라는 조사를 진행한다. 이 과정에서 나온 구체적인 본심을 토대로 해결 과제를 선택하면 질문의 정밀도를 높일 수 있다. '애초에 왜?'라는 사고와 조합해 활용하자.

'애초에 왜?'로 문제를 과제화하자.
옳은 질문에 도달하면 목표 지점이 달라진다.

THINKING TOOL
20
제품을 팔기 어렵다면 행동을 팔자

제품을 둘러싼 커다란 움직임을 일으키려면

담당 제품이 팔리지 않아 어려움을 겪은 적이 있는가? 더 많이 팔릴 가능성이 충분한데 어째서인지 경쟁 제품에 밀렸을 수도 있다. 또는 새로운 서비스에 대한 반응이 영 시원치 않거나 마침내 완성한 시설에 사람들이 오지 않거나 담당한 SNS 홍보 메시지가 전혀 화제가 되지 못하는 등 누구나가 뭔가가 잘 팔리지 않는 쓰라린 경험을 해 봤으리라.

그럴 때 내가 떠올리는 말이 있다. 바로 "그렇다면 행동을 일으키자."다. 세상에 알려지지 않은 제품에 관심을 가지게 만들기는 당연히 매우 어렵다. 그래서 큰돈 들여 광고를 하거나 배우 등을 기용해 관심을 끄는 등 여러 가지 방법을 모색하면서 고생하는 것이다. 다만 제품에 압도적인 차별점이 있고, 사용자가 제품에서 가치를 느낀다면 구매 의욕은 자연스레 생길 테고, 제품 정보도 널리 퍼져 나가기 마련이다. 하지만 이런 일이 좀처럼 일어나지 않는 이유는 기업이 아무리 대단한 제품이라고 떠들어도 정말로 결정적인 '장점'이 있는 경우가 드물기 때문이다.

그러나 결정적인 차별화 포인트가 없는 제품도 '행동'만 잘 일으키면 '팔리는 현상'을 만들 수 있다.

오래전에 '금요일은 와인 사는 날'이라는 유명한 광고 캠페인이 있었다. 산토리가 와인을 팔기 위해 만들었는데, 일부러 와인의 장점을 내세우지 않고 와인을 사서 귀가하는 행복감을 강조해 폭발적인 유행을 낳은 획기적인 아이디어였다.

지금은 집에서 와인을 마시는 일이 별일 아니지만, 이 캠페인이 있기 전에는 아무도 와인을 사 들고 집에 가서 마신다는 생각을 하지 않았다. 즉 이 캠페인은 '와인을 집에서 마시는 행동'을 만들어 낸 셈이다. 당시는 주 5일 근무제가 도입되면서 '불금'이라는 말이 널리 퍼진 시대였다. 이에 걸맞는 새로운 생활양식을 찾던 언론과 트렌드 리더(요즘 표현을 빌리자면 인플루언서)가 이 '행동'을 근사한 생활양식으로 널리 퍼트린 결과, 일반적인 '습관'으로 정착했다. 이 습관을 남보다 앞서 제안한 산토리는 가정 와인 붐을 일으켜 업계를 주도하며 큰 이익을 창출했다.

☞ 제품을 둘러싼 움직임을 일으키자

식탁의 롱셀러 브랜드로 유명한 고쿠마로카레의 사례도 있다. 1996년에 출시된 이 제품은 요리를 좋아하는 일부 주부들이 평소 이용하던 방법인 '두 종류의 고형 카레를 섞는' 콘셉트를 내세웠다. 처음부터 잘 팔렸지만, 더욱더 많이 팔리는 계기를 만든 아이디어가 있다.

아이와 함께 "어버이날에 카레를 만들자."라는 행동 개발이다.

지금도 어버이날이면 슈퍼마켓 등에서 볼 수 있는 이 '행동 환기 문장'은 사실 당시에 시작된 것이다. 잘 팔리고 있으니, 더욱 박차를 가해 이참에 '국민 카레로!'라는 비전을 내걸고 고안한 아이디어였다.

솔직히 캠페인 초기에는 "아이가 칼을 들었다가 다치기라도 하면 어떡하냐?"라는 비판이 커서 중단까지 고민했다. 그러나 부모님을 생각하는 마음을 카레를 만드는 행동으로 연결하는 것은 옳다고 믿고, 끈질기게 밀다 보니 비판보다는 긍정적인 여론이 증가했다. 그 결과, 지금까지 이어지는 어버이날의 국민적 행사가 됐다.

이 이야기를 하면 "카레라면 뭐든 해당되니, 고쿠마로카레를 파는 데는 효율적이지 않은 것 같다."라든가 "업계 1등이니까 가능하지!"라는 말이 나오기도 한다. 그런데 이는 브랜드라는 틀을 넘어 거대한 붐이 일어나는 것의 가치를 모르고 하는 말이다.

제품에 적용하는 것도 물론 중요하지만, 제품을 둘러싸고 붐이 일어나 사회현상으로 발전했을 때의 매출은 상상을 초월한다. 게다가 지금처럼 소비 속도가 빠르고, 제품의 미세한 차이로는 누구의 마음도 움직이지 못하는 시대에는 단발성 제품의 특성이 알려지는 것보다 카레라면 카레라는 그 분야를 사랑해 주는 커뮤니티가 생겨야 팔리는 수량도 기간도 늘어나 몇 배나 더 큰 가치로 이어진다.

제품이나 기업에 대한 '공감과 참여'가 중요한 시대, 행동이나 습관을 낳는 아이디어가 비즈니스의 핵심이 된다.

THINKING TOOL
21

하고 싶다, 할 수 있다, 해 보자!

슬로건은 "세 가지 플러그를 뽑읍시다."

2018년 9월 6일(목요일), 대정전이 발생했다. 최대 진도 7을 기록한 홋카이도 이부리 동부 지진의 여파였다. 본진 발생 17분 뒤에 홋카이도 전역을 어둠에 휩싸이게 한 대정전은 11시간이나 이어졌다. 그 뒤에 복구되기는 했지만, 월요일에 공장을 가동하면 다시 대정전 사태에 빠질 수 있었기에 홋카이도 전역에서 서둘러 절전 대책을 마련할 필요가 있었다.

그래서 자원에너지청과 경제산업성 직원들, 그리고 민간 크리에이터로 이루어진 절전 홍보 태스크포스 팀이 꾸려졌다. 나도 이 팀에 합류, 몇 시간 안에 확실한 홍보안을 만든다는 과제를 해결하기 위해 움직이기 시작했다. 마치 영화 같은 긴박한 분위기에서 속속 새로운 정보가 들어왔고, 대책 방안이 좁혀져 갔다. 그중에서도 홍보의 핵심이 되는 메시지 개발에 초점이 맞춰졌다.

목표는 전력 수요가 증가하는 평일 오전 8시 30분부터 오후 8시 30분까지(절전 타임) 약 20퍼센트 절전을 달성하는 것. 이를 단순히 전달하면 "또다시 정전 사태가 발생하지 않도록 각 가정에서는 20퍼센트 정도 절전해 주십시오."가 될 것이다. 하지만 그렇게 해서는 행동으로 이어지기 어렵다. 왜냐하면 사람마다 20퍼센트를 다른 의미로 받아들이며, 무엇보다 메시지가 너무 평범해 머리에 남지 않을 뿐 아니라 또 뭘 어떻게 하면 되는지 모르기 때문이다. 핵심은 빨래 건조기, 전기밥솥, 전기 주전자. 이 세 가지를 절전 타임에 쓰지 않아야 하는 것인데, 너무 설명적이어서 확산시키기 어렵다.

역시 아이들도 하고 싶다, 할 수 있다, 해 보자 하고 생각할 정도로 간단하고, 게임 같고, 구체적인 행동 제안이어야 한다.

그래서 우리 팀이 도출한 메시지는 "세 가지 플러그를 뽑읍시다."였다. 이 메시지라면 위화감도 있고, 행동하기도 쉽다. 아이들도 솔선해서 실천해 줄 듯하다. 또 애초에 콘센트에서 플러그를 뽑아 두면, 쓸 때만 꼽으니까 절전을 위한 행동 제안으로서도 이치에 맞다.

여기에 더해 또 하나 "한방에 모여, 텔레비전은 에너지 절약 모드로!"라는 메시지도 개발했다. 이 메시지에는 텔레비전이나 조명 사용량을 줄이자는 목적도 있었지만, 가족이 한자리에 모여 정보를 나누며 마음의 평온을 유지하자는 목적도 있었다. 이 메시지를 포스터뿐 아니라 SNS와 여러 미디어를 통해 널리 알렸다.

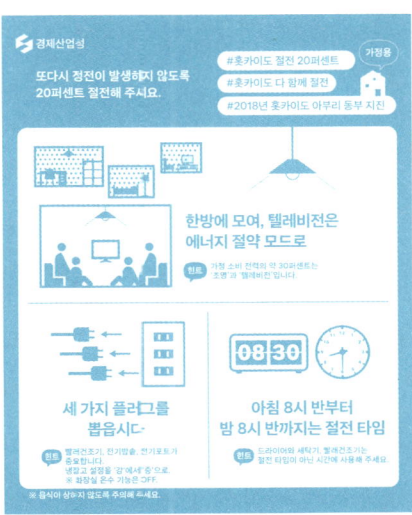

10일(월요일)을 맞았을 때는

진짜 가슴이 떨렸다. 어쨌든 정전 위기는 피할 수 있었다. 물론 공장 관계자나 시민의 행동이 절전에 큰 힘이 됐다. 그래도 메시지나 포스터가 아주 조금이나마 도움이 됐다면 전문가로서 자긍심을 가질 만한 일을 했다고 생각한다.

👉 런던에서 건강 증진과 도시 발전을 거둔 아이디어는

레저블 런던(Legible London)이라는 멋진 사례를 소개해 볼까 한다. 그래픽디자이너 이로베 요시아키가 이야기해 준 런던의 환승 지도 디자인 사례로, 역이 출발점인 지도에 도보 5분 거리를 알리는 원호를 그려 "5분 정도라면 걸어가 볼까?"라는 행동을 유발한다는 것이다. 이 아이디어 덕분에 시민 건강도 지키고, 인근 가게도 활기를 찾았다고 한다. 고작 원 하나로 '하고 싶다', '할 수 있다', '해 보자'를 낳은 기적적인 사례라고 생각한다.

어느 미술관이 고민을 상담했을 때도 '행동 제안'을 한 적이 있다. 의뢰 내용은 전시실 내부에 둔 의자에 앉아 큰 소리로 떠드는 사람이 많아 곤란한데, 좋은 해결책이 없을까 하는 것이었다. 나는 의자 옆 테이블에 놓인 장식물에 글을 적어 주의를 촉구하기로 했다. 꽤 어려운 과제였다. 직접적으로 표현하면 "큰 소리로 대화하는 것은 삼갑시다."나 "대화 금지" 정도일 것이다. 그때 내가 제안한 것은 "대화는 귓속말로."라는 행동 제안형 카피. 귀에 익지 않은 말일 테니 신경이 쓰일 것이고, 또 귓속말로 하려면 자연히 큰 소리를 낼 수 없다. 게다가 친밀감을 느낄 수도 있으므로 그러고 싶어진다. 내가 생각하기에도 좋은 제안이었다.

행동화의 핵심은 '금지', '명령', '설명'이 아니라 "해 보고 싶다!"라고 생각하게 만드는 것이다. 그러려면 게임처럼 즐겁고, 아이들도 행동할 수 있을 정도로 쉬워야 한다.

*어려운 과제일수록
게임처럼 즐거운 행동화가 중요하다.*

> THINKING TOOL
> # 22

인생 사고 방법으로 아이디어를 창출

제품과 인생 사이에서 미소가 있는 풍경을 발견하자

도대체 어떻게 하면 이런 발상을 할 수 있을까? 세상에는 이렇게 놀라게 되는 제품, 서비스가 있다. 나는 몇몇 심사회에서 심사 위원을 맡고 있는데, 최근에 내가 가장 높은 점수를 준 아이디어는 쇼가쿠칸에서 출간한 《너의 이름을 찾을 수 있는 국어사전(きみの名前をひける国語辞典)》이다. 좋은 사전으로 인정받는 《쇼가쿠칸 첫 국어사전(小学館 はじめての国語辞典)》에 구매자 자녀의 이름, 생일, 소개 글을 수록한 특별판을 만들 수 있는 놀라운 서비스다.

이 사전은 아이가 처음 사전을 펼쳐서 찾는 단어가 자기 이름인 경우가 많다는 점에서 기획됐다고 한다. 예를 들어 아이 이름이 다로라면 "【다로】 4월 2일생. 호주머니에 종종 도토리와 쥐며느리가 들어 있을 정도로 자연을 매우 좋아하는 남자아이. 좋아하는 음식은 커다란 주먹밥." 같은 식으로 실려 있다. 나는 이것을 본 다로가 깜짝 놀라 눈망울을 반짝거리는 모습을 상상하니 설레기까지 했다. 아울러 아이디어를 생각할 때는 더욱 깊이 상대의 행복을 생각해야겠다고 반성했다.

종이 사전이 한물간 콘텐츠 취급을 받은 지 이미 오래다. 스마트폰에 각종 사전 앱이 있고, 어떻게 읽는지 모르는 어려운 한자는 사진을 찍으면 구글이 알려 준다. 그런 시대에 이 사전은 디지털에는 당할 수 없다는 '당연함'을 떨쳐 내고 설렘을 만들어 냈다. 주문에 일일이 대응해 딱 한 권뿐인 사전을 인쇄하고 제본하는 일은 쉽지 않았으리라. 품과 시간을 우선해 아이디어를 포기한 적은 없었는지 자신에게 묻고 싶을 정도로 강렬한 인상을 남긴 사례다.

☞ '당연함'을 뛰어넘는 '인생 사고'

이처럼 누구나가 사로잡혀 있는 상식을 뒤엎는 아이디어를 떠올리려면 누가 어디서 어떤 상황에서 사용하는지를 상상해, 거기서 생기는 행복감이나 미소를 생생하게 그려 내는 힘이 필요하다. 나는 이런 아이디어를 떠올리는 방법을 '인생 사고'라고 이름 붙였다. 이 방법은 단순한 생각 도구로, 아이디어의 대상이 되는 제품이나 서비스 옆에 '인생'이라 쓰고, 그 사이를 가만히 응시하면서 상상하기만 하면 된다.

나는 이 방법을 30년 가까이 꾸준히 실천해 왔으며, 거의 모든 아이디어를 이 방법으로 창출해 왔다. 나는 평소에 머릿속으로 하고 있지만, 머릿속을 그림으로 풀어 낸 인생 사고도가 있으면 더 하기 쉬울 것이다.

먼저 처음에 그림 왼쪽에 '제품', 오른쪽에 '인생'이라 적는다. 그리고 왼쪽부터 ①제품(서비스)의 기술이나 USP, 즉 셀링포인트를 늘어놓는다. 다음으로 ②제품 개발 배경이나 그 과정에서의 고생담 등을 '제품 스토리'로 간결하게 적는다.

이제 그림 오른쪽으로 이동한다. ③제품이 속한 분야에 관한 '불', 되도록 '숨은 불만(사실은 ○○가 불만)'을 찾아내 적는다. ④이 불만을 해결하기 위해 "확실히 ○○가 있으면 좋을지도!"라고 여겨지는 것을 '숨은 니즈'로 적는다. 틀려도 좋으니 니즈를 많이 적자. 그러면 아이디어의 폭도 넓어진다. 그러고 나서 한가운데를 보며 ⑤본질적인 과제를 정한다. 본질적이라고 한 이유는 이른바 여건이나 외형의 과제가 아니라, 이것이 해결되면 모두 해결되는 최종적인 질문(근원적인 과제)이자 해결의 실마리이기 때문이다. 사실 이 ⑤까지 생각하는 단계에서 아이디어는 거의 다 나왔다고 할 수 있다. 나머지는 어떻게 실현할지 구체적인 방안을 생각하기만 하면 된다.

실제 사례를 들어 보자. 2004년에 스마트키를 탑재한 닛산의 자동차 세레나 광고를 담당한 적이 있다. 이때 생각한 인생 사고는 다음과 같다.

|그림 5| 인생 사고도

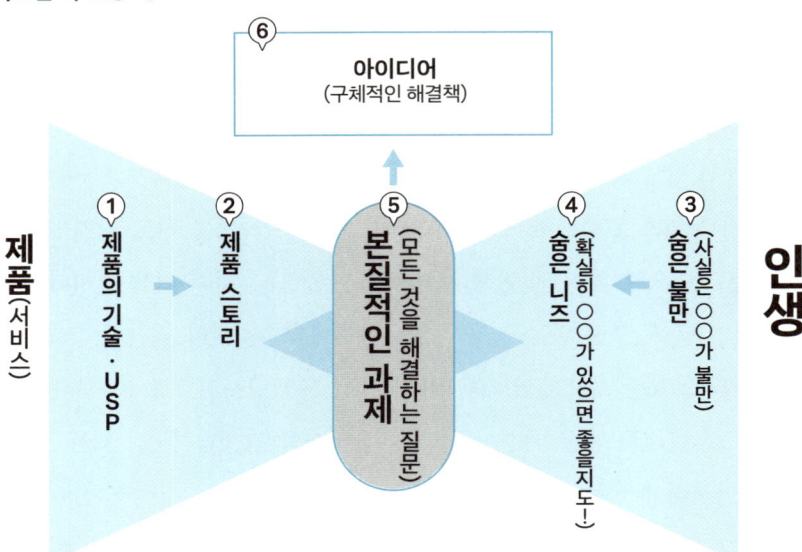

①양측 슬라이드 도어, 스마트키 등의 기술을 열거한다. ②개발자의 생각(열쇠를 꺼내지 않아도 잠금이 해제될 수 있도록 함) 등을 적는다. 다음은 타깃인 어린 자녀가 있는 가족의 인생으로 눈을 돌려 ③에 불만을 적는다. 이 경우에는 "사실은 아이를 안고 차 문을 열기가 매우 불편하다."라는 숨은 불만이 드러났다. 그다음 ④에서 "아이가 자고 있을 때 확실히 편리하다."라는 숨은 니즈를 발견했다. 그리고 마지막인 ⑤의 본질적인 과제로서 "아이가 자고 있을 때 열쇠를 꺼내지 않고도 문을 열 수 있는 편리함에 대한 공감을 어떻게 불러일으킬까?"라는 질문에 이르렀다. 그 결과로 탄생한 아이디어(카피)가 바로 "잘 자는 아기는 무럭무럭 큰다. 하지만 자는 아이는 무겁다. 열쇠를 꺼내지 않아도 잠금을 해제할 수 있는 신형 세레나."다. 잠든 아이를 안고 있는 장면을 그려 봄으로써 육아 세대의 격한 공감을 끌어냈다. 이것도 인생과 제품 사이를 생각한 결과라고 생각한다.

2010년에 담당했던 슈퍼마켓 사례도 살펴보자. 당시는 부자들이나 가정에서 고급 와인을 마신다고 여겼다. 그런 시절에 "고급 와인을 식품 매장에서 팔고 싶다."라는 어려운 의뢰였다.

이때도 인생 사고를 적용했다. 먼저 왼쪽에 ①마시기 쉽다, 화려한 맛이 느껴지는 레드와인 등과 같은 제품 특성, ②칠레의 특급 와이너리에서 양조, 희소 품종 사용 등 개발 배경을 적는다. 오른쪽으로 이동해 ③사실은 와인을 마실 만한 상황이 없다, 사실은 뭘 사면 좋을지 모르겠다 등 숨은 불만을 적는다. 여기서 ④"비싸도 엄마와 함께 마시고 싶다."라는 숨은 니즈를 도출했다. 이 검증을 통해 고급 와인과 인생 사이에 "엄마와 딸이 함께 고급 와인을 마실 것을 제안한다."라는 본질적 과제를 찾아냈다. 그렇게 해서 탄생한 것이 "가끔은 엄마와 함께 조금 좋은 와인을!"이라는 캠페인이다. '엄마와 함께'라는 특별함을 끌어낸 결과, 젊은 여성과 모녀 고객의 매출이 크게 늘었다.

아이디어는 궁극적으로는 누군가에게 미소를 짓게 만들기 위한 일이다. 철저히 인생을 상상하는 것이 최단 루트라고 생각한다. 여기서는 그림을 그려 설명했는데, 사실 인생이라고 적어 보는 것만으로도 위와 같은 사고법이 발동해 생각하기 쉬워진다. 여러 차례 시도하다 보면 어느 사이엔가 인생에서 아이디어를 끌어낼 수 있을 것이다.

> 제품과 인생 사이에
> 미소가 있는 풍경을 낳는 질문이
> 해결해야 할 '본질적 과제'이다.

THINKING TOOL
23
공짜는 일단 의심하자

'특별'한 것에는 돈을 내는 시대가 됐다

벽에 가로막힌 사업 과제를 아이디어의 힘으로 극복한 사례를 소개하고자 한다. 의뢰인은 어느 식품 회사 사장님이었다. 최근에 매우 좋은 올리브유를 수입했는데, 사업 전망이 불투명해 걱정이라고 했다. 문제점을 정리하면 다음과 같았다.

①수입한 올리브유 A는 아는 사람은 다 아는 훌륭한 브랜드지만, 이미 거래처에 도매로 공급하고 있어 자사에서 직접 팔기는 어렵다.
②잠재력은 있을 것 같지만 신규 브랜드로 출시하자니 시장에 새로 진출하는 것인 데다 시장 규모도 작아 돈을 많이 들이기 어렵다.
③그래서 A를 지인이 운영하는 고급 레스토랑에서 쓰게 하면 소문이 날 것 같은데, 가게 반응이 시원치 않다. 올리브유는 보통 무료로 서비스하는 품목인데, A의 매입 원가가 다른 올리브유보다 비싸 손님에게 계속 내가기가 부담스럽다는 것이었다.
으음, 벽에 가로막혀 버렸다(← 바로 여기).

나는 고급 레스토랑을 찾는 고객의 생각과 올리브유 A 사이에 있는 생각을 인생 사고로 생각해 봤다. 그리고 그때까지 아무도 시도한 적 없는 방안으로 제안한 것이 "그럼 와인처럼 돈을 받읍시다."였다.

빵을 찍어 먹거나 조리할 때 쓰는 올리브유는 요리의 한 부분으로 받아들여져 무료로 제공되는 것이 일반적이다. 그렇다면 그 상식을 뒤엎으면 그만이다. 애초에 와인은 요리와 별도로 돈을 낸다. '특별'한 것에 추가로 돈을 내는 것은 지금 시대에는 일반적인 일이다.

만일 내가 고급 레스토랑을 방문한 손님으로, 소믈리에가 "굉장히 품질이 좋은 올리브유라 추천하고 싶습니다. 다만 고가에 귀중한 것이라 추가 비용이 발생합니다. 그냥 보통 올리브유로 드릴까요? 아니면 특별한 올리브유로 하시겠어요?" 하고 묻는다면 분명 "특별한 걸로 부탁합니다."라고 말하고 싶어질 것 같다. 그리고 그 특별한 올리브유의 병을 보여 달라고 해서, 사진을 찍어 SNS에 올리고 싶어질 것 같다.

이 아이디어는 그 자리에서 바로 사장님의 공감을 얻었다. 좋은 것에는 돈을 내는 시대다. 그러므로 당연히 공짜라고 여겨지는 영역에 눈을 돌려 돈을 내고 싶어지게 만들면 된다. 사용하는 사람의 인생에 눈을 돌려, 그들이 '하고 싶어 하는 것'을 생각하면 확실하게 수익을 낼 수 있다. 물론 무료였던 것이 유료가 되면 심리적 간극이 생길 것이다. 하지만 그 특별함에 의미를 부여하는 데 성공하면, 오히려 유료 전환 자체가 화제를 불러일으켜 SNS에서 공유되는 수준까지 끌어올릴 수 있다고 생각한다.

> *편견은 새로운 아이디어를 방해한다.*
> *상식적으로는 '무료'의 영역이라도*
> *오히려 새로운 가치로 수익화하면 화제가 된다.*

THINKING TOOL

24

맨밥보다는 후리카케를 뿌린 밥

범용화되었다면 카테고리 가치로 돌아가자

다양한 기업과 일하다 보면, 한 시대를 풍미한 인기 제품이나 신뢰 가는 브랜드인데도 해당 분야가 이미 너무 대중화돼 버려 가치의 차이를 만들기 어려운 현상을 흔히 접한다. 이른바 '범용화(commoditization)'의 문제다. 고부가가치 제품의 가치가 떨어져 일반화되고 마는 이른바 포화 상태. 이렇게 되면 보통은 어떻게든 다른 가치를 재정의하거나 사용 상황을 한정해서 가치를 부각시키려 시도한다.

다만 그렇게 해도 문제가 해결되지 않는 분야나 제품이 있다. 그럴 때 효과적인 것이 '맨밥보다는 후리카케를 뿌린 밥'이라는 생각 도구다. 즉 카테고리의 본질적인 우위성(제공 가치)으로 돌아가 그것을 정면으로 단언하는 방법이다. '행동을 팔자.'라는 항목에서도 서술했듯 카테고리 그 자체에 관한 흥미를 높일 수 있다면 매출 신장도 가능하다는 말이다.

위의 카피는 내가 광고 회사에 근무할 당시, 광고 기획자인 고토 루미코(後藤留美子) 씨가 식품 회사인 나가타니엔의 광고에 쓸 캐치프레이즈로 준비했던 것이다. 결국 프레젠테이션에서 채택되지는 못했지만, 내 인생에서 가장 영향을 받은 카피 중 하나다. 롱셀러인 후리카케의 본질적인 카테고리 가치를 꾸밈없이 전면적으로 받아들인 이 빼어난 카피에는 범용화 시대에 대항할 지혜가 응축돼 있기 때문이다.

기린이 이치방시보리를 "맥주, 맛있다!"라는 카피로 선전했을 때도 그랬다. "그렇지, 당연한 말을 굳이!"라고 맞장구치고 싶을 정도로 직접적이었지만, 충분히 제 역할을 했다. 맥주는 이미 범용화된 것이기에 단순하고 본질적인 말이 꽂힐 수 있었던 것이다.

이 책을 여기까지 읽은 독자라면 "위화감이 없는데도 괜찮나?" 하고 의문을 가질지도 모르겠다. 그런데 정보가 많은 분야일 때는 매우 단순하고 아무것도 없어야 오히려 위화감이 생겨 꽂히기도 한다.

닛산 세레나의 "물건보다 추억" 역시 범용화된 미니밴이라는 카테고리에 파문을 던진 카피였다. 모든 미니밴이 양측 슬라이드 도어에 많은 인원이 탈 수 있는 좌석을 갖춘 시대에 미세한 차이로 경쟁해 봐야 매력을 느끼기 어렵다. 그럴 때는 오히려 카테고리가 제공하는 본질적인 가치로 돌아가야 한다. 즉 '애초에 미니밴은 왜 생겼나?' 닛산의 세레나는 이를 철저히 따졌다. 그 결과 '가족과 추억을 쌓는 자동차'라는 본질적인 정의에 이르렀고, 그렇게 해서 "물건보다 추억"이라는 카피가 탄생했다.

흔히 동질화와 차별화야말로 잘 팔리는 요인이라고들 한다. 즉 "비슷한 기능인데 이게 더 이런 점에서 뛰어나다."라고 하면 원하게 마련이라는 것이 세상 이치다. 그런데 그 차별화가 어렵다면 동질화와 본질화를 동시에 부각시켜야 한다. 더욱 본질적인 제안을 통해 공감을 얻는다면 그보다 강력한 브랜딩은 없다.

범용화된 시장이라면
동질화와 차별화가 아닌 동질화와 본질화를 노리자!

THINKING TOOL
25
세상을 끌어들이고 싶다면 쟁점화 작전

'쟁점'이 생기면 물건이 팔린다

"공통점을 발견하면 친근감이 생기고, 쟁점을 발견하면 분위기가 고조된다." 내가 인생 지침으로 삼고 있는 사고방식 중 하나다. 공통점을 발견하면 사랑이나 우정이 싹트기도 하고, '흑인의 목숨도 소중하다.'나 미투(me too) 같은 쟁점이 생기면 사회적으로 많은 사람을 끌어들이는 관심사로 발전한다. 예를 들어 고이즈미 준이치로 전 총리가 재임 시 추진한 '우정 사업 민영화'가 일본 구조 개혁의 상징으로 쟁점화돼 국민을 끌어들인 축제가 된 것처럼, 쟁점을 잘 설정하면 평소 주목받지 못하는 정치적인 주제도 사람들을 열광시킬 수 있다.

당연히 비즈니스 현장에서도 쟁점이 생기면 시장이 활성화돼 물건도 서비스도 날개 돋친 듯 팔린다. 예를 들어 이에몬 발매 이후, 비슷한 녹차 음료가 잇달아 출시되면서 '녹차 전쟁'이 시작됐다. 녹차라는 카테고리 자체가 쟁점화돼 차 음료가 전에 없던 판매고를 기록한 것이다. 맥주도 범용 제품이라고 불린 지 이미 오래된 카테고리지만, 아사히 슈퍼드라이 발매를 계기로 각 회사가 드라이 맥주를 내놓으면서 쟁점화돼 활기를 띤 적이 있다.

이처럼 기업들이 앞다퉈 쟁점을 찾으면서, 한때 작은 보상이나 1인 가

<u>구</u> 등이 쟁점화돼 간식거리나 가전제품이 불티나게 팔렸던 것을 기억하는 독자도 많을 것이다.

쟁점화의 핵심은 '신기술에 의한 불만 해소'와 '여러 플레이어의 참가', 이 두 가지다.

맥주의 드라이, 가전제품의 1/f 진동(스펙트럼 밀도가 주파수 f에 반비례하는 흔들림-옮긴이), 영상의 생성형 AI 등과 같은 기술이 꽉 막힌 것 같던 카테고리에 새로운 해결책을 제시해 줬듯 범용화된 기술에서 탈피한 신기술은 쟁점화되기 쉽다. 다만 주의할 점은 신기술이라고 해서 뭐든 쟁점화되는 것은 아니라는 사실이다. 불만 해소에 얽힌 스토리가 있을 때만 쟁점화될 수 있다.

음악 분야의 보컬로이드 붐을 예로 들어 보자. 버추얼 가수인 하쓰네 미쿠의 독특한 가성은 기분 좋은 위화감과 강한 흥미를 불러일으켰다. 무엇보다 누구나 노래를 만들고 부를 수 있게 해 주는 신기술이 음악을 만들고 싶어도 만들지 못하던 사람들의 불만을 해소했다는 점에서 쟁점화돼 누구나 크리에이터가 될 가능성을 넓혔다. 이것이 꽉 막힌 것 같던 음악계에 바람구멍을 뚫어 줬다.

☞ '대결 구도'는 흥미를 불러일으켜 이야깃거리가 된다

또 하나의 포인트는 여러 플레이어의 참가다. 이를 위해서는 시장이 활성화돼 참여 기업이 늘어나야 한다. 그런데 사실 그렇게 되지 않더라도 쟁점화를 촉진시키는 생각 도구가 있다. 바로 '대결 구도'다.

나는 종종 쟁점화 아이디어를 찾기 위해 주간지의 표제를 확인한다. 대결 구도를 떠올린 것도 표제였던 "고이즈미 대 저항 세력"이라는 말이 힌트가 됐다. 앞서 언급한 고이즈미 준이치로 전 총리의 우정 사업 민영화는 사실 그것만으로는 무슨 상황인지 감을 잡지 못하는 사람이 많았다. 그런데 저항 세력과 대결 구도를 형성하자, 갑자기 흥미를 보이며 격론을 벌이는 사람들이 늘어났다. 즉 대결 구도 자체가 쟁점을 일으키는 하나의 형태라는 말이다.

예를 들어 청소기의 흡인력 같은 기능도 독자적인 우위성을 단독으로 내세우는 경우가 흔한데, '다이슨 대 일본 청소기'라는 상황이 되면 그 결과가 궁금해질 것이다. 또 세 가지 이상 요소로 대결 구도를 만드는 것도 좋다. '일본 3대 편의점 주먹밥 대결'이라는 기획이라면 세븐일레븐, 로손, 패밀리마트에서 파는 각 주먹밥의 특징이 알고 싶어질 것이다. '드럼세탁기 TOP 3'라고 하면 가장 좋은 것을 고르고 싶어져 관심을 기울이게 된다. 위의 예시들 모두 강한 흥미와 활발한 논쟁을 낳는 쟁점이 되기 때문이다.

참고로 광고 회사 하쿠호도가 만든 가장 빼어난 캐치프레이즈는 '덴파쿠(덴쓰와 하쿠호도를 묶어 부르는 약칭-옮긴이)'라는 우스갯소리가 있다. 규모가 두 배 이상 차이 나는 덴쓰와 하쿠호도를 마치 2대 강자처럼 보이게 함으로써 구인이나 영업이 하쿠호도에 유리해졌기 때문이다. '2대 강자', '일본의 3대 ○○', '격전'과 같이 대결 구도가 부각되면 그게 뭔지 알고 싶어 흥미가 샘솟고, 그 대결을 지켜보며 "나는 ○○파", "내 의견은 오히려~"와

==같은 갑론을박이 펼쳐진다.== 그야말로 일상 대화 안에서 쟁점화된다는 이야기다.

여러분도 한번 자신의 업무와 관련한 제품이나 서비스에서 범용화를 타개할 신기술을 찾아내 대결 구도로 표현할 수는 없는지 검토해 보기 바란다. 만일 쟁점을 찾는다면 프로젝트나 회의를 진행할 때 논의가 활발해지고, 세상을 끌어들이는 움직임을 일으킬 수 있을 것이다.

회의도 프로젝트도 시장도 세상도
'쟁점'이 발견되면 분위기가 고조된다.

THINKING TOOL
26

생명과 관련된 아이디어는 계속 팔린다

사람과 물건과 돈을 끌어모으기보다
빛과 바람과 녹음을 끌어모으자

사람의 마음을 움직여 물건을 팔려면 역시 유행을 붙잡는 것이 중요하지 않겠냐는 질문을 종종 받는다. 물론 NFT나 2.5차원의 이벤트 같은 트렌드에 편승하면 사람들의 구매욕을 자극하기 쉽다. 신제품 발매에도 효과가 있다. 타인에게 내세울 수 있는 요소와 소비 행동이 한 쌍인 현대는 그런 경향이 더 뚜렷하다.

하지만 나는 유행을 붙잡기보다 오랫동안 팬 커뮤니티에 사랑받아 온 장수 브랜드의 비밀을 알아내야 '팔리는' 제품을 만들 수 있다고 생각한다. 왜냐하면 앞으로는 구매 행동이 커뮤니티를 토대로 한 '틈새(Niche) & 롱테일' 형태로 바뀔 것이기 때문이다.

☞ 무의미한 유행 경주는 그만 끝내자

그렇기는 하지만 비즈니스 현장에서는 여전히 트렌드를 조사하고, 타사보다 먼저 상품을 시장에 내놓기 위해 안간힘을 쓴다. 시대는 이미 지속

가능한 쪽으로 움직이고 있는데, 아직도 초단거리 소비 경주가 이어지고 있다. 이는 종종 커뮤니티의 부재, 관중 없는 단거리 경주로 끝난다. 결과적으로 기업 개발자도 지치고, 소비자들도 쫓아가기 힘들다.

예전에 음료 개발에 참여했을 때의 일이다. 1년 반 넘게 조사한 끝에 콘셉트를 잡고, 공장 신축부터 개발하기 시작해 딱 지금이다 싶은 타이밍에 제품을 출시했다. 그런데 편의점 진열대에 오른 지 이틀 만에 '생산 중지'라는 말을 듣고 말았다. 무의미한 단거리 경주가 진심으로 싫어지는 순간이었다.

그리고 생각했다. 제품을 오랫동안 계속 사랑해 줄 팬 커뮤니티를 확보하는 것이 관건이라고 말이다. 팬이야말로 제품에 대한 애정을 확산시키고 이어 주며 세대를 뛰어넘어 롱테일로 다음 세대로 계승해 준다.

부가가치에서 인간 가치로

"커뮤니티에게 사랑받는 제품을 만든다고 해도, 애초에 관심이 세분화되는 분위기라 커뮤니티 규모도 작아질 텐데요. 과연 잘 팔릴까요?"

옳은 의문이다. 아마도 세계는 지금보다 더 세분화될 것이다. 그러나 딱 한 가지, 많은 사람들이 받아들이고 오래도록 사랑해 주는 포인트가 있다. 바로 기술의 미세한 차이에 의한 '부가가치'가 아니라 더욱 본질적인 것, 즉 '인간 가치'다. 더욱 본능과 가깝고, 자연과 가깝고, 가족과 가깝고, 지역과 가깝고, 지구와 가까워 사람이 쾌적하게 살아가기 위한 니즈를 충족시켜 주는 '생명과 가까운' 것을 만들면 전 세계를 영원히 팬으로 삼을 수도 있다고 생각한다.

2020년 4월 코로나19가 한창이던 시기에 도쿄 다치카와시에 오픈한 그린 스프링스는 이런 생각이 열매를 맺

은 시설이다. 시에서 내세운 콘셉트는 '웰빙 타운'. 지금은 흔한 '웰빙'이라는 단어도 개발 단계 때는 어떤 시나 기업에서도 쓰지 않는 생소한 표현이었다. 그럼에도 우리는 이 웰빙을 축으로 이른바 도시 개발과 차별화된, 생명과 가까운 아이디어를 하나하나 구현해 나갔다.

토지 용적률을 다 쓰지 않은 개발은 도심에서는 보기 드문 드넓은 하늘과 기분 좋은 햇볕을 가져다줬다. 도심 한가운데 만든 공원과 물 놀이터는 녹음과 빛으로 채워져 코로나19로 갈 곳을 잃은 사람들에게 미소를 찾아 줬다.

사람과 물건과 돈을 끌어모으는 개발에서 빛과 바람과 녹음을 끌어모으는 개발로의 엄청난 진로 변경이었다.

그 결과, 많은 사람들의 공감을 얻으면서 다치카와시의 가치까지 높아졌다. 인간은 결국 살아 있는 생명체로서 기분이 좋아지는 일을 할 수밖에 없다. 그리고 기분을 좋아지게 만드는 것을 쭉 유지하고 싶게 마련이다. 지금까지는 이처럼 단순한 인간 가치가 무시돼 왔다. 그러나 앞으로

는 단기 소비를 부채질하는 것이 아니라 오래도록 사랑받는 것을 지향하며, 애정을 쏟아 주는 커뮤니티와 더불어 성장해 갈 것이다. 효율보다 애착이, 인공보다 자연이 우위인 시대가 되리라 생각한다.

부가가치보다 인간 가치.
생명과 가까운 기분 좋은 아이디어일수록
전 세계에서 시대와 상관없이 사랑받는다.

> THINKING TOOL
27
아이디어 구상을 위한
화살표 크리에이티브 X → Z

지금의 '그래그래!'가 정해지면
미래의 '역시!'를 창출할 수 있다

"카피란 뭘까요?"

2000년경부터 시작한 광고 학교에서 종종 받는 질문이다. 막연한 질문이지만, 나는 이렇게 대답한다.

카피란 화살표(→)다. 무슨 말인지 모를 테니 조금 더 자세히 설명해 보겠다. 먼저 ==카피란 사람의 마음을 움직여 사람을 구매 행위로 이끄는 역할을 담당하는 문구다.== '원하지 않는다 → 원한다', '모른다 → 궁금하다', '말하기 싫다 → 누군가에게 말하고 싶다'처럼, 관심 없던 제품이나 서비스에 흥미를 느끼게끔 '마음을 움직이는 역할'을 하는 것이 바로 카피다. 즉 화살표(→)를 만드는 역할을 한다는 말이다.

반대로 말하면 이런 변화를 동반한 '움직임'을 일으키지 않는 말은 카피가 아니다. 매일 주고받는 일상적 대화나 SNS에 올리는 글은 카피가 아니다. 확실하게 움직임을 일으키는 말이나 아이디어를 생각할 수 있는 사람만이 전문가로 불려야 한다고 생각한다.

나는 카피라이터로서 이 →를 수없이 생각해 A에서 B(A → B)로 태도가 바뀌는 카피나 아이디어를 제안해 왔다. 그런데 비전이나 콘셉트를 구상할 때는 이 →를 만드는 데 고전하는 경우가 많았다. 비전을 제시하며 "귀사의 미래는 이렇습니다!" 하고 말해도 의뢰인은 좀처럼 자기 일로 생각하지 않는다. 숫자를 써 가며 구체적으로 제시해도 무덤덤하다. 어떻게 하면 좋을지 고민하던 차에 우연히 텔레비전에서 사기 사건 뉴스를 보고 "아, 좋은 미래만 말하는 사람은 거짓말쟁이 같아서 신뢰할 수 없는 거구나."라는 생각이 들었다. 그때 A → B의 발전형이자, 우리 회사의 초필살기인 화살표 크리에이티브 X → Z가 탄생했다.

좋은 미래만 말하는 것이 아니라, "그래. 지금 우리 회사 상황이 바로 이렇지." 하고 공감할 수 있는 지금 상태 X를 정의하고 이와 대비해 변화한 미래 Z를 말하면, 누구나가 그 차이를 이해하고 뭘 해야 할지 생각하게 된다.

공감할 수 있는 지금에서 두근두근 설레는 미래로, 바로 이것이 모든 커뮤니케이션을 원활하게 하는 열쇠다.

☞ 우선 '지금 상황'을 말하면 말이 가슴 깊이 박힌다

닛산 세레나의 "물건보다 추억"이란 카피를 쓴 것이 2세대 세레나 발매 당시(1999년)니까 꽤 오래전 일이다. 그런데 사람들이 SNS에 좌우명이라고 올릴 정도로 여전히 큰 사랑을 받고 있다. 이는 어쩌면 '물건보다'라는 출발점(X)에 공감하기 때문이 아닐까.

보통 미래를 이야기할 때는 미래만 말하기 쉽다. 이 사례에서는 "아이와 더 많은 추억을!"이나 "추억 만들기에 나서자." 같은 식일 듯하다. 이래서는 너무 이상적(환상적)이라 공감할 수 없을 뿐 아니라 너무 당연해서 남에게 말하기도 쉽지 않다.

"물건보다"라는 지금 상황을 이야기함으로써 "당신은 지금 아이에게 추억을 만들어 주는 대신 물건을 사 주는 것으로 어물쩍 넘어가려고 하는군요."라는 지적이 드러난다. 이는 많은 사람들이 평소 신경 쓰는 아픈 부분이므로, 말이 가슴 깊이 박혀 마치 자기 일처럼 생각하는 계기가 된다.

우리 회사 프레젠테이션에는 대부분 이 X → Z가 등장한다. 게이한전철그룹의 굿 네이처 스테이션(친환경적 생활양식을 제안하는 상업 시설 공간-옮긴이)과 관련해 처음 가진 프레젠테이션을 예로 들어 보자. "여러분은 지금 말 그대로 '전철역에서 인생 역으로'의 전환기에 있습니다. 여기에 어떤 생활, 인생, 안전, 안심이 모이면 좋을지 다 함께 아이디어를 모아 봅시다."라고 이야기를 시작함으로써 큰 공감을 불러일으켰다.

또 어느 슈퍼마켓의 신사업 개발 프레젠테이션에서는 "앞으로 세상은 대규모 유통에서 '지역 생산 지역 소비'로 변해 나갈 것입니다. 그러니 이보다도 한발 더 나아간 미래를 내다보고 '지역 생산 지역 소비'에서 '매장 생산 매장 소비'로 방향타를 돌립시다."라고 선언하며 미래상을 그려 줬다. 당시는 캘리포니아의 '지역 생산 지역 소비' 유기농업 운동이 일본에 막 들어왔을 때로 주제 자체가 새로웠으며, "그 가게에서 만들고 그 가게에서 사 먹는다."라는 제안은 지금도 통용될 만큼 획기적이었다고 생각한다.

사실 조직을 통솔하기 어렵다며 고민하는 기업을 보면 대부분 미래를 그리는 일에 필사적이라 '지금'을 제대로 정의하지 못하고 있다. 설레는 미래를 이야기해 봐야 "당장 눈앞에 닥친 일을 해치우기도 벅찬데…….". 라는 부정적인 감정이 생기기 쉽다. 그러므로 경영자나 사원, 프로젝트 팀원, 나아가 세상 사람들 모두가 "그래그래!" 하고 공감할 수 있는 '지금'을 정의하는 일에서 출발하는 것이 중요하다.

> '좋은 미래'만 이야기하면 거짓말 같다.
> 지금을 정의하는 일에서 출발하는 $X \rightarrow Z$가
> 비전에 대한 공감을 불러일으키는 비결이다.

THINKING TOOL

28

X→Z로 드러나는 비즈니스 전환기

화살표 크리에이티브라면
작은 표현 차이가 큰 변화를 창출할 수 있다

우리 회사에서는 X → Z로 시대를 고찰해 기업들에게 배포한다. 그런데 얼마 전 뉴욕 시찰 보고서를 정리하면서 한 단어를 둘러싸고 토론이 벌어졌다.

뉴요커의 사고가 패스트 & 정크에서 슬로 & 내추럴로 바뀌고 있다는 분석에 대해 패스트 & 정크가 정말 현상 X가 맞는지 논쟁이 벌어진 것이다. 그 결과, '패스트 & 내추럴에서 슬로 & 내추럴로'로 바뀌었다. 그 이유는 다음과 같다.

기존 뉴요커의 이미지라면 패스트 & 정크가 맞다. 그런데 코로나19 이전에는 내추럴을 지향하는 사고가 과격해지면서 5분 동안 샐러드만 먹는다는 극단적인 행동이 도시 전체를 휩쓸어 사람들을 질리게 했기 때문이다. 이처럼 일반적인 이미지와 진짜 현상과의 차이를 확실하게 의식하는 것이 X → Z의 첫걸음이다. 당연히 그럴 것이라는 고정관념은 적이다.

다만 X를 일부러 당연한 말로 규정하기도 한다. 레저 개발 회사의 의뢰로 스키장 개발 프로젝트에 참여했을 때의 일이다. 관계자가 다양한

115

건축 콘텐츠 아이디어를 제안했지만, 그 스키 리조트에 진짜 필요한 것이 뭔지를 판단하지 못해 한참을 고민했다. 그러다가 일단 프로젝트의 비전을 X → Z로 분명히 밝힌 다음 그 비전에 따른 아이디어만 나열해 보기로 했다.

먼저 지금을 정의하자면, 이 기업은 오랫동안 레저 개발로 성공을 거둬 왔으므로, 공감하는 정의 X로는 일부러 '레저'를 꼽았다. X는 "확실히 그렇긴 해!"라고 여겨지는 강한 공감어로 하는 것이 바람직하다. 무리하게 새로운 단어를 쓸 필요는 없다.

다음은 설레는 미래 Z를 어떻게 할 것이냐다. 여러 가지 고찰 끝에, 이 사업 주체인 회사의 이념 중 하나가 '지역 주민이 좋아할 만한 것을 해나가겠다.'여서, Z를 플레저(Pleasure)로 정했다. 그렇게 해서 "레저에서 플레저로"라는 비전을 세웠다.

"뭐야, '플'만 더했을 뿐이잖아!"라고 말하지 마시길. 이것이 큰 전환을 일으켰으니. 레저란 여가를 말한다. 즉 사업 '형태'에 관한 것으로 사람의 기분까지는 언급하지 않는다. 그런데 플레저는 '기쁘다, 즐겁다'라는 의미다. 이를 사업 영역이라고 여기는 기업은 '사람들이 즐거워지는 것, 행복해지는 것'을 약속하게 된다. 레저 산업과 플레저 산업의 차이는 '플'뿐이지만, 이 한 글자 덕분에 회사는 기획을 수립할 때 "그게 정말 기쁨과 행복을 낳을까?"라는 물음을 통과할 수 있는지 고려하게 되고, 더불어 아이디어도 크게 달라진다.

☞ X → Z의 설계가 커다란 행동을 낳는다

앞서 소개한 이온레이크타운도 말 한마디로 큰 차이를 낳은 X → Z의 좋은 사례다. 사실 내가 참여하기 전의 콘셉트는 "더 몰 오브 저펜, 일본 제일의 쇼핑센터"였는데, 좀 더 독창적이고 후대 사람들에게도 공감받는 것이었으면 싶었다. 그래서 이온이 친환경 활동에 힘을 쏟고 있다는 점을 고려해 "일본 제일의 에코 쇼핑센터"로 변경했다. '에코'라는 단 두 자를 추가했을 뿐이지만, 그저 규모가 큰 쇼핑센터에서 제일로 친환경적인 쇼핑센터라는 비전이 담긴 콘셉트로 진화시켰다.

이 밖에도 화살표 크리에이티브라는 방법으로 콘셉트를 창출한 예는 많다. 예를 들면 한 기업의 인사 전략을 "성공에서 성행(成幸, 성공과 행복을 뜻하며, 일본어로는 '성공'과 발음이 같은 언어유희적 표현-옮긴이)으로"로 바꿔 행복 추구를 내세운 적도 있다. 어느 부동산 회사의 경우에는 "역 근처에서 취미 근처로"를 내걸어 부동산 매물 가치의 혁신을 제안했다. 또 어느 리사이클 회사에는 "평생 사용하는 것에서 3대가 사용하는 것으로"라는 표현으로 세대를 뛰어넘어 물건의 가치를 전달하는 미래를 제시하기도 했다. 미쓰비시 연필의 미래 창출을 위한 비전 책정에 관여했을 때는 "세계 제일의 필기구 메이커에서 세계 제일의 표현 혁신 컴퍼니로"라는 대전환 촉구 메시지로 필기구에 그치지 않고 여러 가지 개발을 추진할 수 있도록 응원했다.

이처럼 X → Z는 단순한 슬로건에 그치지 않고 경영적 판단에 도움을 줘서 회사가 구체적인 행동을 하게끔 만드는 생각 도구이기도 하다. 세상을 널리 둘러봐도 커다란 전환기에는 X → Z가 쓰이는 경우가 많았다.

도요타는 2018년에 미국 CES에서 "자동차를 만드는 회사에서 모빌리티 컴퍼니로"라는 슬로건을 발표했는데, 도요타의 정체성이라 할 수 있는 '자동차를 만드는 회사'라는 말을 붙임으로써 진심으로 전환하고자 한다는 메시지를 세상에 새기는 데 성공했다.

마음에 새겨지는 말은 대부분 X → Z 구조를 띤다. 그 말을 들은 사람이 자기 마음속에서 지금을 바라볼 수 있기에 '자기 일'로 받아들이고 미래를 향해 나아갈 수 있는 것이다.

> 미래를 만들어 내기 위해
> 먼저 지금을 정확하게 정의하자.
> 그러면 미래를 '자기 과제화'할 수 있다.

THINKING TOOL
29

갈피를 잡지 못할 때는 세 가지 →

새로운 발견을 하고 싶다면 역방향 화살표로 연결하자

오래전에 카피라이터 붐이 일어났던 적이 있다. "카피 한 줄에 100만 엔."이라는 말이 나돌고, 카피라이터 이토이 시게사토 씨 등이 사람들 입에 오르내리며 편하게 돈 버는 일의 대명사처럼 여겨졌다.

만일 진짜 그렇다면 정말 행복하겠지만, 사실 카피 한 줄은 빙산의 일각이다. 그 밑에는 방대한 논리가 숨어 있으며, 생각할 영역도 텔레비전 광고부터 온갖 이벤트, SNS 기획, 제품 개발, 나아가 인사 전략에 이르기까지 다양하다. 한 줄에 100만 엔이라고 해도 결코 많다고 생각하지 않는다.

게다가 최근에는 복잡괴기한 정보사회로 변한 탓도 있어, 예전 같으면 수면 아래 숨어 있었을 과제를 정리하거나 해결할 전략 등 논리도 분명하게 제안해야 할 필요가 생겼다. 이제는 "이게 바로 카피다. 이상!"과 같은 프레젠테이션은 꿈도 꾸지 못한다. 아이디어로 "아, 그렇구나!"를 끌어내기보다 논리로 "아, 그렇구나!"를 끌어내는 것이 요구되는 시대라는 말이다.

다만 나는 이런 흐름을 긍정적으로 보고 있다. 논리와 크리에이티브의 관계는 반비례는커녕 비례한다고 생각하기 때문이다. 솔직히 재미없는 크리에이티브는 그 원인을 찾아보면, 과제 설정이 허술하고 논리가 제대로 서 있지 않은 경우가 많다. 반대로 논리가 명쾌하면 명쾌할수록 아이디어도 명쾌하고 재미있어지며, 더 높이 크리에이티브 점프(현상과 이상의 간극을 메우기 위해서는 논리를 세워 해결책을 생각하는 것이 일반적인데, 이런 접근으로도 간극이 메워지지 않을 때 비연속적 사고로 사태를 비약적으로 진전시키거나 과제 해결로 연결하는 사고방식-옮긴이)를 할 수 있다. 세상을 움직이는 현대적인 크리에이터들의 대다수가 논리의 토대를 정확히 세운 뒤 크리에이티브 점프를 하는 것도 수긍이 간다.

☞ 논리로 인한 어려움을 논리로 돕자

하지만 논리가 강해진 시대는 곧 논리 때문에 고민하는 시대라고도 할 수 있다. 지금은 아무리 아이디어가 좋아도 그것만으로는 선택받지 못한다. 그래서 카피의 본질인 →라는 태도 변화를 일으키는 논리를 이용해 내가 직접 검증하고 고안한 것이 '논리로 인한 어려움을 없애기 위한 논리'다. 손쉽게 논리적인 문제를 없애고, 논리 그 자체를 만들어 낼 수 있는 공식이므로 꼭 활용해 보기 바란다.

먼저 첫 번째는 '질서의 →'다. 정리되지 않은 정보를 생각하기 쉬운 정보군으로 만들기 위한 생각 도구다. 종종 "이 일은 어려워요."라고 말하는 사람들이 있다. 그렇게 느끼는 원인은 대부분 당사자의 '혼란'에 있다. 넘쳐 나는 정보나 너무 많은 할 일을 방치하다가 어쩔 줄 몰라 쩔쩔매는 경우가 많다. 그렇다면 구체적으로 어떻게 정리하면 좋을까?

2014년에 일본에 처음 선보인 럭셔리 호텔 안다즈도쿄의 커뮤니케이션을 만든 사례를 가지고 설명해 보기로 하자.

당시 안다즈는 세계적으로 화제였는데, 하고 싶은 말이 너무 많아 혼란스러운 상황이었다. 그래서 그림 6과 같이 우선 알고 있는 정보와 할 일을 종이 한 장에 죽 적어 놓고(이미 있는 메모 등을 써도 좋다) 관련이 많은 말이나 정보를 →로 연결해 나갔다. 그랬더니 지금까지 제각각 흩어져 있던 정보가 인과관계나 시계열에 따라 연결돼 정보의 지도가 완성됐다. 지금 논점이 뭔지, 어디에 주의하고 뭘 지향해야 하는지 등 과정과 목표도 선명해졌다. 그때는 고급스러움을 지향했기에 오히려 설명이 너무 많으면 안 되고, 타깃층에게 강한 인상을 주는 잡지나 미디어의 편집자가 좋아할 만한 메시지를 담는 것이 좋겠다는 쪽으로 가닥이 잡혔다.

하지만 모든 정보가 '일본에서는 아무도 모른다'라는 문제에 부딪혔다. 그래서 이 '세계적으로 유명하지만, 일본에서는 무명'을 역이용하기로 했다. 그렇게 해서 만든 캠페인이 바로 "당신은 ANdAZ를 아시나요?"다. 굳이 모르는 것을 들이대 궁금증을 부채질하는, 잡지 등에서 흔히 볼 수 있는 상투적인 수단을 광고 메시지에 응용했다. 그런 다음 색깔별로 분류했듯이 비즈니스, 문화 잡지, 이벤트 등 각각에 대응하는 스토리를 명확히 정해 전체적인 커뮤니케이션 전략을 구축했다. 이처럼 '질서의 →'는 정보 정리뿐 아니라 핵심 메시지 개발이나 전체적인 전략 구축에도 도움이 된다.

두 번째는 '깨달음의 →'다. 기획서, 설명 자료, 회의록 등의 문언을 →로 연결함으로써 논리 속 모순을 발견할 수 있는 생각 도구다.

|그림 6| 질서의 → 논리도

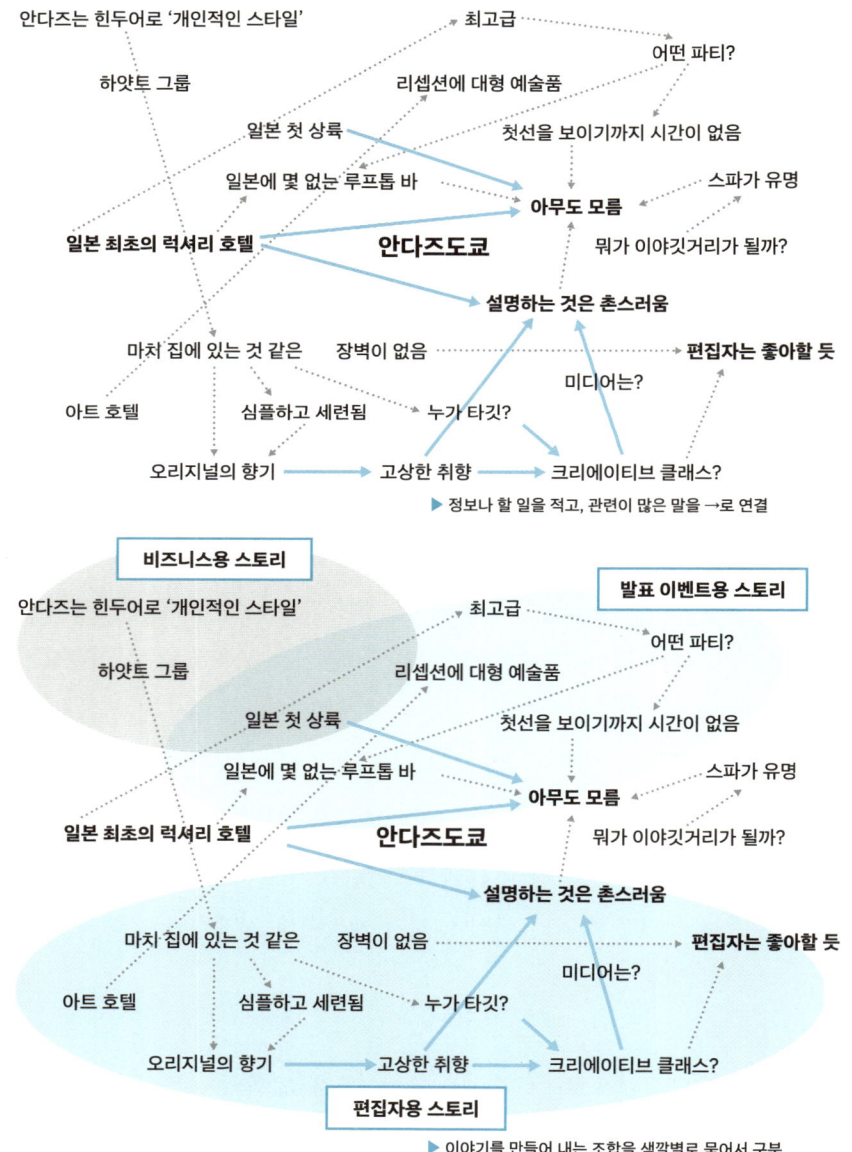

→를 보면 사람은 본능적으로 원인 → 결과, 과제 → 해결, 니즈 → 메리트 등과 같은 연결에 흥미를 느끼고, 자연스럽게 '논리가 이어지지 않는 부분'도 의식하게 된다.

특히 제안을 앞둔 기획서를 확인할 때 좋다. 각 장의 표제어를 →로 연결해 보기만 해도 논리에 맞지 않는 부분이나 잘못 판단한 시점 등이 뚜렷이 드러나 대처가 가능해진다. 이 방법은 특히 젊은 사람들에게 시키면 효과적이다. 제안서의 전체적인 흐름과 논리를 동시에 파악할 수 있으므로 업무의 세부 내용에 대한 이해도가 비약적으로 높아진다.

☞ 가볍게 즐겨 보는 '발견의 ←'

세 번째는 '발견의 ←다'. 당연한 말 사이에 ←를 넣어 즐겨 보는 방법이다. 예를 들면 광고(廣告)는 '널리(廣) 알린다(告)'는 의미로 대중 광고를 가리킨다. 그런데 '광 ← 고'라고 하면 '알려서 넓힌다'가 되므로 대중 광고를 부정하는 논리가 성립한다. 이는 15년쯤 전에 회의 자리에서 탄생한 사고방식인데, 지금으로 말하자면 SNS를 이용한 인플루언서 마케팅을 예견한 논리의 발견이었다고 생각한다.

유치원을 '유치 ← 원'으로 만들면, 반대로 '원이 유치'해야 할 이유는 없으며 멋있어도 되지 않을까 하고 생각하는 계기가 된다. 일본 요리를 뜻하는 와쇼쿠(和食)를 '화 ← 식'으로 만들면 음식으로 화합을 이룬다는 말이 되므로, 꼭 일본의 식자재와 관습이 아니어도 화합을 이루면 되는 거 아닌가 하고 발상을 넓힐 수 있다. 그 밖에도 영화(映画)를 '영 ← 화'로 만들면 재미있는 그림 감상회를 떠올릴 수 있고, 생성형 AI를 '생성형 ← AI'로 만들면 AI 자체를 생성하는 AI를 만들자는 아이디어가 나올 수도 있다.

이처럼 발상을 유연하게 만드는 도우미 역할로서 '발견의 ←'를 아이디어의 원천 중 하나로 삼으면 즐겁게 일할 수 있다. 업무적으로 쓰는 말이나 당연하다고 여기는 논리에 ←를 넣어 보기 바란다. 의외의 발견을 할 수 있을지도 모른다.

질서의 →, 깨달음의 →, 발견의 ←,
이 세 가지 논리 구축법으로 발상을 넓히자.

THINKING TOOL
30

둘 이상의 과제를 동시에 해결

아이디어는 한꺼번에 묶어 생각할수록 정리하기 쉽다

종종 "어떻게 하면 그렇게 아이디어가 번뜩 떠오르나요?"라며 감탄하는 사람들이 있다. 남의 눈에는 갑자기 떠올린 아이디어처럼 보이겠지만, 사실은 과제를 해결하기 위한 논리를 거듭 생각해 만들어 낸 것이다. 다만 논리를 쌓아 올리기만 해서는 사람의 마음을 움직일 수 없다. 역시 논리 위에 서서 크리에이티브 점프를 할 필요가 하다.

내가 "점프해 냈구나!"라는 생각이 들 때는 생각이 번뜩 스친다고 해야 하나, 아무튼 "바로 이거야!" 싶으면서 시야가 트이는 감각이 느껴진다. 아이디어를 생각하는 훈련을 반복하며 아이디어가 탁 떠오르는 일에 익숙해지면 이런 감각을 얻게 된다. 마치 사우나에 점점 익숙해져 몸이 가벼워지면서 머리가 맑아지는 일종의 쾌감을 느끼는 상태와 비슷하다.

이 쾌감에 앞서 때때로 찾아오는 것이 '고민스러운 여러 과제가 단번에 해결돼 이제부터는 모든 일이 잘 풀릴 것이다!'라고 느껴지는 순간이다. 마구 뒤엉킨 실타래가 술술 풀려 고민이 단번에 해소되고 깔끔하게 정리된다. 이런 기적적인 '멀티 쾌감'을 느낄 수 있게 되면 아이디어를 생각하는 일이 쾌감으로 바뀐다.

예를 들어 앞에서 언급한 하나마루우동의 '기한 종료 쿠폰 대부활제'

125

는 쿠폰의 화제성과 저예산을 동시에 해결했다. 2017년에 시작한 프리미엄 프라이데이(일본에서는 매월 마지막 금요일에는 오후 3시에 조기 퇴근하도록 독려한다.-옮긴이)는 경제 활성화와 업무 방식 개혁의 문을 동시에 열었는데, 그때도 이루 말할 수 없는 쾌감을 느꼈다.

다만 멀티 쾌감은 결코 우연의 산물이 아니다. 거기에 도달하기 위한 요령이 있는데, 바로 과제 재정리와 인생 사고다. 멀티 쾌감에 이르지 못하는 이유는 한 과제에만 집중하기 때문이다. 그래서 일단 현재 직면한 과제에서 벗어나, 과제(불만)를 죽 늘어놓고 부감하면서 다시 정리해 본다. 그러면 몇 가지 중요한 과제가 새로 발견된다. 이를 보면서 인생 사고를 하면 멀티 쾌감을 얻기 쉬워진다.

이온레이크타운에서 개발한 꽃의 광장도 그랬다. 애초의 과제는 이름에 걸맞은 꽃처럼 예쁜 디자인이었다. 그런데 과제를 재정리해 보니, 그 밖에도 시설 콘셉트인 친환경, 지역 주민들의 애정과 응원, 방문객 유치 전망 같은 중요한 과제가 추가로 발견됐다. 이것들을 부감하면서 인생 사고를 시작했다.

꽃처럼 화려하고 다채로운 공간과 지역 주민의 삶 사이에는 뭐가 있을까? 이 물음에서 탄생한 것이 '페트병 뚜껑을 활용해 꽃밭을 디자인' 한다는 아이디어였다. 우리는 지역의 음료 회사에서 폐기되는 형형색색의 페트병 뚜껑들에 주목했다. 인근 초등학교에 디자인을 부탁, 그 모양대로 벽면에 붙여 귀여운 페트병 뚜껑 꽃밭을 만들었다. 결과는 성공적이었다. 먼저 과정이 친환경적이었고, 아이들의 작품으로 꾸민 덕에 가족 단위 고객을 유치하는 데도 성공했다. 또한 복지 시설에 의뢰해 병뚜껑 세척 일자리를 창출한 것도 지역의 사랑을 받는 결과로 이어졌다. 그야말로 멀티 쾌감을 얻는 순간이었다.

👉 광고와 건축의 과제를 동시에 해결

건축설계 사무소 서포즈디자인오피스와 우리 회사가 공동 추진한 '광고 건축'도 광고와 건축의 과제를 동시에 해결해 멀티 쾌감을 주는 아이디어다.

　기업 광고는 효과적이기는 하지만, 큰돈이 드는 것에 비해 한시적이며 저장할 수 없다. 건축가는 기업과 협업할 새로운 건축 기회를 찾는다. 나아가 행정 관리들은 도시에 사람의 흐름을 바꿀 상징물을 원한다. 이런 과제를 건축 기법을 활용한 광고로 해결하면, 사람을 끌어모아 오랜 시간 광고 효과를 얻을 수 있겠다고 생각했다.

　건축물에 이름을 붙이는 명명권이라는 방법이 있기는 하지만, 그래서는 이름만 알려질 뿐 체험을 제공할 수는 없다. 그런데 예를 들어 산토리가 물의 아름다움과 맛을 체험할 수 있는 건축들을 짓는다면, 그것만으로 롱테일 효과가 있는 기업 광고가 된다. 아직 실현되지는 않았지만 머지않은 미래에 볼 수 있지 않을까 생각한다.

　이처럼 우수한 아이디어는 단 한 가지 문제가 아니라, 다양한 분야를 가로지르며 다각적으로 과제를 해결할 수 있다.

멀티 쾌감을 낳는 비결은
과제 재정리와 인생 사고!

II

커뮤니케이션의
공식

THINKING TOOL
31

시작이 재미있으면 관객은 졸지 않는다

시작할 때 분위기를 환기하면 내내 분위기가 좋다

이 제목은 어느 라쿠고(한 사람이 몸짓과 입담만으로 이야기를 끌고 나가는 일본 전통 예술-옮긴이) 명인의 가르침이다. 라쿠고는 도입부, 본편, 마무리로 이루어진다. 관객의 흥미를 유발하기 위한 장치라고 할 수 있는 도입부는 그 내용이 좋으냐 나쁘냐에 따라 그날 관객 반응이 달라질 만큼 중요한 요소다. 라쿠고 명인은 저마다 독자적인 도입부 스타일이 있어서, 오로지 이 도입부를 듣기 위해 찾아오는 사람들이 있을 정도다.

그런데 프레젠테이션은 대체로 도입부가 없다. 라쿠고와 마찬가지로 '이야기를 위한 자리'인데도 말이다. 물론 프레젠테이션은 관객을 위한 예술도 아니고, 그 자리의 성격도 다르지만, 눈앞의 청중을 만족시켜야 한다는 점에서는 같다고 할 수 있다.

많은 사람이 참석하는 회의나 중역이 있는 자리에서 라쿠고의 도입부 같은 이야기를 하기는 솔직히 부담스럽다. 하지만, 나는 조금이라도 하려고 노력하는 편이다. 물론 상황에 따라 도입부에 들이는 시간은 달라지지만, 본론에 들어가기 전에 가벼운 이야기를 하는 편이 확실히 그 자리의 분위기를 편안하게 만들어 주고, 듣는 사람도 흥미로운 프레젠테이션이 될 것 같다며 귀를 기울여 주기 때문이다.

예를 들면 손정의 씨를 상대로 15분간 프레젠테이션을 했을 때도 그랬다. 이전 미팅 때 손정의 씨가 의자에서 가부좌를 틀고 앉아 이야기를 듣던 모습을 떠올리고, "사실 저도 가부좌파입니다. 괜찮으시다면 가부좌를 틀고 프레젠테이션을 할까 하는데 그래도 되겠습니까?" 하고 물었다. 그러자 손정의 씨가 "재미있는 소리를 하는군." 하고 웃으며 윗몸을 앞으로 쑥 내밀고 내 이야기를 집중해서 들어 줬다(물론 가부좌 자세로). 상당한 도박이기는 했지만, 고작 30초 정도로 즉각적인 효과를 얻었다. 그 뒤로 이어진 프레젠테이션도 원활하게 흘러갔다. 윗사람일수록 회의 내용을 듣지 않고 조는 경우가 많은데, 아무리 높은 사람이라도 또 바쁜 사람이라도 도입부가 좋고 재미있으면 졸지 않고 즐겁게 귀를 기울여 준다.

프레젠테이션의 도입부

내 스승인 고시모 가즈야(小霜和也) 씨는 가히 도입부의 천재라 불릴 정도로 언제나 프레젠테이션을 시작하면서 웃음을 끌어내 원활하게 본론으로 들어갔다. 의뢰인이 처음부터 웃으면서 발표를 듣는 광경을 여러 차례 목격하면서 내게도 큰 공부가 됐다. 도입부 내용은 모두 자신에 관한 것으로, 예를 들면 "아내와 외식하러 나갔는데요……."라든가 "제 아이가 머리가 너무 좋아서 말이죠……."와 같은 것들로, 의뢰인도 웃으면서 이야기에 빠져들었다.

플레이스테이션의 첫 에티켓 광고인 "좋은 아이와 좋은 어른의 플레이스테이션"을 위한 프레젠테이션을 할 때는 이런 이야기로 시작했다. "아내가 저를 너무 좋아해서 종종 아내 친구들과도 함께 식사를 합니다만, 요즘 다들 게임 때문에 불안하다는 말들을 하더군요. 아이들이 비뚤어지거나 과격해지지 않을까 걱정이라면서요. 이건 좀 위기가 아닌가 생각합니다. 그래서 제안할 내용은……." 그렇게 본론으로 이어지는 흐름에 충격을 받을 정도로 깜짝 놀라 지금도 또렷이 기억한다.

사장님이 자리한 회의에서 갑자기 이런 도입부를 가져 보라고는 하지 않겠다. 가까운 선배, 동료와 함께하는 회의부터 시작해 보면 어떨까? 특히 화상회의 때 시도해 보면 좋을 것 같다. 나는 실제로 화상회의를 할 때 꼭 도입부를 두고 있다. 가벼운 이야기로 시작하면 처음부터 일체감이 생겨 회의가 활기를 띤다. 예를 들어 식품 회사 프레젠테이션을 위한 기획 회의 때는 이런 이야기로 시작했다.

"얼마 전 감기 기운이 있어서 병원에 갔습니다만, 술을 매일 마신다고 했다가 의사 선생님께 야단을 맞았습니다. 선생님이 2일에 한 번은 금주하라고 하시길래 그럼 매달 2일에는 술을 안 마시겠다고 말하면서 웃었다가 혼났지 뭡니까(웃음). 그건 그렇고 여러분은 술을 마실 때 어떤 안주를 드시나요?" 그 뒤로 안주 이야기로 분위기가 무르익었다는 것은 굳이 말하지 않아도 짐작할 것이다.

이야기 수준은 상관없다. 그보다도 프레젠테이션이나 회의 때 먼저 분위기를 환기하면 따분한 정보 공유가 아니라, 즐거운 자리가 됐으면 하고 바라는 마음이 참석자들에게 전해진다.

그러므로 조금 딴소리하는 정도로 도전해 보면 좋을 듯하다. 만일 지금부터 할 이야기와 관련이 있다면 더 좋겠지만 말이다. 그리고 여력이 있다면 뛰어난 진행자들이 쇼를 어떻게 시작하는지 그 호흡을 눈여겨보자. 프레젠테이션의 진행 수준을 한 단계 끌어올리는 효과가 분명 있을 테니까.

> *분위기가 딱딱하면 어떤 아이디어도 먹히지 않고,*
> *재미있는 아이디어가 나오지도 않는다.*
> *서툴더라도 가벼운 이야기로*
> *분위기를 부드럽게 녹여 보자.*

THINKING TOOL
32
재미없는 이유는
자기의 이야기를 하지 않아서

경험담은 가장 강력한 관심 유도책이다

프레젠테이션에서는 상대의 흥미를 끄는 도입부가 중요하다고 말하면 "저는 말재주가 없어서 안 돼요."라는 반응이 종종 되돌아온다. 그런데 나는 말재주가 없는 사람은 있어도 재미있는 이야기를 못하는 사람은 없다고 생각한다. 다시 말해 말하는 데 자신이 없어도, 말주변이 없어도, 부끄럼을 타는 사람도 누구나 재미있는 이야기는 할 수 있다.

"하지만 저는 진짜 재미가 없어요."라는 젊은 친구가 있어서 실제로 이야기를 들어 봤더니 정말 재미가 없었다. 그런데 재미가 없었던 이유는 '자기 이야기'를 하지 않고, 온통 누군가에게서 들었거나 인터넷에 돌아다니는 것 같은, 어디선가 들은 일반론적인 이야기기뿐이었기 때문이다.

사람들이 듣고 싶어 하는 것은 말하는 사람 자신의 이야기다. 그 사람만의 경험과 사고방식, 지금에 이르기까지의 과거 이야기에는 인생의 보물이 잠들어 있다. 그것이 타인의 흥미를 돋우고, 일에 큰 도움을 준다.

우리 회사 임원 중 한 사람은 매우 유능한 프로젝트 매니저인데, 그도

"나는 말주변이 없어서……."라는 말을 종종 한다. 그런데 함께 뉴욕 시찰을 갔을 때 그의 이야기를 들을 기회가 있었다. 9.11 테러 당시 뉴욕에서 겪은 이야기나 그가 좋아하는 예술과 문화, 유학 시절 호스트 가족과 재회한 이야기 등 그의 '자기 이야기'에는 재미있는 요소가 가득했다. 이런 이야기야말로 프레젠테이션이나 의뢰인과 대화를 나눌 때 효과를 발휘한다.

그래도 막상 이야기를 하려고 들면 긴장해서 무슨 말부터 해야 좋을지 몰라 우왕좌왕한다는 사람에게는 다음의 자기 이야기 훈련을 추천한다.

먼저 자기 이야기란 자신이 직접 체험한 독자적인 이야기를 말한다. 주위들은 뉴스나 소문 따위가 아니라 실제로 체험한 것이라면 뭐든 좋다. 성장 과정에 관한 것이든 자신이 푹 빠졌던 것이든 상관없다. "내가 남미에 갔을 때 일인데……."라는 이야기도 좋고, "예전에 귀신을 봤는데……."라는 이야기도 괜찮다. 중요한 것은 잘 알려지지 않은 자신만의 체험담이어야 한다는 사실이다.

이 자기 이야기에는 세 종류가 있다.

첫 번째는 시류를 반영한 이야기다. 예를 들면 자기 할머니가 틱톡에 빠져 지낸다거나, 야구 선수 오타니 쇼헤이의 경기를 직접 보고 싶어 미국에 갔다거나, 예약이 쉽지 않은 음식점에 갔다거나, 이렇게 지금 시대의 화제에 자신의 체험을 섞는 식이다. 영상 작가 도시 아쓰노리(東市篤憲) 씨는 의뢰인과 만나는 자리에서 갑자기 연설을 부탁받은 적이 있다. 그러자 자신이 최근 타로에 푹 빠졌는데 덕분에 정말 재미있는 경험을 하고 있다는 시류 이야기에서 시작해, 리조트 개발에 없어서는 안 될 재미란 무엇인가에 대한 이야기로 흘러가 참석자들로부터 큰 주목을 받았다.

|그림 7| 자기 이야기의 종류

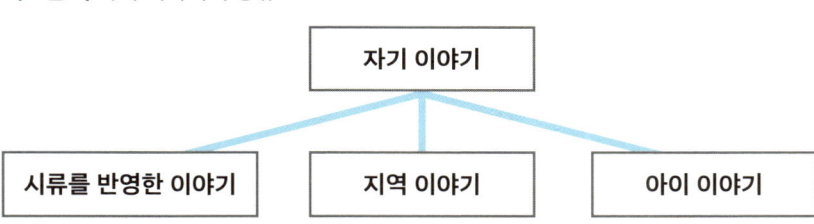

두 번째는 지역 이야기다. 자신이 태어난 동네나 좋아하는 도시, 직접 가 본 지방 이야기 등 뭐든 좋다. 고향 친구에게서 들은 담당 제품에 관한 이야기 등을 섞으면 최고의 지역 이야기가 된다. 지금은 도쿄 등 도시보다 지방에 관한 이야기가 훨씬 더 가치 있으며, 만일 프레젠테이션 대상자와 동향이라는 것을 알면 큰 힘을 얻을 것이다.

마지막은 아이 이야기다. 배우자나 자녀와의 일상에 관한 이야기도 좋고, 이웃에 사는 꼬마들 이야기도 괜찮다. 프레젠테이션 대상자에게 아이가 있다면 공감대가 형성될 테고, 그렇지 않더라도 시야가 넓어져 프레젠테이션이 즐거워진다. 내용은 아이 자랑이든 유행하는 것에 대해서든 상관없지만, 이왕이면 자신이 담당하는 서비스와 관련된 것이라면 더 좋다.

주의할 점은 두 가지. 하나는 절대 자기 자랑은 하지 말 것. 자기 자랑은 듣기 거북하다. 나는 프레젠테이션에서는 곁코 나 자신의 성공담을 말하지 않는다. 그런 이야기는 다른 경로를 통해 미리 해 두거나 제삼자를 통한다.

또 하나는 기죽지 말고 할 말은 다 할 것. 다음에 있을 중요한 회의에서 말해야겠다는 생각으로 아껴 두다가는 결국 말하지 못하고 끝난다.

자기 이야기는 평소에 하면 할수록 단련된다. 나는 내가 들었거나 겪은 것을 수십 초 뒤에 반드시 다른 사람에게 말하려고 노력한다. 말하지 않고 넘어가면 잊을 수도 있고, 또 말을 해야 자신의 피와 살이 돼 언제든 꺼낼 수 있는 소재가 된다. 인풋은 아웃풋으로 완성하는 것이다.

자기 이야기 소재를 10개 정도 준비하자.
소재들을 조합해서 말하는 것이 좋다.

THINKING TOOL

33

프레젠테이션 필승 공식 :
과제 → 미래 → 실현 방안

제안은 함께 꿈꾸는 것. '설레는 미래'를 제시해야 한다!

지금까지 나는 프레젠테이션을 1만 회 넘게 해 왔다. 그때마다 제안은 함께 꿈꾸는 것이라는 생각으로 임했다. 애초에 프레젠테이션의 목적은 상대에게 꿈을 제시해 공감대를 형성하고, 함께 행동할 기회를 만드는 것이다. 즉 제안을 들은 상대가 자신은 관계없는 외부인이라는 기분을 느끼게 하면 안 된다. 또 현실을 들이밀면서 어쩔 수 없으니 이걸 하자는 방식도 프레젠테이션이라고 할 수 없다.

　나는 비즈니스 프레젠테이션이야말로 꿈을 제시하고, 그 꿈을 실현하는 방법을 말해야 한다고 생각한다. 비즈니스에서 꿈이라니 세상은 그렇게 만만하지 않다고 여기는 사람도 많다. 하지만 꿈에는 인간의 근원적인 동경을 일깨우는 힘이 있고, 그것은 비즈니스에도 필요하다.

　일전에 음악 프로듀서 쓰타야 고이치 씨로부터 "고니시 씨의 꿈은 뭔가요?"라는 질문을 받은 적이 있다. 조금 부끄러웠지만 "음악과 해외 생활을 뒤로하고 살아와서 그런지, 그걸 하는 게 꿈입니다."라고 대답했다. 그러자 "자, 그럼 해외에 나가 살면서 그래미상을 노려 볼까요?"라고 쓰타야 씨가 말했다. "그래미상요?" 하고 웃었지만, 곧바로 그 정도 꿈을 가져 보는 것도 좋지 않을까 생각했다. 중요한 것은 꿈은 설레는 미래라

139

는 사실이며, 자신에게 어울리는 나다운 미래여야 한다는 사실이다. 아무에게도 말하지 못했던 강한 동경을 이해하기 쉬운 미래로 제시해 준 쓰타야 씨가 정말 대단하다고 느꼈다.

☞ 반드시 '미래'를 넣자

내가 생각하는 프레젠테이션의 필승 공식은 과제 → 미래 → 실현 방안이다. 보통은 '과제 → 해결책' 스타일일 텐데, 나는 여기에 반드시 '미래'라는 꿈을 넣는다. 애초에 미래가 제시되지 않으면 사람은 설레지 않으며, 무엇보다 미래상이 없으면 해결책을 선택할 기준이 없기 때문이다.

이 방정식을 지키기만 해도 프레젠테이션은 물론이고 사업 성공 확률도 비약적으로 높아진다. 예를 들어 플레이스테이션 발매 당시, 소프트웨어가 많은 것을 내세울지 하드웨어의 스펙을 내세울지 고민하다가 소프트웨어 쪽을 택한 이유는 "모든 게임은 여기에 모인다."라는 미래가 보였기 때문일 것이다. 나아가야 할 미래상이 없으면 이럴 수도 있고, 저럴 수도 있어 매번 판단이 달라진다. 이런 미래를 실현하고 싶다는 목표가 있기에 이렇게 해결한다는 수단을 결정할 수 있는 것이다.

그렇기는 해도 "미래 같은 건 상관없는 일도 있다."라는 의견도 이해는 된다. 눈앞의 일을 해결하는 것만으로도 벅찬 하루하루에 미래의 설렘을 집어넣기 어려운 것도 알겠다. 나도 "번거롭게 굳이……."라며 상사에게 많이 혼났기에 충분히 이해한다. 그래도 나는 어떻게든 꾸준히 미래를 제시해 왔다. 예를 들면 회의에 '이러이러한 미래를 만드는 기획 회

|그림 8| 프레젠테이션 필승 방정식

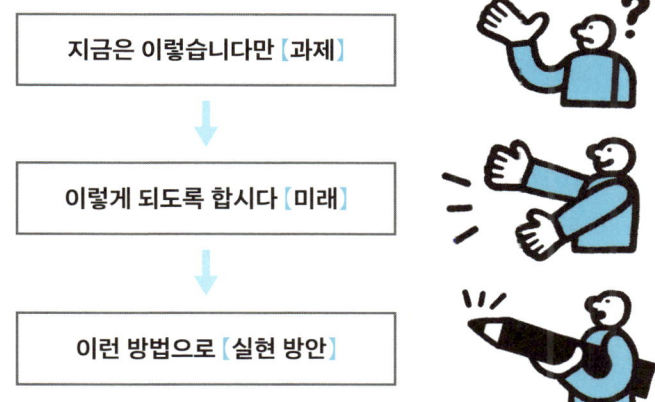

의' 같은 이름을 붙이기도 하고, 메일을 보내면서 "이런 미래를 만들기 위해 ○○합시다."라고 쓰기도 했다. 또 기획서에 멋대로 한 쪽짜리 비전을 추가하기도 했다(이때도 역시 혼나고 말았다). 이렇게라도 해서 조금씩이나마 미래가 바뀌길 바라면서 저항해 보는 것도 좋을지 모른다.

아무리 짧은 시간이라도, 아무리 작은 안건이라도, 프레젠테이션을 할 때는 반드시 미래를 제시하는 것이 좋다. 미래의 꿈에 대한 공감을 얻은 다음 어떻게 그 꿈을 실현할지 구체적인 방안을 제시하면, **프레젠테이션이 목적지가 아니라 거기서부터 함께 출발하는 기점으로서의 장이 되기 때문**이다. 비전이야말로 프레젠테이션에 생명을 불어넣어 준다.

> *언제든 프레젠테이션에서는*
> *이러이러했으면 좋겠다는*
> *설레는 미래상을 제시하자.*

THINKING TOOL

34

완벽한 프레젠테이션은 아홉 가지 주제로

문제를 알고 모르고는 천지 차이

프레젠테이션의 필승 공식 : 과제 → 미래 → 실현 방안에 대해 구체적으로 파헤쳐 보자.

첫 번째, 과제는 객관적으로 볼 때 "지금은 이렇습니다."라는 현상 공유다. 이를 위해 먼저 회사나 프로젝트에 감도는 문제의 정체가 뭔지를 똑바로 보고 재정리하는 것에서 시작한다. 이 정리는 ①사내 과제, ②사회 과제, ③본질적 과제, 세 가지로 나뉜다.

①사내 과제는 기업 내 과제를 말한다. 제품, 기술, 영업, 인사 등 모든 문제점을 드러내 과제화한 것이다. 과거의 판단이나 그것의 성패 여부, 거기서 얻은 지식과 경험 등을 되도록 깊이 알아야 한다. 평소에 회사에 그런 정보를 체계적으로 정리해 보존하는 것이 바람직하다.

②사회 과제는 세상 전반에 관한 과제를 말한다. 제안할 주제와 관련한 뉴스나 유행 등은 물론이고 직접적인 관련이 없더라도 사회적으로 화제를 일으키고 있는 사건이나 현상(지속가능발전목표, 젠더 문제, 우주개발부터 작은 히트 작품 등)에 대해 살피다 보면 제안의 폭이 넓어지고 뜻밖의 관련 아이디어가 나오기도 한다.

③본질적 과제는 프레젠테이션에서 가장 중요한 과제를 말한다. 이른

|그림 9| 프레젠테이션 필승 공식의 아홉 가지 주제

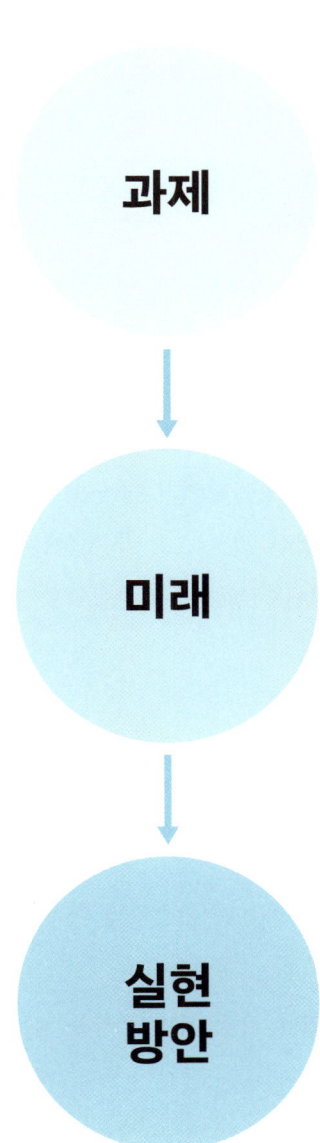

①**사내 과제**
제품, 기술, 영업, 인사 등
사내의 문제점을 드러내 과제화한 것.

②**사회 과제**
제안할 주제와 관련한 뉴스나 유행,
직접적인 관련이 없더라드
사회에서 화제를 일으키고 있는 사건이나 현상.

③**본질적 과제**
사내, 사회의 숨은 불만을 과제화한 것.
이를 해결하면 모든 게 잘 풀리는 근본적인 과제.

④**숨은 니즈**
숨은 불만과 짝을 이루는, 미래에 있을 잠재적 니즈.
"그러고 보니 그게 있으면 좋을지도!"라는 생각이 드는 것.

⑤**비전**
설레는 미래의 일.
숨은 니즈와 사내 DNA를 조합해
'그 회사다운 미래'로서 제시하는 것.

⑥**프로젝트 목표**
팀이 수행하기 쉬운 단기 및 중기 목표.

⑦**콘셉트**
비전을 향해 나아가는 방법을 제시하는 것.

⑧**행동 계획**
광고나 프로모션 등
콘셉트를 구체화해 형태로 만드는 아이디어.

⑨**실행 계획**
실행할 팀의 구성이나 인적 자원 배분.

바 여건이나 표면적 과제 '안'에 있는 것으로, 이를 해결하면 모든 것이 해결되는 질문이자 해결의 실마리다. 어떻게 하면 이 본질적 과제에 도달할 수 있는지에 대해서는 앞에 나온 '숨은 불만(69쪽)'이나 '애초에 왜? 사고(83쪽)'를 참조하길 바란다. 아무튼 프레젠테이션에는 늘 보이지 않는 진짜 과제가 있으며, 그것을 찾아내는 것이 중요하다는 사실을 인식해야 한다.

이왕이면 가슴이 철렁할 만큼 놀라운 과제로 설정하는 것이 좋다. "이러다간 쓰러져서 못 일어날 수도 있어요."라며 환자에게 생활 습관을 되돌아보게 하는 느낌이랄까. 나는 의뢰인에게 "고니시 씨의 프레젠테이션은 마치 헬스장 다이어트 프로그램 같습니다."라는 말을 들은 적도 있다. 그 이유는 '뚱뚱한 자신'을 직접 두 눈으로 확인시키기 때문이다. 그 뒤에 살이 빠져 활기차게 변할 자신의 미래상을 제시하고, 이를 실현할 아이디어를 제안하니 어찌 보면 헬스장 다이어트 광고와 비슷할지도 모르겠다.

☞ 단기 및 중기 목표도 포함하자

두 번째, 미래 제시는 이렇게 되도록 하자는 구체적인 모습으로 역시 세 가지로 나눌 수 있다.

④숨은 니즈는 미래의 니즈라고도 할 수 있다. 숨은 불만과 짝을 이루는 니즈로 "그러고 보니 그게 있으면 좋을지도."라는 생각이 드는 제안이다. 구글이 인터넷 보급 초기부터 미래의 정보 혼란(미래의 숨은 불만)을

예견하고, 검색에 대한 니즈가 커질 것이란 생각 아래 행동했던 것처럼 미래에 있을 니즈나 사람들의 바람을 그려 내는 말을 가리킨다.

⑤비전은 설레는 미래를 가리킨다. 기업 구성원 모두가 "이것이 우리의 본질이다. 우리에게 필요한 자세다."라고 공감함으로써 강력한 결속력과 동기부여를 일으킬 수 있다. 숨은 니즈와 사내 DNA를 조합해 그 회사다운 미래로 창출하는 경우가 많다.

⑥프로젝트 목표는 단기 및 중기 목표를 가리킨다. 거대한 비전만 있으면 현장은 "어떻게 해결해야 하나?"라는 막막한 상황이 벌어질 수 있다. 각 팀이 수행하기 쉽도록 단기 및 중기 목표를 설정하면 프로젝트를 더욱 자기 과제화 할 수 있다.

마지막 실현 방안도 세 가지로 나눠 생각할 수 있다.

⑦콘셉트는 비전을 향해 나아가는 방법을 제시하는 것이다. 기업 자원 등도 고려해, 비전이라는 목적지에 이를 수 있는 실현 가능한 방법(아이디어)을 제시해야 한다. 독창적이고, 누구나가 이해하기 쉬운 방법이 바람직하다.

⑧행동 계획은 콘셉트를 구체화해 형태로 만드는 아이디어다. 광고나 프로모션 등이 이에 해당한다. 또 사내 활성화에도 필요한데, 예를 들면 "엘리베이터에서는 조용히"와 같은 포스터, 가족이 회사를 방문하는 날 같은 것들이 있다.

⑨실행 계획은 실행할 팀의 구성이나 인적 자원 배분 등을 말한다. 콘셉트나 행동 계획을 실현하는 데 드는 공수, 기간은 경영자나 관리직이라면 누구나가 신경 쓰는 중요한 부분이므로 프레젠테이션에서 이것까

지 포함하면 좋다.

　여기에 거론한 아홉 가지를 모두 생각하려고 하면 익숙해질 때까지 꽤 혼란스러울 것이다. 일단 ③본질적 과제, ⑤비전, ⑦콘셉트만 제시해도 좋다. 이것만으로도 충분히 '과제 → 미래 → 실현 방안'을 제안하는 수준 높은 프레젠테이션이 된다. 잘 찾아 나가면 제안 상대에게 강력한 공감과 동기부여를 일으킬 수 있는 황금 공식이다.

*③본질적 과제, ⑤비전, ⑦콘셉트,
이 세 요소만 고려해도 좋다!
상대의 마음을 사로잡는 필승 공식을 체득하자.*

THINKING TOOL
35

안이한 목표는 꿀맛 나는 독사과

그 목표가 실현된 미래에 살고 싶은가

프레젠테이션의 핵심인 미래(목표) 설정에 대해 꼭 전하고 싶은 말이 있다. 일반적인 직장인이라면 신제품의 마케팅 방안이나 다음 회기의 부서 내 매출 같은 지금 당장 해결해야 할 과제에 쫓기는 경우가 많을 것이다. 기업의 미래를 생각할 여유가 없어, 좀처럼 비전(=설레는 미래)이라고 부를 만한 목표를 설정하기 어렵다. 나도 그랬으므로 충분히 이해한다.

  하지만 그렇다고 어떻게든 목표를 세우기만 하면 된다고 생각하는 것은 잘못이다. 안이한 목표 설정은 오히려 일을 그르치는 경우가 있기 때문이다. 예를 들어 과거의 성공 사례를 답습하거나 타사에서 유행하는 것을 그대로 따라 하려는 자세는 너무 안이하고 위험하다. 의뢰인이 원한다거나, 전임자가 하던 거라는 이유로 목표 설정을 하는 것도 좋지 않다. 유행하는 아이디어를 훔치면 잠깐은 잘 팔릴지 몰라도 세상으로부터 신뢰를 잃는다. 시대가 시시각각 바뀌는 상황에서 예전의 성공 사례가 옳다고 생각하는 선례 답습 주의로는 잘못된 길로 갈 것이 뻔하다.

성공 사례를 풀어 헤쳐 알맹이를 뽑아 내는 것은 괜찮지만, 똑같은 목표를 그려서는 좋을 수 없다.

편하다는 이유로 안이하게 하늘에서 뚝 떨어진 과일을 먹었는데, 알고 보니 독사과였다는 상황에 놓이기도 한다. 높은 나무 위로 올라가 자신이 직접 잘 익은 과일을 골라 따야 한다.

사실 앞에서 여러 차례 언급한 히키니쿠토코메도 시작할 당시에 목표를 잘못 설정할 뻔했다. 처음 메뉴를 개발할 때 지금처럼 한 가지가 아니라 주점처럼 여러 가지 메뉴를 내놓으려고 했다. 물론 과거 요식업계의 성공 사례를 보면, 복수 메뉴×주류 중심의 업태를 택하는 것이 정석이었다. 한 메뉴로 승부하는 것은 상궤를 벗어난 것이라고 다들 말했다. 하지만 우리는 "바로바로 갈아서, 바로바로 구워서, 바로바로 지어서"를 고집하며, 한 메뉴로 승부수를 던졌다. 만일 과거 성공 사례를 답습했다면 지금과 같은 인기는 결코 얻지 못했을 것이다.

그럼 어떻게 하면 독사과(안이한 목표)를 먹는 실수를 피할 수 있을까? 먼저 "정말로 그 미래에 살고 싶은가?"를 끊임없이 자문한다. "남의 것을 모방했다는 생각을 떨쳐 낼 수 없는 미래에 살고 싶은가?" "생각을 굽히면서까지 선례를 답습한 미래에 살고 싶은가?" 이런 질문들을 되새기기만 해도 안이한 목표에 안주할 수가 없다.

또 하나는 답을 내놓기 전에 '한 박자 쉬어 볼 것'. 갑자기 결론을 내리기보다 일단은 냉정을 유지하면서 정말로 하고 싶은 것이 뭔지, 뭘 목표로 삼아야 하는지를 자문자답하는 시간을 갖는다. 이 한 박자가 미래를 좌우하는 시간이 될 것이다.

과거의 성공 사례에 구애되지 말고
높은 나무 위로 올라가 잘 익은 열매를 따자.

THINKING TOOL
36
맛있어 보이는 제안은
밥 70퍼센트, 반찬 30퍼센트

모처럼의 아이디어를 맛없게 보여 주지 말자

프레젠테이션의 묘미는 밥 70퍼센트, 반찬 30퍼센트다. 이것은 내가 존경하는 대선배이자, 브랜딩 회사 지에노와(チエノワ)의 대표인 마쓰오 도시히코(松尾利彦) 씨가 가르쳐 준 중요한 지침이다. 마쓰오 씨는 여러 기업을 지원해 온 음지의 공로자로, 나는 이온레이크타운 개발 등 몇몇 일을 함께하면서 그에게서 많은 것을 배웠다.

상대를 위해 뭔가를 제안하는 자리에서조차 사람은 "어때? 내가 이만큼이나 생각했는데.", "얼마나 대단한 아이디어인지 알겠지."라는 태도로 자신의 능력을 뽐내고 싶어 하기 마련이다. 나도 그런 시기가 있었다. 마치 "자, 어때?"라고 말하기라도 하려는 듯 프레젠테이션 자료를 잔뜩 만들곤 했다. 그런데 어느 날, 마쓰오 씨가 주의를 줬다. "이건 뭐, 반찬만 100퍼센트로군." 이 말에 정신이 번쩍 들었다.

아이디어라는 반찬만 있으면 먹기도 전에 배부른 느낌이 들고 애초에 다 먹지도 못한다. 이는 제안자의 이기심이다. 상대는 아이디어라는 반찬도 먹고 싶겠지만, 매일 매출을 올려 기업의 양식이 될 밥에 해당하는 부분이 더 중요하다. 그 밥이 어떻게 하면 맛있어질까를 알고 싶어 한다. 호텔 개발이라면 멋진 브랜딩으로 이어질 슬로건, 디자인, 이벤트, 영상

등도 원하겠지만, 그것이 어떻게 고객 유치로 이어질지, 또 서비스 질을 높이기 위한 교육은 할 수 있을지, 결과적으로 객실 단가를 올릴 수 있을지 등 수익 구조를 알고 싶어 한다.

그렇다고 소극적으로 실무적인 내용에 치중하면 현상을 타파하기 어렵다. 그렇기에 미래를 제시하고 거기에 도달할 수 있는 아이디어를 넣어야 한다. 다만 참신한 아이디어는 30퍼센트 정도로 충분하다. 많더라도 50퍼센트까지. 나머지는 과제 정리나 실무 개선 방안이어야 한다. 그렇게 해서 반찬과 밥의 균형이 잡힌 맛있는 도시락으로 완성한다.

사실 이런 식으로 균형을 생각하며 기획한 것이 마쓰오 씨와 함께 진행한 이온레이크타운의 시설 개발이었다. 우리는 브랜드명, 로고, 포스터, 영상을 제안하면서 더불어 모객 이벤트 이름, 내부 구성원이 활동하는 커뮤니티 공간의 디자인, 휠체어 디자인, 종업원 유니폼까지 제안했다. 또 일하는 사람들을 인터뷰해 매일매일의 교육에 쓸 '일하는 마음가짐 매뉴얼'을 제작했다. 직원 탈의실에 붙일 "그 행동이 고객에게 웃음을 가져다주겠는가?"라는 계몽 포스터까지 고안했다. 이렇게 '밥'이 늘어나면서 실현 가능성 높은 프레젠테이션을 할 수 있었고, 성공을 향해 움직이기 시작했다는 실감을 얻을 수 있었다.

만일 기획서가 잘 통과되지 않는다고 느끼는 사람이 있다면 제안 내용을 '밥 70퍼센트, 반찬 30퍼센트'로 구성해 보길 바란다. 그렇게만 해도 상당히 시야가 넓어지고 공감을 얻기 쉬워질 것이다.

반찬만 수북이 담지 않는다.
밥이 되는 수익 구조를 70퍼센트로 담자.

THINKING TOOL
37

그 아이디어에 여백이 있는가

쓸 사람이 자유롭게 바꿀 수 있어 참여하기 쉬운 것으로 만들자

예술과 디자인의 차이를 묻는다면 당신은 뭐라고 대답하겠는가? 꽤 어려운 질문이지만, 내 나름의 답은 있다.

예술은 규칙을 깨뜨리는 것. 디자인은 규칙을 만드는 것.

예술의 본질이 파괴적 창조 행위라면, 디자인은 규칙을 만드는 데 묘미가 있다. 우리가 매일같이 보는 도로를 예로 들면, 횡단보도의 줄무늬나 신호 형태를 만드는 것이 디자인이다. 빨간색 신호는 멈춤, 파란색 신호는 진행을 나타내거나, 노란색 점자 블록에서 선 모양 돌기는 진행 방향, 점 모양 돌기는 경고를 의미하는 것도 디자인을 통한 규칙 만들기다.

회사로 눈을 돌려 보자. '회의에 참석했을 때 반드시 한 번은 발언하기', '메시지는 세 줄 이내로 전달하기'와 같은 체계를 정하는 것도 넓은 의미에서 규칙을 디자인하는 것이다.

디자인으로 규칙을 만든다고 하면 규제에 얽매여 답답해지지 않을까 상상하는 사람도 있을지 모르겠지만, 오히려 반대. 규칙은 자유도를 창출할 수 있다. 여백이 생기도록 규칙을 만드는 것이 요령이다.

나는 '여백'이라는 단어를 매우 좋아한다. 여백이 있으면 왠지 마음이 편안해진다. 거리에 여백이 있으면 자신이 그곳에 들어갈 수 있는 즐거움이 생긴다. 효율적으로 꽉 채워도 되는 공간이 있는데 굳이 비워 두는 여유는 사람에게 풍요로운 마음과 행복감을 심어 준다.

이는 예술이나 건축에 한정된 이야기가 아니다. 놀이도 마찬가지다. 만화〈도라에몽〉에 나오는 옛 시절 공원은 그야말로 여백이 넘쳐 난다. 특별한 용도 없이 한구석에 놓여 있는 둥근 관이 친구들의 비밀 기지가 되기도 하고, 벤치가 되기도 하고, 숨바꼭질 장소가 되기도 하고, 주인공이 요요를 하는 무대가 되기도 하는 것처럼 말이다.

이처럼 여러 가지 용도로 쓰이는 유연함이야말로 '여백'이다. 쓰는 사람이 자유롭게 기능을 바꿀 수 있다.

그러고 보면 현대의 지역사회 조성이나 서비스에는 과연 여백이 있나 싶다. 예전에 대규모 시설 오프닝 이벤트에 참석했을 때의 일이다. '여분의 장소는 있지만, 여백은 없네.'라는 생각이 들었다. 대충 둘러보는 데만도 꽤 시간이 걸릴 만큼 넓고, 사무실 이외에 극장, 갤러리도 있고, 각종 음식점도 많았으며, 산책 코스와 휴게 공간까지 마련돼 있었다.

하지만 이는 여백이 아니다. 〈도라에몽〉의 주인공이 친구들과 함께 노는 공터처럼 자신이 원하는 대로 쓸 수 있는, 자유롭게 놀아 보고 싶은 생각이 드는 곳이 아니었다. 지금은 지역사회를 조성할 때 반드시 공공 장소를 마련해야 한다. 어디까지나 먼저 '이상적인 사용법'이 정해져 있고, 거기서 벗어난 참여 형태나 방법은 허용되지 않는다. 자유로운 공간임에도 자유가 없고, 오히려 갑갑하게 느껴진다. 여백이란 무엇보다 '그곳에 있고 싶다.' 또는 '나답게 쓰고 싶다.'라는 동기를 부여하는 기능이 있어야 한다.

☞ 여백이 '공감과 참여'를 부른다

광고 표현에서도 여백은 중요한 역할을 한다. 예를 들면 애플의 "다르게 생각하라.(Think different)"라는 메시지가 대단한 이유는 크리에이티브의 힘을 분명하게 드러낼 뿐 아니라 누구나 자신의 역사와 스토리에 맞춰 멋대로 해석할 수 있는 표현이기 때문이다. 말에 여백이 있기에 모두가 나름대로 받아들이고 즐길 수 있는 자유가 있으며, 시대별로 의미가 변하는 것도 허용할 수 있다. 도카이여객철도의 "그래, 교토 가자!"나 나이키의 "저스트 두 잇(Just Do It!)"이라는 문구도 그렇다. 당연히 제품이나 서비스에도 여백이 있는 편이 아름답고 시대를 뛰어넘어 오래 이어진다.

이처럼 여백은 행동의 자유와 풍부한 체험을 창출하는 중요한 디자인 규칙으로, 이미 다방면으로 활용되고 있다. 다만 이를 의식하는 비즈니스가 여전히 적은 것이 실상이며, 우리에게 주어진 큰 과제라고 할 수 있다. 왜냐하면 효율이 우선시되는 비즈니스의 세계에서 지금까지 여백은 낭비라고 여겨져 왔지만, 앞으로 물건을 팔기 위해서는 이 여백이 창출하는 공감과 참여가 꼭 필요하기 때문이다.

미래는 그야말로 소비가 아닌 공감과 참여가 키포인트다. 이를 위해서라도 여백은 중요한 요소다.

> 사람이 유연하게 쓸 수 있는 '여백'이
> 아이디어에는 반드시 필요하다.
> 공감과 참여를 끌어내는 규칙을 디자인!

THINKING TOOL
38
유행은 위화감과 깊이감으로 이루어져 있다

'앗, 이게 뭐지? → 와, 재미있는데!'의 틈을 만들자

문제를 하나 내 보겠다. 다음 중 캐치프레이즈라고 부를 수 있는 것은 무엇일까?

① 두부
② 맛있는 두부
③ 두부는 맛있다.
④ 정말로 두부는 맛있다.
⑤ 진짜 두부는 맛있다.

정답은 ⑤다. 이것만 캐치프레이즈 역할을 할 수 있다. 제일 별로인 것은 ④다. 왜냐하면 생각을 강요하는 이기적인 표현이기 때문이다.

커뮤니케이션에서 가장 중요한 것은 내 생각이 상대에게 전해지는 것이다. 그러려면 일단 상대의 입장에 서는 것이 기본이다. 이런 관점에서 볼 때 ④는 상대(듣는 사람)가 관여할 여백이 없고 "정말로 맛있어요!"라고 말하는 사람의 생각만 강하므로 솔직히 짜증 난다.

이에 반해 ⑤는 "진짜"라는 말에 의미가 있다. 애초에 두부에는 '진짜

냐 아니냐'라는 개념이 없기에 "진짜 두부"라고 말하는 순간, "사실은 가짜 두부가 있는 게 아닐까?", "뭐가 진짜인지를 설명할 수 있나 보다."라고까지 추측해 볼 수 있다. 즉 처음에 "뭔가 이상한데?"라는 위화감을 일으키고 그다음에 "어쩐지 재미있을 것 같은데."라는 기대감을 높이는 것으로 이어 나갈 수 있다. 이렇게 잠시 사고하는 시간이야말로 마음을 사로잡기 위해 꼭 필요한 '틈'이며, 카피의 심오한 경지다. 이 테크닉은 프레젠테이션을 하거나 기획서를 작성할 때도 두루 쓸 수 있고, 브랜드를 만들 때도 필수라고 생각한다.

지금까지 많은 유행을 만들어 온 패션 디렉터 후지와라 히로시 씨는 "브랜드에서 중요한 것은 위화감"이며, "재미있는 것에는 깊이감이 있고, 뭔가를 만들 때는 그 깊이감도 같이 만드는 것이 중요하다."라고 말한다.

이는 틈을 만들고, 그 틈으로 깊이 끌어들인다는 논리다. 유행은 그야말로 위화감과 깊이감으로 이루어져 있다. 데님을 예로 들면 태그에 적힌 영어가 대문자거나 스티치가 다르기만 해도 "이게 뭐지?"라는 위화감이 생기고, 그 안으로 깊숙이 들어가 보면 "아하, 그렇구나!" 하고 말하고 싶어지는 스토리가 기다리고 있다. 이 이야기에 매료돼 저도 모르는 사이에 그 브랜드의 팬이 되는 것은 물론, 그 브랜드의 이야기를 하는 화자가 되는 것이다.

☞ 위화감과 깊이감이 틈을 낳는다

남의 이목을 끌어 깊숙이 끌어들이는 틈을 만드는 데는 ①위화감 조성,

②깊이감 형성, 이 두 요소가 키포인트다.

쉽게 말해 '앗, 이게 뭐지? → 와, 재미있는데!'라는, 놀람에서 흥미로 이어지는 연결 고리를 만들면 된다.

"사람은 웃기 전에 놀란다." 내 친한 벗으로 크리에이티브 디렉터인 다카사키 다쿠마가 한 말이다. 그러고 보니 사람들은 웃기 전에 꼭 "앗!" 하고 놀란다. 그러고는 "뭐야~."라고 안도하면서 웃게 되는 것이다. 오래전 라쿠고 명인 가쓰라 시자쿠(桂枝雀) 선생님도 "웃음은 긴장과 완화에서 만들어진다."라고 말했는데, 감정을 뒤흔들려면 먼저 마음의 진폭을 발생시켜야 한다. 다만 이는 웃음에서 그치는 것이 아니라 "앗, 뭐지?" 뒤에 "아하!"라는 수긍이든 "알 것 같아!"라는 공감이든 "고마워."라는 감사든 어떤 감정이 뒤따라야 한다. 놀란 뒤에 감정이 강하게 흔들리면 "뭐지?"라는 위화감에서 흥미가 생기고 그것이 호감으로 발전하고, 나중에는 누군가에게 말하고 싶어진다.

예를 들어 한때 엄청난 화제였던 '10분 몽블랑'은 그 이름만으로 "그게 뭘까?"라고 생각하게 만들었다. "10분이 지나면 식감이 변하므로 테이크아웃 금지!"라고 덧붙임으로써 깊숙이 끌어들여 "먹어 보고 싶다."라고 생각하게끔 감정을 흔들었다. 이 수법을 똑같이 따라 하는 가게도 생겼다. 하지만 단순히 흉내만 낸 아이디어로는 사람들을 놀라게 만들 수 없고, '틈'도 생기지 않는다. 역시 새로운 아이디어로 위화감과 깊이감을 만들 수밖에 없다는 말이다.

우리의 일상은 어지러울 정도로 빨리 흘러간다. 그 흐름 속에서 잠시 생각하는 순간을 만들어 내려면 당연한 것으로는 어렵다. 그에 상응하는 위화감이 필수다. 다만 위화감을 너무 추구하다 보면 가십처럼 흥미만 부추길 뿐인 '나쁜 위화감'도 생길 수 있다. 있는 힘껏 행복을 상상하며 위화감을 만들어 보자.

먼저 자신의 업무 안에서 어떻게 하면 세상 사람들이 "앗, 이게 뭐지?" 하고 놀랄지 생각하는 것만으로도 좋다. 상사에게 "좀 진지하게 생각해라!"라는 말을 들을지도 모르지만, 거기에 굴하지 않고 계속하다 보면 점점 일의 영역에 어울리는 위화감을 발견할 수 있을 것이다. 그러면 "와, 재미있는데!"라는 깊이감을 낳을 수 있게 될 것이다.

틈이야말로 마음을 움직이는 최초의 일격.
좋은 위화감과 깊이감이 좋은 틈을 낳는다.

THINKING TOOL
39

물건 말고 이야기를 팔자

우리는 매일같이 수만 가지 스토리에 영향을 받는다

거리를 걷다 보면 묘한 위화감이 드는 문이 보인다. 괜히 열어 보고 싶은 마음에 문을 열면 지하 감옥이 나타나고, 안쪽 깊숙한 곳에서 반짝이는 뭔가가 얼핏 보인다. 계속 들어가 그 실체를 확인하고 싶은 충동에 휩싸인다. 마치 판타지 영화의 한 장면 같지만, 사실 유행하는 브랜드 체험 그 자체다. 그리고 이것이 바로 브랜드를 만드는 방법의 규칙이기도 하다.

앞서 언급한 위화감과 깊이감이 바로 이에 해당한다. 바쁜 하루하루를 보내는 사람들을 잠시 멈춰 세울 틈을 만들기 위해서는 상당한 위화감이 필요하다. 이들을 안쪽 깊숙이 끌어들이려면 <mark>반짝하고 빛을 발하면서 사람을 매료시키는 뭔가</mark>를 깊숙한 곳에 늘어놔 둬야 한다. 그리고 나는 이 뭔가의 정체가 바로 스토리라고 생각한다.

스토리의 정의는 다양하지만, 나는 비즈니스상의 스토리를 '<mark>원하고, 말하고 싶어지는 이야기</mark>'라고 정의한다. 중요한 것은 '물건'이 아니라 '이야기'다. 물건에 관해 풀어 낼 수 있는 이야기야말로 스토리가 되는 것이다. 물론 '원한다'라는 말은 '가고 싶다'가 될 수도 있고 '참여하고 싶다'가 될 수도 있다. 또 이야기의 소재 역시 물건뿐 아니라 사건, 경험, 감동 등이 될 수도 있다. 각자의 업무에 맞추면 된다.

일단 두뇌 회전을 위한 연습을 먼저해 보자. 아래 세 가지 중 가장 원하는 헤드폰은 무엇인가?

① 최첨단 기술로 고품질 음향을 구현한 헤드폰
② 애플이 30억 달러나 들여 매수한 브랜드의 헤드폰
③ 미국의 카리스마 래퍼 닥터 드레가 만들어 많은 힙합 스타들의 사랑을 받는 헤드폰

아마도 ①을 택한 사람은 적을 것이다. 최첨단 기술도 고품질도 위화감이 없고, 누군가에게 말하고 싶은 마음도 생기지 않는다. 그렇다면 ②와 ③은 어떨까? 애플이 꼭 산하에 두려고 한 브랜드라면 굉장할 테고, 닥터 드레는 몰라도 많은 유명인들이 애용한다면 이것 역시 원할 수 있다. 사실 이 세 가지 모두 비츠바이닥터드레라는 헤드폰에 대한 옳은 정보다. 그런데 전달하는 스토리에 따라 브랜드 인식도 달라지고, 구매욕도 달라진다.

이 밖에도 99센트에 산 장식장에 '이 장식장을 만든 작가의 아버지와 관련한 픽션'을 덧붙여 62달러에 팔았다는 이야기도 있다. 말만으로 가치가 60배나 커졌다. 이것이 스토리의 힘이다.

당연히 거짓말은 안 되지만, <mark>스토리는 원하는 마음을 가속시키고 넓히는 힘을 갖고 있다.</mark> 예를 들어 패션 브랜드 에르메스는 마구(馬具) 공

방으로 시작한 기업이라 가죽을 다루는 수준이 초일류다. 그레이스 켈리 등 유명 배우들도 애용했다. 평생 수선을 보장한다 등 여러 가지 스토리가 있다. 이 스토리들이 입에서 입으로 퍼져 초일류 브랜드라는 지위를 구축했다. 루이비통은 신진 패션 디자이너였던 마크 제이콥스나 버질 아블로를 크리에이티브 디렉터로 초빙해 혁신적인 디자인 스토리를 브랜드에 담아 단번에 최고 브랜드의 자리에까지 올랐다.

일본에서는 아이돌 그룹 AKB가 '만나러 갈 수 있는 아이돌'을 기축으로 삼고, 응원하는 멤버를 만날 수 있는 티겟인 '악수권'이나 싱글곡 멤버를 직접 뽑을 수 있는 '총선거'와 같은 스토리로 팬의 마음을 사로잡았다. 배우 기무라 타쿠야가 드라마 촬영 때 입은 저킷이라고 하면 매출이 급상승하고, 또 전 세계에 몇백 대밖에 없는 편돌기로 1미터를 짜는 데 한 시간씩 들여 정성을 다한 최고급 스웨터라고 하면 불티나게 팔린다. 이런 일들이 일어나는 이유는 멈춰 세우는 힘이 있는 '위화감'과 끌어당기는 '깊이감'이 있어, 결과적으로 '원하고, 말하고 싶어지기' 때문이다.

지금은 미국에서 제일가는 유통 회사가 된 자포스의 스토리도 대단하다. 먼저 당시 D2C업계에서는 이례적이라 할 수 있는 '횟수 상관없이 무료 반품'이라는 원칙을 내세웠다. 고객이 사망한 어머니의 신발을 반품하자 위로의 꽃다발을 보냈다는 감동적인 고객 응대 서비스도 큰 호평을 받았다. 재이용률 75퍼센트라는 기적의 숫자도 이런 스토리가 퍼져 나간 결과다.

스토리란 제품이나 서비스에 흥미가 생기고, 갖고 싶은 충동에 휩싸이고, 갖고 나면 말하고 싶게 만드는 모든 이야기를 가리킨다. 정해진 형태란 없으며, 시대나 브랜드에 따라 달라진다. 지금 세상은 다종다양한 형태의 스토리로 넘쳐 난다. 우리는 그런 세상 안에서 살아가고 있다. 그야말로 물건을 파는 것이 아니라, 이야기를 파는 시대다. 이를 의식하느냐 아니냐에 따라 각자의 일도 크게 달라질 것이다.

'원하고, 말하고 싶어지는 이야기'가 있으면 일은 확장되고 제품은 팔린다.

THINKING TOOL

40

불만 해결로 이어지는 스토리

구매 순환을 일으키는 스토리란?

디자인과 스토리는 현대 마케팅을 생각하는 데 매우 중요한 핵심어다. 디자인은 업무적으로도 점점 중요해져, 디자인 싱킹이 경영층뿐 아니라 일반 직장인에게도 널리 알려졌다. 디자인이 그저 시각적 요소나 형태를 만드는 것이 아니라 구조와 진행 방법까지 나타내는 말이라는 이해도 높아졌다고 생각한다. 이에 비해 스토리는 아직 비즈니스 현장에서 적확한 의미나 효과에 대한 이해가 부족하다.

스토리가 필요하다고 말하는 사람도 '있으면 왠지 좋은 것'이라고 느끼는 정도에 그치고 있다. 앞서 나는 스토리란 '원하고, 말하고 싶어지는 이야기'라고 정의했는데, 이 안에 스토리의 기능을 적확하게 나타내는 말이 있다. 바로 '말하고 싶어진다'라는 것이다.

USB 플래시메모리 개발자로 내가 매우 존경하는 하마구치 히데시(濱口秀司) 씨를 만났을 때 "제품은 기능으로 태어나서 디자인으로 혁신하고 스토리로 확산한다."라는 이야기로 분위기가 무르익은 적이 있다. 이 말대로 스토리의 주요 기능은 바로 '확산'이다. 외부로 알리고 싶은 욕구를 자극해 사람에게서 사람으로 확산시키는 커뮤니케이션을 창출하는 것이 스토리다. 즉 스토리는 제품이나 서비스를 확산하는 장치며 '말하고 싶어지는 이야기'인 것이다.

애초에 어떤 제품에든 기능이 있다. 아무 기능도 없어 보이는 티셔츠도 '입어서 피부를 보호하고 사람들에게 보여 준다.'라는 옷의 본질적 기능을 갖고 있다. 예술마저 '존재함으로써 사람을 치유한다.'라는 기능이 있다고 할 수 있다. 이처럼 제품은 기능으로 태어나는 셈이다. 다만 팔린다고는 단정할 수 없다. 기능이 애초에 원하는 것이 아니라면 소비 의욕을 부추기지 못하며, 좋은 기능이라고 해도 디자인이 흔하고 촌스러우면 팔리지 않는다.

그래서 기능에 좋은 디자인을 더하는 것이다. 그러면 다이슨이나 발뮤다처럼 인기 제품이 탄생한다. 여기에 스토리까지 덧붙이면 화제가 확산하는 데 가속도가 붙어 더욱 광범위하게 팔린다. 이것이 한때라면 유행이 되고, 계속 팔린다면 스테디셀러가 돼 브랜드로 정착한다. 그런데 왜 스토리가 있으면 이렇게 될까?

스토리가 사도 된다는 생각이 들게끔 만드는 '이유(수긍 재료)'를 주고, 누군가에게 말하고 싶어지는 '화제(설득 재료)'를 낳기 때문이다.

이 상승 효과로 '원한다 → 산다 → 말하고 싶다 → 열정적으로 말한다 → 상대가 설득된다 → 원한다'라는 구매의 순환이 작용해 '욕구'가 확산되는 것이다. SNS 시대에는 이 순환이 가속되기 때문에 스토리의 중요성이 한층 더 커지고 있다고 할 수 있다.

👉 어떻게 스토리를 만들 것인가

사실 스토리에는 몇 가지 법칙이 있으며, 이 법칙을 알면 누구나 쉽게 스토리를 만들 수 있다. 첫 번째 법칙은 제품을 둘러싼 정보에서 불만 해결로 이어지는 이야기를 찾으면 스토리에 도달한다는 것이다. 스토리는 원하고 말하고 싶어지는 이야기인데, 여러 차례 말했듯이 원하게 만들려면 불만을 비롯한 '불'의 해결을 지향하는 것이 중요하다.

예를 들어 에르메스의 평생 수선 보장은 비싼 물건을 샀는데 망가지면 어쩌나 하는 불안을 해소하고, 이는 다시 제품에 대한 브랜드의 자신감과 신뢰로 이어진다. 에르메스의 로고 스토리(마차(에르메스)와 마부(장인)는 있는데 마차에 탄 사람은 없는 이유는 당신(고객) 마음대로 에르메스를 자유롭게 사용하라는 고객 중심주의를 표현한다.)는 과거 거만한 브랜드의 태도에 질린 사람들의 불만을 해소하는 힘이 있다.

이처럼 제품(서비스 등)을 둘러싼 정보와 '불'의 해결을 잇는 것이 중요하다. 그저 제품이나 기업이 대단하다는 말만으로는 스토리가 되지 않는다. 예를 들어 세상에서 물이 가장 깨끗한 곳에 공장이 있다고 하면 반도체에는 긍정적인 요소지만, 가방에는 의미가 없다.

자포스의 '횟수 상관없이 무료 반품'도 전자상거래에서는 필연적인 "사이즈가 안 맞다." 또는 "실물을 직접 보고 판단할 수가 없다."와 같은 불만을 해소한다. 고객 센터의 고객 감동 서비스 역시 일반적인 '불친절한 서비스'에 대한 불만 해소와 더불어 사람을 감동시키는 기업 자세를 확실히 전하고 있기에 스토리가 되는 것이다.

시대는 스펙의 시대에서 스토리의 시대로 바뀌었다. 기능만으로는 경쟁할 수 없으며, 디자인을 보태더라도 한계가 있다. 역시 세상을 움직이는 것은 스토리다.

스토리의 첫 번째 법칙을 써서
나만의 스토리를 구축하자.

THINKING TOOL

41

역경은 이야기를 진수성찬으로 만든다

'궁금하다 → 기쁘다 → 말하기 쉽다'인지 아닌지를 검증하자

스토리를 만들어도 그것이 잘 짜인 스토리인지 아닌지 판단하기 어려울 수 있다. 만드는 것보다 고르는 게 더 어렵다는 것이 스토리에 따라다니는 고민이다.

내가 선택하는 기준은 두 가지다. 하나는 내가 '스토리의 두 번째 법칙'이라고 부르는 판단 방법으로, '궁금하다 → 기쁘다 → 말하기 쉽다'인지 아닌지를 검증하는 것이다. 2024년에 세계 진출을 이룬 아도는 바로 이 세 가지를 몸소 구현하는 아티스트다. 음악 관계자 모두가 입을 모아 세계적 수준이라고 칭찬할 정도로 빼어난 가창력은 그야말로 최고의 무기다. 그런데 이보다 얼굴을 보여 주지 않는 신비주의 콘셉트가 더 '궁금하다'라는 흥미를 돋우며, 데뷔곡 〈시끄러워〉처럼 본심의 대변자라는 위치가 '기쁜 존재'기도 하다. 또 제목이나 협업 상대, 공간 설정, 무대연출 등 아도를 둘러싼 모든 것이 '말하기 쉬운 정보'로 이루어져 있어 다른 사람에게 마구 말하고 싶어지는 연쇄 작용을 일으킨다. 그야말로 '궁금하다 → 기쁘다 → 말하기 쉽다'가 마구마구 쏟아져 나오는 스토리의 괴물 같다.

또 다른 선택 기준은 "술집에서 화제가 될까?"다. 술집에서는 뒷담화

167

나 가까운 인간관계에 관한 화제가 넘쳐 나므로, 여기서 입에 오르내리게 하기란 매우 어렵다. 그렇기에 나는 술집을 '스토리의 천하제일 무도회'라고 생각하고, 실제로 술자리에서 말해 보거나 상상해 본다. 그때 '앗, 이게 뭐지? → 와, 재미있는데!'의 틈을 만들면 성공이다. 마음속에 원하고, 말하고 싶은 움직임을 만들 수 있으면 최고의 스토리라고 판단할 수 있다. 이는 누구나가 쉽게 할 수 있는 정밀도 높은 검증법이므로 꼭 시도해 보기 바란다.

세계사를 살펴보면 엄청난 스토리를 수없이 발견할 수 있다. 예를 들어 지금도 종종 듣는 '아메리칸드림'이라는 말에서도 스토리의 두 가지 법칙을 찾을 수 있다. 이 표현이 자연스럽게 생겼다고 생각하는 사람도 있을 텐데, 사실은 유럽에서 신대륙으로 사람들을 불러들이기 위한 정부의 캠페인 슬로건이었다고 한다. 출신이나 신분에 엄격한 당시의 보수적인 유럽과 달리 미국은 '생명, 자유, 행복을 추구할 권리'(독립선언문)가 있기에 꿈을 꿀 수 있다! 이렇게 확산시켰다는 설이 유력하다. 그야말로 유럽에 대한 불만을 해소하면서 미국을 '원하고, 말하고 싶어지게' 스토리를 만들어, 술집에서도 '말하기 쉬운 슬로건'으로 완성한 기적적인 캠페인이었다고 생각한다.

사실 미국은 스토리 대국이다. 케네디 대통령이 아폴로계획이라는 꿈으로 국민을 열광시키거나, IT스타트업 회사의 집적지를 실리콘밸리라 부르며 기업을 끌어들이거나, 뮤지션 에미넴이 밑바닥에서부터 올라온 성공 스토리로 전 세

계의 지지를 받거나, 강한 미국을 내세운 트럼프가 거센 야유에도 불구하고 혼란스러운 미국을 통합하는 등 온갖 스토리가 넘쳐 난다. 관심 있는 사람은 조사하고 분석해 보자. 분명 자신의 스토리 개발에 도움이 될 것이다.

👉 역경은 기회로 바꿀 수 있다

최근의 큰 흐름에서 보면 비주류가 가진 스토리의 힘이 강해지고 있음을 느낀다. 앞으로의 시대는 인종, 성별, 출신에서 취미, 기호에 이르기까지 지금까지 비주류로 취급받아 온 곳에 빛이 갈 것이다.

비주류지만 보편성 있는 스토리가 점점 발견될 것이다.

지금은 세계적인 패션 브랜드가 협업하기를 원하는 도라헤비커피(虎ヘび珈琲) 같은 곳도 생기고 있다. 점포가 아시아에 하나밖에 없는 커피숍이 세계적인 브랜드의 커피숍보다 더 가치가 있다는 말이다. 이런 의미에서는 주류화하지 않는 편이 브랜드가 되기 쉬운 시대라고 할 수 있을지도 모르겠다.

비주류에 대한 흥미와 관심이 집중되고 있음을 넓은 시야로 바라보면 "역경은 기회로 바꿀 수 있다."라는 스토리의 열개도 보이기 시작한다. 스토리의 첫 번째 법칙에서 서술한 바와 같이 불만은 스토리의 어머니다. 강력한 스토리는 항상 강한 불만의 반증으로 만들어진다. 그리고 그것은 강한 동기부여를 일으킨다. 이런 의미에서 역경은 스토리의 진수 성찬이라고 할 수 있다.

만년 꼴찌 여고생이 컬럼비아대학에 진학해 많은 이들의 찬사를 받았다는 이야기처럼 역경이 낳은 스토리는 사람들의 공감을 불러일으켜 응원하고 싶은 감정을 갖게 만든다.

오래전 로스앤젤레스의 스탠다드호텔에 묵었을 때 최상층 수영장에서 조금 색다른 역경을 마주한 적이 있다. 루프톱에 있는 수영장 바로 맞은편에 높은 빌딩이 있어 시야가 가려졌다. 이를 보고 실망했다가 바로 다음 순간, 실망이 기쁨으로 바뀌었다. 놀랍게도 그 빌딩 벽면을 스크린 삼아 영화를 틀어 주는 게 아닌가. 얼마나 감동적이었는지 수영장인데도 영화에 푹 빠지고 말았다. 위화감과 깊이감이 대단했다. 사소한 역경일지도 모르겠지만, 이런 불편한 상황을 뒤집는 아이디어는 많은 사람들에게 말하고 싶어지는 최상의 스토리가 아닐까 생각한다.

☞ 스토리에는 '형태'가 있다

지금까지 스토리의 정의, 스토리를 만드는 방법과 관련한 법칙, 나아가 검증 방법 등에 대해 이야기했다. 여기서 다시 스토리의 기본 구조에 대해 정리해 보고자 한다. 스토리에는 여섯 가지 형태가 있다.

먼저 ①불만 해결형. 이 책 곳곳에서 다루고 있는 바와 같이 일상에 존재하는 '불'을 해결해 긍정적인 행복을 창출함으로써 공감을 낳는 방법이다. ②챌린지형. 역경을 딛고 일어선 성공이나 다윗과 골리앗의 싸움 같은 경우를 예로 들 수 있겠다. 한 차례 애플을 떠났던 스티브 잡스가 복귀한 스토리가 1세대 아이맥의 판매를 끌어올린 것은 유명하다. ③권위 권장형은 제삼자가 권장함으로써 기대치를 올리는 것을 말한다. 최고금상(세계적 권위의 품평회 몽드셀렉션이 선정한다.-옮긴이)이나 굿디자인상(일본디자인진흥회가 뛰어난 디자인 작품에 수여하는 상-옮긴이), 또는 권위 있는 사람의 보증이나 유명인의 응원 등도 이에 해당한다. ④팩트 발굴형은 아직 알려지지 않은 중요한 수치나 사실을 재발견해 세상에 내놓는 것이다. 이 분야에서는 세계 제일이라든가 다이슨의 "흡인력이 변함없는, 단 하나의 청소기"도 사실을 스토리화한 것이라고 할 수 있다. ⑤체험 공감형은 과거의 유행 같은 공통적인 체험이나 실제 체험을 바탕으로 그 감동을 전하는 것이다. 강한 공감과 흥미를 끌어낼 수 있다. 마지막은 ⑥지속가능형이다. 이것이 가장 새로운 스토리의 형태다. 탈(脫)플라스틱이나 탄소중립 등이 이에 속한다.

물론 다른 형태도 있지만, 우선은 이 여섯 가지를 토대로 매력적인 스토리를 생각해 보면 좋겠다.

그리고 진짜 마지막으로 하나 더 덧붙이자면 당신 자신의 스토리에 대해 말하자.

만일 당신이 하는 일이 잘 풀리지 않고 있다면 지금이 기회다. 이 역경을 극복함으로써 많은 사람의 마음에 꽂히는 강력한 스토리를 만들어 낼 수 있으니 말이다.

또는 지금 그렇게 어려운 상황이 아니라면 굳이 '제한'을 둬 본다. 몇 가지 색만으로 그려야 재미있는 그림을 그리기 쉽듯이 자유를 굳이 제한하는 편이 재미있는 스토리가 나오기 쉽다. 아도는 얼굴을 공개하지 않는다는 제약이 있었기에 공연을 참신하게 연출할 수 있었으며, 오타니 쇼헤이는 영어를 하지 않음으로써 오히려 고고한 정신성을 지닌 존재라는 이미지를 빠르게 형성했다.

나는 제한은 비약으로 가는 문이며, 핸디캡은 가능성의 확장이고, 역경은 최고의 출발점이라고 생각하려 노력한다. 사람은 할 수 있는 것이 줄어들면 그 안에서 어떻게든 해결하려는 창조 정신을 발동시킨다. 그래서 상상도 하지 못했던 스토리를 만드는 힘을 끌어낸다. 만일 지금 하는 일이 자유롭지 못하다면 오히려 그 조건을 즐겨 보자. 처음부터 자유로운 조건에서 일을 잘하는 사람은 없다. 그 상황을 즐길지 말지에 따라 미래는 달라진다.

> *여섯 가지 형태에 맞춰 스토리를 생각해 보자.*
> *사람의 마음이 들끓는 순간 바로 곁에*
> *스토리가 있다.*

THINKING TOOL

42

전체적인 꿈을 보여 주자

나무만 보고 숲을 보지 않는 것도
숲만 보고 나무를 보지 않는 것도 좋지 않다

"설명은 필요 없다. 꿈을 보여 줘라."

대선배에게 여러 차례 들었던 말이다. 프레젠테이션 때 긴장해서 자신들의 생각을 구구절절 세세하게 설명하고 싶어지기 마련인데, 예전의 나는 조금 도가 지나쳤다. 한 음료 회사를 대상으로 한 경쟁 프레젠테이션에서는 자료만 150쪽을 넘긴 적도 있다. 발표 시간은 고작 20분밖에 안 되는데 말이다.

그래서 대선배가 "이건 필요 없고, 이거랑 이것만 정리해." 하고 싹둑싹둑 잘라 내 결과적으로 20쪽 정도로 줄었다. 그때 대선배가 말했다. "너는 설명하고 싶은 거냐? 아니면 선택받고 싶은 거냐? 만일 후자라면 듣는 사람에게 설렘을 줄 수 있어야 해. 설레지 않는 설명 따위는 필요 없다고!"

듣고 보면 맞는 말이다. 나무만 보고 숲은 보지 않았다. 세세한 아이디어에 사로잡혀 선택할 사람의 마음을 고려하지 못했다.

그래서 이번에는 "설레는 미래의 비전만을 말하는 프레젠테이션을 만들겠어!"라고 생각했다. 하지만 도전하는 족족 실패했다. 세세한 아이디어를 모두 버린, 이른바 숲만 보고 나무는 보지 않는 것도 통용되지 않았다. 그 자료를 대선배에게 보였더니 웃으면서 이렇게 말했다. "나무도 보고 숲도 봐야 하지 않겠어?"

👉 나무와 숲, 양쪽 모두 중요하다

프레젠테이션은 사람의 마음을 움직이는 것이어야 한다. 따분한 설명이 사람의 마음을 움직이지 못한다는 것은 두말하면 잔소리다. 프레젠테이션에서는 무엇보다 설렘이 중요하다. 그러나 설레는 미래만 말한다면 단순한 공상으로 끝날 수도 있다. "어떻게 실현할 것인가?"라는 의문에 답하지 못하면 상대의 마음은 움직이지 않는다.

"그래, 이 아이디어라면 우리 힘으로 실현할 수 있을 것 같다!" 이렇게 수긍할 수 있을 때 비로소 그 미래를 실현해 보고 싶은 욕구가 생긴다.

그러므로 어떤 프레젠테이션에서든 숲의 미래라는 큰 꿈을 보여 주면서 나무를 키우는 아이디어를 구체적으로 말하자. 나무도 숲도 모두 중요하니까. 이렇게 마음에 새기고 몇 년 뒤, 막 독립한 내게 이 생각을 활용할 기회가 찾아왔다. 앞에서 소개한 이온레이크타운의 프레젠테이션이었다. 의뢰 내용은 대형 쇼핑센터 안에 있는 작은 광장(나중에 꽃의 광장이 된다.)의 이름을 생각해 달라는 것으로, 말하자면 숲속의 나무에 관한 제안이었다.

그런데 우리 팀은 멋대로 광대한 시설 전체의 비전과 콘셉트를 생각하고, 그곳에 들어설 가게나 사람들의 마음까지 고려해 필요한 명칭과 디자인을 제안했으며, 그러고 나서 의뢰받은 광장 이름도 제안했다. 즉 커다란 스토리로서의 '숲의 모습과 이름'을 정의한 다음에 여기에 어울리는 '나무의 이름'을 만든 셈이다.

이 프레젠테이션은 놀랍게도 고스란히 이온의 오카다 모토야 사장님께 전해졌고, 우리 제안서대로 전부 진행하라는 지시가 떨어졌다. 그날을 기점으로 우리 회사에 수십 명이나 되는 이온 개발 관계자들이 방문하면서 거센 파도가 몰아치는 나날이 이어졌다.

우리 팀이 제안한 것은 이온레이크타운이라는 이름과 로고 디자인, 그리고 일본 제일의 에코 쇼핑센터라는 비전, "자연에도 좋고, 내게도 좋다"라는 슬로건이었다. 나아가 콘셉트를 바탕으로 각 관에 '바람'과 '숲'이라는 이름(원래는 A동, B동이었다.)을 지어 주고, 전기 버스를 운용하거나 친환경적인 예술로 장식하거나 색다른 휠체어를 개발하는 등 모든 부분을 처음부터 제안했다.

이온레이크타운이 원래 우리에게 의뢰한 것은 시설 안에 있는 광장 하나의 이름뿐이었다. 의뢰도 받지 않은 제안이었지만 결과적으로 전부 실현했다. 나무만도 숲만도 아닌, 나무와 숲을 동시에 제시함으로써 아무도 현실적으로 상상하지 않았던 미래를 설레는 것으로 보여 줬기에 가능했다고 생각한다.

이제 우리 회사는 몇몇 호텔과 상업 개발, 시설 개발에 관여하고 있다. 바로 이 이온레이크타운에서의 성과가 모든 일의 시작이었다. 독자 여러분에게 분명히 해 두고 싶은 말이 있다. 설령 쓸데없는 오지랖이라거나 의뢰 내용에서 벗어난 제안이라는 말을 듣는 한이 있더라도 전체를 보면서 큰 꿈을 끊임없이 제안해야 한다는 사실이다. 필요 없다는 말을 들더라도 기죽지 말고 숲과 나무를 제안하자. 분명 그것이 미래를 낳을 것이다. 이온레이크타운은 그 뒤로 세계적인 쇼핑센터로 상을 받았으며, 지금도 방문자 수가 경신의 경신을 거듭하고 있다.

나무도 보고 숲도 본다.
가능한 한 모든 것을 생각하자.

THINKING TOOL 43
낚시하는 사람에게 물고기를 그냥 주지 마라

목적을 찾으면 수단은 뒤따르게 마련이다

아무리 베테랑이라도 종종 목적과 수단을 혼동하곤 한다. 광고를 잘 만들기 위해 스케줄을 짰는데 빠른 진행이라는 절대 조건 때문에 품질에 영향을 미치거나, 숙박객을 만족시키기 위해 객실을 30평 이상으로 설계했는데 너무 넓은 나머지 객실 단가가 고가로 책정돼 결국은 만족도가 떨어지는 등 목적과 수단을 혼동하는 예는 셀 수 없을 정도로 많다.

사람은 이미지보다 숫자, 미래보다 지금, 목적보다 수단에 정신을 빼앗기기 쉽다. 그래서 일을 할 때는 항상 목적으로 되돌아가 행동할 필요가 있다.

"낚시하는 사람에게 물고기를 그냥 주지 마라." 내가 팀원들에게 종종 하는 말이다. 목적과 수단을 혼동하지 않도록 의식화하는 데 딱 좋은 비유라고 생각한다. 상대는 물고기를 원하는 것이 아니라 낚시를 하고 싶은 것(=목적)인데, 멋대로 생각해 물고기를 그냥 주는(=수단의 잘못) 오지랖을 부리고 만다. 낚시에 더욱 설레고, 또 물고기를 잘 잡을 수 있도록

낚시 명당 정보나 좋은 밑밥을 주는 편이 상대가 훨씬 기뻐할 것이다.

이런 혼동의 함정에 빠지지 않으려면 아이디어를 떠올릴 때마다 본래 목적은 뭔지, 상대는 뭘 바라는지 등 원점으로 돌아가 생각해 보는 것이 중요하다. 일일이 귀찮다고 느낄 수도 있지만, 그래야 확실히 빠르게 목적을 달성할 수 있다.

☞ 수단은 정해져 있는데 목적이 없는 경우에는

얼마 전에 "ADR(Average Daily Rate, 객실 평균 요금)이 2만 엔 정도인 호텔을 생각하고 있는데, 뭘 만들면 좋을까요?"라는 상담이 들어와 깜짝 놀란 적이 있다. '요금'이라는 수단만 먼저 정해졌다는 사실에 의아해하고 있는데, "시장조사를 통해 가격은 정했지만, 어떤 호텔을 만들면 좋을지 상상이 안 돼서요."라는 말이 이어졌다.

그래서 나는 먼저 '애초에 왜?'라는 사고를 통해 질문을 이어 나가 봤다(이처럼 과제가 불분명할 때도 효과적인 접근법이다).

"애초에 왜 숙박객은 이 도시에 머물까요?"
"대규모 행사가 근처에서 자주 열립니다."
"애초에 어떤 사람들이 그 행사를 찾을까요?"
"의료 또는 기술 계통 학회에 참가하는 사람이 많습니다."
"애초에 그 사람들이 바라는 것은 뭘까요?"
"맛있게 식사할 만한 곳이 없어서 곤란해하는 것 같습니다."

"애초에 어떤 식사를 원하나요?"

"연배 있는 사람이 많다 보니 서양식보다 일본식을 선호합니다."

정리하면 이 호텔의 목적은 '컨벤션에 참석하느라 지친 연배가 좀 있는 사람들이 맛있게 식사하고, 푹 자고, 다음 날 아침에 활기차게 떠날 수 있는 곳을 만든다.'가 된다. 이런 목적이 없으면 호텔의 기능(객실 수, 대욕장 등의 시설 설치)이나 레스토랑의 종류 및 방침, 침대 크기, 조식 형태, 벽지 색깔, 객실 단가 등과 같은 수단(내용)을 정할 기준이 없다. 반대로 목적이 분명하면 적절한 수단을 떠올릴 수 있다. 그러므로 역시 맨 처음에 목적을 제대로 설정하는 것이 중요하다. 위 사례는 호텔 개발의 한 장면이지만, 어떤 업무에든 적용할 수 있다고 생각한다.

"목적을 찾자. 수단은 뒤따라온다." 간디의 말이다. 현대식으로 바꿔 표현하자면 '왜'를 찾으면 '어떻게'는 저절로 따라온다.

내가 줄곧 마음에 담아 둔 말이기도 한데, 꼭 먼저 '왜'를 정하고 나중에 '어떻게'를 논의한다. "왜 필요한가?"라는 목적을 확실히 파악하면 일을 하는 동안에 '미래'를 떠올릴 수 있어 목적과 수단을 혼동할 일이 없다.

*목적과 수단을 혼동하면
그저 참견꾼이 되거나 잘못된 방향으로 이끌게 된다.
'왜'라는 목적부터 생각하자.*

THINKING TOOL
44

프레젠테이션 대상의 끝판왕은 어린이

갈피를 못 잡을 때는 어린이를 대상으로 프레젠테이션을 해 보자

내 인생에서 가장 짜릿했던 프레젠테이션 이야기를 해 보겠다. 2014년, 손태장 씨의 비비타(어린이에게 창조적 교육 환경을 제공하는 커뮤니티-옮긴이) 창업을 앞두고 진행한 프레젠테이션이었다. 친한 벗이자 비비타 설립에도 관여한 미야타 히토시(宮田人司) 씨가 "어린이들이 스스로 미래를 개척할 힘을 기르는 곳이니, 어린이들도 참여시키자."라고 제안해 6세 어린이들이 참여하게 됐다.

프레젠테이션 당일, 수십 장짜리 기획서를 들고 발표한 나를 기다리고 있던 것은 천진난만한 표정으로 "무슨 말인지 하나도 모르겠어요."라고 말하는 아이들이었다. 횡설수설하는 내게 "왜 이렇게 어려운 말이 필요해요?"라는 질문이 날아들었다. 지금까지 융통성 없는 사장님이나 대기업 임원들에게 통용돼 온 논리가 전혀 통하지 않았다. 나는 입술이 파르르 떨리고 눈빛이 흔들렸다.

평소에 여러 가지 상황에서 설레는 미래나 인생 사고 같은 이야기를 해 왔으면서, 이번 주인공인 어린이들의 인생이나 설렘은 전혀 생각하지 않고 기존 어른의 방법을 그대로 적용해 버렸기 때문이었다. 나는 그때까지의 프레젠테이션 성공 체험이 세포에 박혀 있어서 본질적 과제에 도달하지 못했다고 깊이 반성했다.

손태장 씨는 항상 "런(learn)보다 언런(un-learn, 이미 아는 지식의 리셋)이 중요하다."라고 말한다.

성공 체험을 한번 깨부수지 않으면 지금 정말 필요한 아이디어를 만들어 낼 수 없다.

제로에서 1을 만들어 내고 싶다면, 한 차례 마이너스로 내려가 봐야 제로의 지평선을 볼 수 있다. 예를 들어 택시나 기존 교통기관의 서비스 상식에 구애됐더라면 우버는 생기지 못했을 것이고, 호텔이나 여관을 개선한다는 발상으로는 에어비앤비도 없었을 것이다. 사실 세상을 바꾸는 것은 대부분 언런의 지평선에서 탄생하고 있다. 제로의 지점에서 미래를 봐야 비로소 탄생하는 아이디어가 있다. 그 힘을 발휘하기 쉬운 것이 어린이의 시선이라고 생각한다.

어린이에게는 어른만큼의 지식은 없지만 때 묻지 않은 관점이 있다. 세상의 규칙이나 제약에 얽매이지 않는 유연한 발상이 있다. 이는 어른이 얻고 싶어도 좀처럼 손에 넣을 수 없는 보물이다. 만일 프레젠테이션 내용이 벽에 가로막히거나 제안에 고민이 생겼을 때는 한번 어린이를 대상으로 프레젠테이션을 해 보자. 어린이의 뜻밖의 반응이나 소박한 지적이 고민을 날려 버리는 돌파구가 될지도 모른다.

나는 어린이를 대상으로 프레젠테이션을 체험하고 나서 생각을 바꿨다. 설명보다는 어린이들이 설렐 만한 말을 써야겠다고 생각하고, "헬로!

이노베이션!"이라는 키워드를 내놓기에 이르렀다. 그리고 프레젠테이션을 들었던 어린이가 그제야 "가슴이 두근거리는데요!"라고 말해 줬음을 여기에 기록해 두고자 한다.

*어린이의 소박한 관점에 서면
제로의 지점에서 미래를 볼 수 있다.*

THINKING TOOL

45

'전하다'에서 '전해지다'로

'전하는' 것은 이기심, '전해지는' 것은 사랑

내가 가장 중요하게 여기는 커뮤니케이션 비법은 '전하다에서 전해지는 것으로'다. 정보를 상대에게 전하는 것으로 끝이 아니라, 사람의 마음을 움직여 행동으로 이끄는 것까지 시야에 넣은 생각 도구다.

이를 이해하기 위한 가장 좋은 예로, 누구나가 어릴 적에 들어 봤을 "도깨비가 잡으러 온다!"라는 말이 있다. 어릴 때 나는 문밖의 어둠 저편에 무서운 괴물이 있지 않을까 하며 부들부들 떨었다. 그런데 사실 도깨비 이야기는 아이들을 구하기 위한 것이었다고 한다.

한 민속학자에 따르면, 도깨비 이야기의 기원에는 등불도 없는 깜깜한 밤에 아이가 밖에 나갔다가 연못에 빠지거나 위험한 동물을 맞닥뜨려 죽음에 이르는 일이 없도록 하기 위한 역할도 있었다고 한다. 옛날부터 "밤에 피리를 불면 뱀이 나온다."라거나 "나쁜 짓 하면 도깨비가 잡으러 온다."라고 이야기했던 것도 결국은 아이를 얌전하게 만들기 위한 행동 디자인이었다.

전하는 것이 목적이라면 "밤에는 위험하니까 밖에 나가지 마라."로 충분하지만, 자유분방한 아이들에게 그런 것은 통하지 않는다. 그래서 행동을 억제하기 위해 공포라는 감정을 요령껏 써 온 셈이다.

<u>즐기거나 무서워하는 사이에 행동이 자연스레 좋은 쪽으로 디자인돼 가는 뛰어난 커뮤니케이션 방법이라고 생각한다.</u>

내가 이 '전하는 것에서 전해지는 것으로'를 강하게 의식하게 된 계기는 딸이 아직 어렸을 때 그린 그림 한 장이었다. 아이의 그림이 너무 좋았던 나는 아이가 그림을 더 많이 그렸으면 해서 크레용과 색연필을 잔뜩 사다 줬다. 그런데 아이는 그 뒤로 그림을 그릴 생각이 없는 듯했다. 그러다 어느 날, 딸이 처음 그린 <u>그림을 멋진 액자에 넣어 벽에 걸어 뒀더니 갑자기 그림을 다시 그리기 시작했다.</u>

아이 입장에서는 그림을 잘 그렸다며 칭찬받는 것이 괜히 부끄러워 그리지 못하고 있었는데, 액자에 걸린 것을 보니 너무 기쁜 나머지 다시 그리고 싶다는 동기가 생긴 것이다.

내 마음이 '전해지려면' 상대 안에 있는 트리거를 움직일 아이디어가 필요하다. 어떻게 해 달라고 '전하는' 것은 소용이 없다.

전해지는 아이디어를 생각하는 것은 얼핏 멀리 돌아가는 것처럼 보이지만, 사실은 매우 빠르고 자기 과제화를 촉구하는 행동 디자인이 된다. 그야말로 모든 커뮤니케이션의 골격이 되는 생각 도구다.

☞ 열심히 전하기만 하면

전해지는 아이디어는 상대에 대한 존경과 애정이 없으면 생각할 수 없다. 예를 들어 좋아하는 감정을 전하고 싶은 마음에 사람이 많은 곳에서 "정말 좋아해!" 하고 큰 소리로 외치면 상대는 틀림없이 싫어할 것이다. 항상 상대 입장에서 생각하고(이견), 자신의 행위가 독선적인 이기심인지 아닌지를 냉정하게 살펴봐야(이견의 견) 한다.

직설적으로 말하면 전하는 것은 이기심이고, 전해지는 것은 사랑이다. 개인적인 느낌으로는 전하는 것에만 열심인 사람(이나 기업 등)은 '상대를 위해'라는 말을 하는 경우가 많은데, 상대를 위해서가 아니라 오히려 거의 다 자신이 하고 싶은 일인 경우가 많다. 이런 타입의 사람들이 준비하는 자료는 불필요한 내용이 많아서 눈에 잘 들어오지 않는다.

예전에 도시 개발 쪽 일을 하다가 주민 배포용 설명 자료를 본 적이 있다. 상대를 위한다는 생각에서였는지 쉬워 보이는 일러스트와 귀여운 그림이 넘쳐 났다. 반면에 문장 그 자체는 개발 산업 특유의 전문용어와 영어로 온통 도배돼 있어서 웃음이 났다. 그때 나도 모르게 "웃으면서 주먹을 날리는 자료네요."라고 말하고 말았다. 세상에는 이런 식의 '겉만 번지르르하고 별 내용이 없는' 자료가 넘쳐 난다.

특히 어려운 일에서 상대의 공감을 얻으려면, 상대 입장에서 생각하는 것이 중요하다. 배경지식이 없으면 이해하기 힘들겠다거나, 상대의 기분을 생각하면 조금 심한 말일 수도 있겠다거나, 이런 관점을 강하게 의식해야 한다. 나는 젊은 친구들에게 기획서 작성 요령을 가르칠 때 종종 '이해시키는 것이 아니라 이해되도록' 쓰라고 말한다. 왜냐하면 상대가 아무 고민 없이 단번에 쓱 이해할 수 있는 기획서야말로 이상적이기 때문이다. 그러려면 간단해 보이도록 만드는 것이 아니라 간단히 이해할 수 있도록 해야 하며, 어쩔 수 없이 읽는 것이 아니라 스스로 읽고 싶다고 생각하도록 만들어야 한다. 물론 쉽지는 않지만, 전하는 것에서 전해지는 것으로의 정신으로 생각하면 가능하리라 생각한다.

상대 마음의 트리거를 움직이는 것이
전해지는 커뮤니케이션.
자기 일이 되면 저절로 행동으로 이어진다.

THINKING TOOL
46

비즈니스에도 어포던스 개념을 도입

사고를 옭아매는 사슬을 풀자

건축디자인계에서 자주 쓰는 용어 중에 '어포던스(affordance)'라는 말이 있다. "정보는 환경에 존재하며, 사람이나 동물은 거기서 의미와 가치를 찾아낸다."라는 의미다. 쉽게 말하면 거기서 그것을 보면 무심코 그렇게 하게 되는 디자인이다. 그야말로 디자인계의 '전해지는 아이디어'라고 생각한다.

산업디자이너 후카사와 나오토 씨가 디자인한, 환기팬처럼 생긴 시디 플레이어가 그 좋은 예다. 그저 환기팬처럼 끈이 달려 있을 뿐으로 '여기를 누르시오.'나 '여기를 여시오.'과 같은 표시도 일절 없다. 그런데 누구나가 무심코 그 끈을 당겨 시디를 재생해 음악을 들을 수 있는 디자인이다. 사람들은 후카사와 씨를 가리켜 "사람의 마음을 가시화하는 디자이너"라고 부르는데, 마치 사람들의 마음을 훤히 꿰뚫고 디자인하는 것 같다.

후카사와 씨와 관련해 내가 가장 좋아하는 에피소드는 어느 저택에서 우산꽂이를 디자인해 달라는 의뢰를 받았는데, 굳이 만들지 않았다는 일화다.

"현관 한쪽 벽에서 10센티미터 정도 떨어진 지점에 벽과 평행하게 홈을 파 놓으면 우산꽂이로 쓸 수 있겠다고 생각했다. 저택을 찾아온 손님은 우산꽂이 같은 게 보이지 않으니, 그 홈에 우산 끝을 끼워 세울 것이다. 나는 우산꽂이를 디자인했고, 손님은 결과적으로 우산을 꽂는다는 목적을 이룬 셈이다. 하지만 거기에는 누가 봐도 우산꽂이 같은 원통 물체는 존재하지 않는다."('신미술정보2017(新美術情報2017)' 발췌)

후카사와 씨는 이 방법론을 <u>생각하지 않는 디자인</u>이라고 부른다. 이것이 바로 직관적인 행동을 유도하는 어포던스다. "우산꽂이를 만들어라" → "네, 만들겠습니다." 이런 식으로는 형태가 다른 우산꽂이밖에 만들지 못한다. 누군가가 만든 우산꽂이의 형태를 답습해 우산꽂이의 존재를 전달하는 방식으로는 혁신이 일어나지 않는다. '전한다'라는 발상은 바로 사고를 칭칭 옭아매는 쇠사슬이다.

이와 반대로 '전해지기만 하면 된다.'라고 생각하면 위와 같은 혁신적인 우산꽂이가 탄생한다. 예를 들어 자동차든 다리미든 칫솔이든 기능이 전해지기만 하면 되는 경우에는 기존 형태에서 해방돼 지금까지 없던 방법으로 더욱 우수한 아이디어를 만들 수 있다. '전해지다'라는 발상은 혁신적인 어포던스를 세상에 확산시키는 열쇠인 것이다.

👉 행동 디자인으로서의 어포던스를!

이는 건축이나 디자인뿐 아니라 보편적인 비즈니스에도 당연히 응용할 수 있다.

전해지는 아이디어를 모색하는 자세를 취하면 어포던스처럼 형태에 얽매이지 않고 더욱 편안하고 더욱 빠른 답에 이를 수 있다.

예전에 어느 도시를 광고해 달라는 의뢰가 들어왔다. 그 도시 사람들이 행복해지는 광고 카피를 생각해 달라고 했다. 나는 "1억 엔짜리 광고를 만드느니 그 돈으로 분수를 만듭시다!"라고 제안했다. 그러는 편이 분명 사람들도 모여들고, 오래 사랑받으며, 행복한 웃음이 넘칠 테니까 말이다.

또 한 음료 회사에서 기업 광고로 지속가능발전목표를 강조하고 싶다고 말했을 때는 "지속적으로 운영할 수 있는 축제를 만들어 사람들을 행복하게 합시다."라고 제안했다. 일과성 광고보다는 오래오래 사랑받는 축제를 여는 편이 지속가능성을 실감 나게 체험할 수 있겠다고 생각했기 때문이다. 다만 시대에 너무 앞선 생각이였는지 프레젠테이션은 통과하지 못했다.

사실 프리미엄 프라이데이도 이 어포던스로 전해지는 아이디어를 추구한 결과물이었다. 경제 활성을 목표로 하면서도, 직접적인 효과는 있지만 재정에 부담을 주는 '상품권' 배포 대신 매달 마지막 금요일에는 오후 3시에 퇴근하자고 독려함으로써 '돈을 쓸 시간'을 만드는 쪽을 택한 이유도 더 지속적이고 더 장기적인 경제 활성화로 이어지는 '무의식적 행동을 디자인'할 필요가 있다고 생각했기 때문이다.

그야말로 상대의 생각에 다가서는 전해지는 커뮤니케이션의 선물이라고도 할 수 있다. 이처럼 나는 일에서도 항상 '상대 입장에 서 있는가?'를 우직하게 자문자답하면서 가능한 한 부가 요소 없이 자연스레 행동을 유발하는 아이디어를 내고 싶다. 여러분도 꼭 어포던스라는 개념을 일에 응용해 보기 바란다.

전하는 것이 목적이라면
그저 하고 싶은 말을 하면 되지만,
전해지기 위해서는
상대의 입장에서 생각한 아이디어가 필요하다.

THINKING TOOL
47

작명은 마법의 지팡이

이해하기 쉽고, 행동하기 쉽고, 살기 쉽다

작명은 비즈니스에서 마법의 지팡이다. 이름에는 엄청난 말의 힘이 있다.

30년도 더 전의 일이다. 한 아버지가 딸의 얼굴이 점점 화장으로 검게 변하는 모습을 보고 속상해했다. 그런데 딸이 '고갸루(1990년대 일본에서 유행한 스트리트 패션 스타일로 꾸민 여고생-옮긴이)'란 것이 됐으며, 그 특징이 '간구로(머리카락을 탈색하고 피부를 검게 하는 스타일-옮긴이)'라는 말을 듣고 그제야 안심했다는 이야기가 있었다. 자기 딸만 이상한 게 아닌가 하는 강한 불안감이 '고갸루'라는 속성명과 '간구로'라는 행동명에 의해 '다른 사람들과 같구나.' 하는 안심감으로 바뀐 것이다. 사람은 정체를 알 수 없는 현상이라도 명칭이 붙으면 안심하는 경향이 있다.

또 내가 중학생이었을 때는 수업 중에 계속 재채기하던 친구가 있었는데, 주변 애들이 시끄럽다며 싫어했다. 그런데 어느 날, 뉴스에서 꽃가루 알레르기를 보도하자마자 "나, 꽃가루 알레르기야.", "그래, 힘들겠네." 라며 대화 내용이 바뀌었다.

최근에는 크리에이터들이 자신의 과거를 돌아보며 "나는 ADHD(주의력결핍 과잉행동장애)였다."라고 고백하는 경우가 많다. 이것도 ADHD라는 이름을 얻음으로써 자기 자신도 잘 몰랐던 삶의 어려움에 시민권이

191

주어졌기 때문이라고 생각한다.

이처럼 이름 하나로 주변의 태도나 자신의 행동이 바뀌는 일이 종종 있다. 이는 이름이 불명확하던 영역에 속성을 만들어 사회 안에서의 이해나 행동을 촉구하기 때문이다. 뭔지는 잘 모르겠지만 괴로운 증상으로 힘들어하는 사람도 병명이 생기면 증상으로서 주변 사람들의 이해를 얻게 된다. 지금까지는 그저 좋아서 따랐던 대상이 '최애'라는 이름이 붙음으로써 인생을 더욱 풍요롭게 해 주는 존재로 바뀌기도 한다.

또한 이름은 유행의 근원이 되기도 한다. 자기 사진을 더 예뻐 보이게 꾸미는 행위도 '뽀샵'과 같은 이름이 붙음으로써 유행이 됐다. 애니메이션도 아니고 공연도 아닌 그 중간 영역도 '2.5차원'이라는 이름이 붙음으로써 문화의 중심으로 올라섰다. 이것들 역시 이름이 붙여지지 않았다면 지금과 같은 움직임을 일으키지는 못했을 것이다.

☞ 이름이 만드는 세 가지 세계

나는 이름이 세 가지 세계를 만든다고 생각한다.

바로 이해하기 쉬운 세계, 행동하기 쉬운 세계, 살기 쉬운 세계다.

간구로나 꽃가루 알레르기는 이해하기 쉬운 세계의 예며, 지속가능발전목표는 행동하기 쉬운 세계, LGBTQ는 살기 쉬운 세계를 만든 이름이라고 할 수 있다. '지속 가능한'이라는 형용사도 세상에 커다란 목표를 창출한 행동하기 쉬운 세계를 만드는 이름이다. 이 말이 없었다면 '미래를 위해 지나친 소비를 줄이고 쓰레기를 줄이고 재활용하는 행동의 중요성'을 일일이 설명해야 했을 테고, 사회적 합의 사항으로서 모두가 한마음으로 진행하지도 못했을 것이다. 그런 의미에서 NFT나 AI도 복잡한 개념을 명칭화함으로써 세계적인 움직임을 창출했다고 할 수 있다. 때로 이름은 본질적인 의미는 이해받지 못한 채 내걸린 목표로서 멋대로 움직일 위험도 있지만, 그래도 사회 전체의 이해나 행동을 창출하고자 할 때 꼭 필요하다.

다만 비즈니스에서 이름의 힘을 이렇게까지 의식하는 사람은 적다. 프로젝트를 진행하거나 업무 계획을 세울 때 처음부터 이름을 붙이는 사람이 매우 드문데, 이는 큰 잘못이다. 이름은 "있는 편이 좋으려나?"가 아니라 없으면 안 되는 것이다. 회의명을 공감 가게 짓기만 해도 사람들의 행동이 바뀐다. 그러니 중요한 계획이나 프로젝트라면 더욱 이름이 필요하지 않을까.

예를 들어 내가 가장 좋아하는 캐치프레이즈이자 계획명이기도 한 '국민소득 배증 계획'은 그 말만으로도 일본 전국을 일으켜 세우고 용기를 북돋았다. 어디까지나 계획이므로 노력이 필요한 목표에 지나지 않지만, 열심히 하면 소득이 두 배가 될 수도 있다는 꿈을 창출함으로써 일본을 건강하게 만든 최고의 이름이라고 생각한다. 만일 이름이 '국민의 소득을 증가시키기 위한 여러 가지 정책'이었다면 지금의 일본은 없었을지도 모른다. 이름의 차이는 그만큼 크게 미래를 바꾼다.

작명은 무기가 된다. 그러므로 업무 관련 활동이나 회의도 재검토해 보고, 회사의 중기 경영 계획 등에도 사람을 끌어들이는 이름을 붙여 보자. 입에 착 붙어 애착이 생기면서 이해와 행동도 촉진될 것이다.

> 이름은 사회 안에서 이해와 행동과
> 살기 편한 일상을 촉진한다.
> 비즈니스에 사용하지 않을 이유가 없다.

THINKING TOOL
48

기획서를 만드는 세 가지 자세

기획서도 읽을거리다. 상대 입장에서 점검하자

프레젠테이션에는 내용의 정답도, 형태의 정답도 없다. 프레젠테이션의 목적은 그때그때 상대의 마음을 움직여 함께 행동하게 하는 것이므로, 만인을 대상으로 한 공통적인 내용이란 있을 수 없다. 나는 손정의 씨 옆에 앉아 편지 한 장으로 프레젠테이션을 한 적도 있으며, 프레젠테이션 자료를 일본 전통 종이에 인쇄해 오동나무 상자에 넣어서 디자인 공모전에 출품한 적도 있다. 또 영상물만 낸 적도 있고, 조사 자료부터 꼼꼼히 작성해 200쪽 분량을 제출한 적도 있다. 다시 말해 공통적인 형태도 없다. 상대가 기대하는 방향으로 상상을 초월하면 뭐든 괜찮다.

다만 골격에는 정답이 있다. 앞에서도 서술했지만, 내 프레젠테이션의 골격은 항상 '과제 → 미래 → 실현 방안'이라는 공식에 따른다. 프레젠테이션의 내용이라고 할 수 있는 기획이나 말이나 보여 주는 방법은 천차만별로 기업이나 프로젝트에 따라 달라지지만, 골격은 언제나 변함이 없다.

또한 만드는 자세에도 정답이 있다. 프레젠테이션을 구상할 때 의식하면 좋은 세 가지 핵심 요소는 다음과 같다.

첫 번째는 주어진 10분을 '발견'으로 되돌려 주겠다는 자세다. 나는 상대의 10분이 내 10분보다 귀중하며, 이것이 프레젠테이션을 진행하는 가장 중요한 자세라고 생각한다. 그러므로 필요가 없는 경우에는 상대가 아는 정보를 굳이 말하지도 않고, 상대 마음에 들려고 비위를 맞추거나 아첨하지도 않는다. 물론 나를 대단하게 보이기 위한 화려한 말도 전부 지워 낸다. 대신 '발견'을 연발한다. 상대가 "이야기를 들어서 도움이 됐다."라고 생각할 만한 프레젠테이션을 지향한다.

두 번째는 가능한 한 '쉬운 말'로 써 보는 자세다. 영어의 의미를 제대로 이해하지 않고 아무 생각 없이 쓸 때가 있다. 디자인, 콘셉트, 인클루시브, 서스테이너블 등 적절히 번역하기 어려운 단어들이 많은데, 프레젠테이션에는 이런 말들이 총출동한다. 오래전 한 광고주가 광고 회사에 '임팩트'라는 말을 쓰지 말라고 요청해서 담당자가 엄청 애를 먹었다는 말을 듣고 웃었던 적이 있다. 그러나 솔직히 그냥 웃어넘길 수 없을 정도로 기획서에는 외래어가 넘쳐 나 겉보기에만 번지르르한 말에 소중한 기획이 파묻히는 꼴이라는 생각도 든다.

반드시 쓸 필요가 있다면 상관없지만, 의미도 제대로 모르는 채 그냥 그렇게 쓰다가는 진정한 뜻이 전해지지 않는 좋지 못한 기획이 될 수밖에 없다. 그래서 나는 기획서를 쓸 때 영어식 표현은 최소한으로 줄이고, 가능한 한 쉬운 말로 쓰려고 한다. 그러면 거짓도 속임수도 없는 기획서가 완성되고 이해하기 쉽게 전해진다.

세 번째는 →로 연결해 확인하는 자세다. 앞서 '깨달음의 →'에서 언급한 바와 같이 나는 →를 복잡한 머릿속을 정리하거나 기획을 개발할 때도 쓰지만, 사실은 기획서 마무리 단계에서 논리를 확인할 때 가장 많이 쓴다. 기획서가 완성되면 그 항목이나 문언을 →로 연결해 본다. 그렇게

만 해도 논리적 모순이나 핵심 요소의 누락을 알 수 있다. 프레젠테이션을 하기 전에 →를 확인하면 전해지는 기획서로 진화한다는 말이다.

프레젠테이션을 작성할 때의 세 가지 자세란 이상과 같다. 어떤 내용을 쓰든 자유다. 각자가 상대 입장에 서서 자기답게 궁리하면 된다. 다만 전해지는 기획서와 전해지지 않는 기획서는 확실히 구분되므로, 이를 꼭 의식하자.

중요한 것은 기획서를 쓰다 보면 자기 위주로 여러 가지 내용을 담기 쉬운데, 기획서도 읽을거리라는 사실이다.

다시 말해 읽을 상대가 있다. 이 점을 이해하면 단순히 글자만 나열한 기획서 따위는 읽고 싶지 않으리란 사실을 깨달을 것이다. 의미를 알 수 없는 외국어가 너무 많거나 요점을 파악하기 어려운 기획서 역시 말할 것도 없다. 상대 입장에서 작성하는 것이 중요하다. 나는 여러 차례의 실패를 거쳐 지금의 방법에 이르렀다. 늘 '전해지도록' 하는 데 집중한다면 자기만의 독자적인 기획서를 쓸 수 있게 될 것이다.

기획서를 쓸 때는 쓸데없는 말을 줄이고,
외국어에 기대지 말고, →로 점검하자.

> THINKING TOOL
> # 49

명의는 환자의 말에 귀를 기울인다

'공감하기, 알아맞히기, 질문하기'로 한배를 타자

크리에이티브 디렉터는 종종 의사에 비유된다. 이따금 기업들이 힘든 상황이기는 한데 왜 힘든지는 알 수 없는 상태로 상담을 요청하는 경우가 있다. 그래서 우리는 먼저 어떤 증상으로 곤란을 겪고 있는지 잘 듣는 것부터 시작해야 한다.

예전에 "명의는 잘 듣는다."라는 말을 들은 적이 있다. 물론 정확한 진단, 뛰어난 수술 실력도 명의의 조건일 것이다. 다만 불안한 환자 입장에서는 의사가 자신의 말을 잘 들어 줄 때 신뢰할 수 있고, 또 신뢰가 있는 대화 속에 병의 원인을 파악할 수 있는 열쇠가 있기 때문이다.

그렇다고 해서 그저 이야기를 듣기만 해서는 안 된다. 상대 입장에서 이해도를 높여 가는 것이 중요하다. "회사 상황을 살펴봤는데 이런 문제점이 보이더군요. 개선이 필요합니다."라며 무턱대고 파고들어서는 절대 안 된다. 그런 행동은 병원에서 아무 설명 없이 "수술합시다."라고 하는 것과 다를 바 없다. 공포에 빠지게 만드는 악수다.

또 지금까지의 경험상 얼핏 단결된 것처럼 보이는 기업도 사실은 각개전투 상태인 경우가 많다. 부서마다 눈앞에 놓인 업무를 처리하느라 타 부서와의 교류도 적고, 또 다 함께 탄 배가 어디를 향하고 있는지 의식하는 일도 적다. 그런데 갑자기 외부인이 "이런 비전을 갖고 단결해야 합니다."라고 말해 봤자 이렇다 할 방도가 없다.

일단은 실무자들과 이야기를 나누며 그 일이 어떤 일인지, 또 무엇에 자긍심을 느끼는지, 과제는 무엇인지, 어떻게 대응해 왔는지를 파악한다.

일하는 사람 모두 자기만의 개성이 있고, 중요하게 생각하는 부분이 있으며, 과제 의식을 갖고 이를 어떻게든 해결해 보고자 노력해 온 역사가 있다. 이런 점들을 꼼꼼히 파악해 신뢰 관계를 구축해야만 목표 지점까지의 거리를 줄일 수 있다.

이를 더욱 절실히 깨달은 것은 개업 1년을 앞둔 교토 굿 네이처 스테이션의 콘셉트를 개발하면서였다. 사실 이 사업은 다른 브랜드 컨설트 회사가 맡았다가 무슨 이유에서인지 개발 팀이 해체되면서 우리 팀에 의뢰가 들어왔다. 솔직히 3년 정도는 걸리는 개업 준비를 고작 1년 안에 해내야 했으므로 매우 초조했다. 그래도 우리는 개발 담당자들과 인터뷰를 하는 데 한 달이라는 시간을 투자했다.

☞ 상대의 속내를 알려면

당시에 신뢰 관계를 구축하기 위해 중요시했던 것이 '공감하기 → 알아맞히기 → 질문하기'라는 인터뷰 자세였다. 의뢰 기업 사람들을 대상으로 인터뷰를 하는 도중에 이야기를 가로막으며 의견을 내거나 "그런 방법으로는 어려울 텐데요."라고 처음부터 부정하는 사람이 있다. 그런데 우선은 "그렇군요!" 하고 전면적으로 공감하는 자세부터 보여야 한다. "정말 힘들었겠어요." "아아, 그런 마음이었군요." 이렇게만 말해도 상대는 심리적으로 안전하다고 느끼고 쉽게 속사정을 털어놓는다.

공감한 다음에는 상대의 생각을 알아맞힌다. 예를 들어 "그런 상황이었으니 팀 개발이 힘드셨겠어요."라든가 "그 활동은 ○○을 참고하셨나요?"와 같이 자신이 상대의 상황에 대해 깊은 관심과 그 나름의 지식이 있음을 전달한다. 알아맞히지 못하더라도 문제 될 것은 없다. "그렇다기보다 사실은……." 하고 그 뒤에 숨겨진 생각을 밝혀 올 테니 말이다.

나아가 그보다 깊은 속내를 알려면 질문이 필요하다. 예를 들어 "그 활동은 전사적인 프로젝트로 실행하는 편이 좋지 않을까요?", "새로운 제품을 개발하고 싶지는 않으신가요?" 등 상대가 하고 싶어 하는 것을 끌어내면서 건설적인 의사소통을 꾀한다.

중요한 것은 '공감 → 알아맞히기 → 질문하기'가 테크닉이 아닌 자세라는 사실이다. 상대와 마주했을 때 "당신에 대해 좀 더 알고 싶다."라는 의식이 전해지는 것이 무엇보다 중요하며, 이것이 전해지면 자연스레 인터뷰는 성공하고, 서로 동지가 돼 한배에 오를 수 있다.

이렇게 꼼꼼하게 인터뷰한 결과, 우리는 각자가 '몸에 좋은 것', '지역에 좋은 것'을 개발하고자 한다는 이야기를 끌어낼 수 있었다. 여기서 "헬로 굿 네이처, 굿바이 배드 네이처(사람과 자연에 좋은 것만 제안한다.)"라는 모두가 공감하는 비전이 만들어졌다. 한 달이라는 인터뷰 기간만큼 개발 기간이 줄어들어 위험 부담이 컸지만, 결과적으로는 모두가 한마음으로 출발하는 데 필요한 신뢰 관계를 구축해 냈다.

'공감 → 알아맞히기 → 질문하기'에는 비전을 만들고, 이것에 공감하고 함께하려는 동료를 늘리기 위한 보편적 지혜가 들어 있다.

> *"잘못됐으니 바꿉시다."라는 태도로는*
> *누구의 공감도 얻지 못한다.*

THINKING TOOL
50
듣는 것도 프로,
듣지 않는 것도 프로

의뢰인의 말이 곧 정답은 아니다

광고계의 천재 구로스 요시히코(黑須美彦) 씨는 플레이스테이션을 비롯해 로손, 기린 등 수많은 명작 광고를 세상에 내놓은 분으로, 나는 젊었을 때 팀 막내로 일한 적이 있다.

산토리 음료인 리퓨어의 텔레비전 광고 제작 업무에서 카피라이터로 발탁됐을 때의 일이다. 나는 지금이 기회다 싶어 의욕적으로 "나를 씻자. 리퓨어하자!"라는 카피와 더불어 새벽에 귀가한 두 여성이 음료를 마시는 독특한 광고를 팀에 제안했다.

그런데 프레젠테이션 자리에서 "좀 더 밝은 느낌이 좋지 않을까요?"라는 의견이 나와 허무하게 무너져 버렸다. 그래도 포기할 수 없었던 나는 그 즉시 반론해 분위기를 얼어붙게 만들었다. 그러자 구로스 씨가 차분하게 "그렇네요. 리퓨어라는 이름도, 투명한 용기도 귀여운 느낌이니 적절한 의견이라고 생각합니다. 좀 더 생각해 봅시다."라며 자리를 수습했다. 그러고는 회의실을 나서는 내게 "광고주가 하는 말은 도움이 되는 게 많으니 잘 듣는 게 좋아요."라고 말했다.

그 말에 수긍한 나는 며칠 뒤 '새벽 귀가'와는 정반대로 밝은 톤의 기획을 준비해 구로스 씨에게 보여 줬다. 그랬더니 "이건 처음부터 너무 밝아서 그냥 퓨어네요. 리퓨어가 아니라."라는 말을 들었다.

"네에? 하지만 밝은 느낌이 좋다고 해서……."

"그래도 처음부터 밝을 필요는 없을 것 같은데."

"앗! 괜찮을까요?"

"네. 광고주의 의견은 확실하게 들었습니다. 하지만 다 듣지는 않는다는 선택지도 있죠."

그러면서 "이 노래를 쓰죠."라며 보여 준 것이 내가 다른 기획에서 제출했던 〈느닷없는 표주박 섬〉 가사였다. "힘든 일도 있겠지. / 슬픈 일도 있겠지. / 그래도 우리는 기죽지 않아. / 우는 건 싫어. / 웃어 버리자. / 나아가자!"(작사 이노우에 히사시, 야마모토 모리히사 / 작곡 우노 세이치로)

구로스 씨는 광고주의 의견을 받아들여 단순히 전체적으로 밝은 톤으로 만들겠다는 것이 아니었다. 의견을 듣고 난 감상으로서 '희망에 찬 밝은 이미지'로 의견을 반영하는 한편 제품의 본질이 세상에 더 깊이 파고드는 기획으로 만들겠다는 답을 내놨다. 확실히 내가 앞서 발표한 안보다 좋았다. 광고주도 좋다며 받아들였다. 도두가 원하는 정답이었다.

광고주는 제품에 대해 누구보다 잘 아는 프로이자 한 팀이다. 그들의 생각을 귀담아듣고 의견을 주고받아야 한다. 다만 의견을 지나치게 곧이곧대로 받아들여 나처럼 갈팡질팡하는 것은 곤란하다. 말의 진의를 파악한 뒤 더 좋은 아이디어로 만들어야 한다. 이것이 진정한 프로의 자세다.

> 듣되 듣지 않는다. 본질에 이르려면
> 때로는 선문답 같은 되묻기도 필요하다.

THINKING TOOL

51

커뮤니케이션 비결을 노부부에게 배운다

'효율보다 애착', 말보다는 환상적인 호흡으로

"춥네요." 하고 말을 걸면 "춥네요." 하고 답하는 사람이 있는 따스함.

「샐러드 기념일」, 다와라 마치

   내가 정말 좋아하는 시로, 커뮤니케이션의 모든 것이 응축돼 있다고 생각한다. 사람의 애정과 유대의 본질, 그리고 화려하지는 않지만 두근거리는 미래마저 느껴지는 멋진 시다.

   좋은 위화감을 일으키는 것이 아이디어나 말에는 중요하다고 말해 왔는데, 이처럼 소박하고 따뜻하면서도 왠지 처음 듣는 듯한 관점은 소소하지만 좋은 위화감이 돼 사람의 마음 깊은 곳을 파고든다.

   이 시를 생각하면 함께 떠오르는 것이 있다. 도쿄대학 명예교수로 인간 커뮤니케이션 전문가인 하라시마 히로시(原島博) 선생님의 "노부부가 한 시간 동안 함께 있으면서 서로 아무 말도 하지 않는 것은 궁극적인 커뮤니케이션이라고 생각한다."라는 말이다. 생각해 보면 노부부는 말없이 서로 옆에 가만히 앉아만 있어도 편안하게 시간을 보낼 수 있으며, 대화라고 해 봐야 "여보.", "네.", "그거.", "어때요?", "좋아요." 같은 단편적인 말로도 생각이 전해지니 대단하다.

한편 비즈니스에서의 커뮤니케이션은 이해하기 쉬운 메시지로 고객에게 다가가고자 한다. 물론 나쁜 방법은 아니지간, 나는 말에 의존하지 않아도 분명하게 전달되는 커뮤니케이션은 없을까 하고 항상 자문자답해 왔다.

젊은 스태프에게 의견을 물었더니 "노부부는 오랜 세월 함께하다 보니 서로의 정보를 잘 알겠죠. 그렇다면 AI에게 고객 데이터를 학습시켜 추측해 보는 것은 어떨까요?"라는 의견이 나왔다. 물론 도전해 볼 가치가 있는 아이디어지만, 분명 답은 다를 것이다. 아니, 애초에 질문을 제기하는 방법이 틀렸다.

"어떻게 하면 말을 적게 하면서 커뮤니케이션을 할 수 있을까?"라는 효율에 관한 이야기가 아니라, "어떻게 하면 상대의 생각을 상상하고, 서로의 행복을 지켜볼 수 있을까?"라는 애정에 관한 이야기인 것이다.

☞ 애정 있는 커뮤니케이션이란

이 질문에는 몇 가지 답이 있다. 예를 들어 내가 매우 좋아하는 옷 가게 점원은 적극적으로 권하지 않는다. 내가 뭘 찾는 표정을 지을 때만 "다른 치수로 보여 드릴까요?"라고 묻는다. 적당한 거리를 유지하고 있다가 절묘한 타이밍에 다가온다. 또 뉴욕의 고급 레지던스호텔 도어맨은 모든 주민의 얼굴과 이름과 전후 사정을 기억했다가 아침저녁으로 이름을 부르며 인사해 준다. 이런 행동은 각박한 도시 생활에 안심감을 가져다줄 것이다. 이런 예들은 상대의 마음을 이해하는 커뮤니케이션이다. 역시 효율적으로 전하는 것보다 애착을 느낄 수 있는 커뮤니케이션 쪽이 행복하다고 생각한다.

효율보다 애착. 이를 마음에 담고 상대가 편안하게 느낄지 자문하면서 노부부와 같은 더할 나위 없는 관계를 지향하고 싶다.

효율보다 애착.
타인의 마음에 대한 상상이
기분 좋은 환상의 호흡을 낳는다.

THINKING TOOL
52
미움받아도 괜찮다.
하지만 미움받지 않도록 하자

초일류 팔방미인의 비결은

예전에 음악 평론가 요시미 유코(吉見佑子) 씨로부터 "고니시 씨는 초일류 팔방미인이네요."라는 말을 듣고 왠지 구원받은 듯한 기분이 든 적이 있다. 물론 팔방미인이라는 말이 좋게만 쓰이는 것은 아니며, 게다가 초일류가 더해지니 바보 취급하는 거 아닌가 싶을 수도 있다. 하지만 요시미 씨 말에 그런 의도가 있었을 리는 없다고 생각한다.

나는 되도록 거짓말하지 않는다. 좋지 않은 것을 좋다고 하거나, 좋아하지 않는 사람에게 좋아한다고 말하지 않으려 한다.

<u>대신에 적절하게 말한다.</u> 철면피처럼 뻔뻔하게 파고들 때도 있지만, 남에게 상처를 주는 것도 상처를 입는 것도 싫어서 부드럽게 말하는 편이다. 예를 들어 음식이 맛없으면 "색다른 맛이네요."라고 한다. 후배가 엉망으로 써 온 기획안을 보면 "내 스타일은 아니네. 다른 방향으로 파보면 어때?" 하고 조언한다. 거짓말은 하지 않고 창의적으로 표현한다.

남에게 상처를 주고 싶은 것이 아니라, 그 자리의 분위기를 좋게 하거나 좋은 아이디어로 이끄는 것이 목적이므로 그러는 편이 마음이 아프지 않기 때문이다.

이런 습관 덕분에 주변 사람들로부터 "고니시는 쉽지 않은 사람하고도 잘 지내네."라는 말을 듣는다. 하지만 사실은 솔직히 말할 용기가 없어서 찾아낸 내 나름의 커뮤니케이션 방법이다.

👉 진심으로 꾸짖는 요시미 유코 씨의 박력

한편 요시미 씨는 예전부터 거침없고 솔직한 입담으로 업계에서도 알아주는 사람이다. 지금까지 많은 뮤지션을 성공시켜 왔기에 그 식견에는 깊이가 있으며, 말에는 위엄이 있어 일부러 혼이 나려고 찾아오는 사람이 끊이지 않는다.

그런 요시미 씨가 얼마 전 어느 그룹의 라이브 공연 뒤에 음반 회사 관계자에게 화를 냈다. "아티스트 모두 실력자에 퍼포먼스도 훌륭했다. 그런데 당신네 회사는 최악이다. 아티스트들을 위해 뭘 하고 있나? 좀 더 필사적으로 기획하고 좀 더 제대로 운영해라!" 그것은 보여 주기식 행동이 아니라 진심이었다.

그 모습이 너무 대단해 존경하는 마음까지 들었다. 상대의 나쁜 점을 꾸짖는 데도 체력과 기력이 필요하며, 무엇보다 자신도 힘들기 때문에 피하는 것이 일반적이다. 그러나 상대를 아낀다면 때로는 눈치 보지 않고 분명하게 지적하는 것도 필요하다.

그런데 나는 그것이 어려워서 어떤 의미에서는 거기서 도망쳐 왔다. 겉보기에만 팔방미인일 뿐 사실은 별 볼 일 없는 겁쟁이다. 그런데도 불구하고 요시미 씨가 내게 초일류라고 한 이유는 "그래도 당신은 필사적으로 자기 일에 최선을 다하고 있으므로, 그 스타일을 쭉 밀고 나가도 괜찮다."라고 인정하는 마음이 있어서가 아니었나 생각한다.

그래서 나는 앞으로도 쭉 필사적으로 좋은 사람으로 지낼 생각이며, 남에게 미움받지 않도록 노력하면서 팔방미인으로 지내고자 한다. 요시미 씨에게 이런 내 생각을 말했더니 "미움받고 싶지 않다고 생각하면 일을 잘할 수 없어요." 하고 야단맞았다. 즉 미움받고 싶지 않더라도 "까짓 것 미움받아도 상관없어."라는 용기를 갖고 확실하게 말하고, 그래도 미움받지 않도록 하겠다는 마음가짐이 중요하다는 말이다. 이런 복잡한 과제를 어떻게 하면 해결할 수 있을까? 마침내 내가 도달한 답은 이랬다.

상대가 인상을 찌푸릴 만한 말을 했다면 미소가 떠오를 만한 아이디어를 덧붙이자.

이렇게 의식하면서부터는 "화가 났지만, 듣고 보니 좋은 생각일 것도 같네요. 감사합니다."라는 말을 듣게 됐다. 불만을 말했다면 아이디어도 말한다는 내 방침과도 일치하는 사고방식으로, 상대와 나 자신 모두 상처받지 않고 그 자리의 분위기도 얼어붙지 않는다. 무엇보다 거짓이 없으니 개운하고, 상대를 위해 아이디어를 생각하는 것도 기분 좋다. 이것이 요시미 씨가 말한 초일류의 의미일지도 모르겠다.

그런데 얼마 전 요시미 씨에게 "지금 책을 하나 쓰고 있어요."라고 했더니 "설마 팔릴 것 같아서요?"라는 말을 들었다. 팔리길 바랄 것이 아니라, 사람들에게 있는 그대로의 자신을 드러내고 알려야 초일류 팔방미인이라는 것이다. 맞는 말인 것 같다. 초일류까지는 아직 갈 길이 멀다.

때로는 눈치 보지 않는
솔직한 간언도 필요하다.
다만 미소가 떠오를 만한 아이디어를 첨부해서.

THINKING TOOL
53

상상을 뛰어넘는 것을 계속 보여 주자

무작정 포기하지 않는 자세는 이기심.
신뢰 관계가 있으면 도전!

고심해 떠올린 아이디어나 기획이 프레젠테이션 대상에게 전혀 먹히지 않은 적이 누구에게나 있을 것이다. 이럴 때 용기가 솟는 에피소드를 하나 소개해 보겠다.

스승 고시모 가즈야 씨와 구로스 요시히코 씨 밑에서 플레이스테이션 캠페인 기획에 참여했을 때의 일이다. 내가 "일상을 쌩! 쌩!"이라는 말을 꺼냈더니 고시모 씨가 매우 좋은 생각이라며 프레젠테이션에서 밀어 줬다. 그런데 광고주의 반응은 시큰둥했다. 텔레비전 광고 기획과 어울리지 않아 채택할 수 없다고 했다. 플레이스테이션 게임의 일등 공신으로 홍보부장이었던 사에키 마사시(佐伯雅司) 씨가 안 된다고 하니 말을 붙일 수조차 없었다.

당시는 광고주에게 제안했다가 퇴짜를 맞은 카피나 기획은 다시 가지고 가지 않는 것이 일반적이었다. 그래서 나는 포기하고 다른 카피를 생각했는데, 다음 프레젠테이션에서도 고시모 씨가 민 것은 "일상을 쌩! 쌩!"이었다. 하지만 역시 기획과 어울리지 않는다는 이유로 퇴짜를 맞았다. 그래도 고시모 씨는 포기하지 않았다. 끝까지 밀어붙인 결과, 네 번째 프레젠테이션 때 드디어 사에키 씨가 "이거 괜찮은데요!"라고 웃으며 채택해 줬다. 마침내 광고 및 그래픽 기획과 카피가 조화를 이뤘기 때문이었다.

결과적으로 이 "일상을 쌩! 쌩!" 캠페인은 대성공을 거뒀는데, 모두 수차례에 걸친 프레젠테이션 덕분이었다. 아침도 포기도 없다. 세상이 뭘 요구하고 있는가? 이에 대한 비전이 있는 전문가들이 만났기에 함께 수준을 끌어올릴 수 있었다고 생각한다.

만일 처음의 나처럼 고시모 씨나 광고 팀이 포기했다면 이 성공은 없었을 것이다. 자신이 믿지 않으면 그 아이디어는 끝이다. 몇 번을 거절당하더라도 좋다고 믿는 아이디어는 절대 포기해선 안 된다. 나는 이 프레젠테이션을 통해 이 사실을 통감했다.

100번째 프러포즈에 실패해도 101번째에 행복해지면 된다. 1만 번을 거절당해도 1만 1번째에 뭔가가 바뀌기도 한다.

다만 이는 프레젠테이션 대상이나 동료가 전문가로, 함께 성장할 수 있는 사람일 때만 가능하다. 자기 기획에 집착하기만 해서는 아무도 행복해질 수 없으며, 애초에 제안이 통과되지도 않는다. 최근에 그저 고집스럽게 기획을 바꾸지 않는 젊은 친구를 봤는데, 막무가내로 포기하지 않는 것은 이기적이라고 할 수 있다. 필요한 것은 자기 아이디어에 대한 집착이 아니라 세상이 공감하는 아이디어에 대한 집착이다. 신념을 관철하는 자세가 아니라 신념을 공유할 수 있는 수준 높은 관계다. 혹시 경쟁 프레젠테이션에서 지거나 출입을 금지당할 가능성이 있다고 해도 기죽지 않고 진심을 담은 프레젠테이션을 하는 자세는 필요하다. 하지만 그러기 위해서는 신뢰 관계가 필요 불가결하다는 점을 알아야 한다. 좋은 일에는 좋은 상대나 동료를 만나는 힘도 필요하다는 이야기다.

☞ 어떻게 하면 속내를 나눌 정도의 신뢰 관계를 쌓을 수 있을까

이 질문은 물론 광고주뿐 아니라 협력 회사, 동료, 상사와의 사이에도 적용할 수 있다. 당시의 나는 제안 대상을 '판단을 내리는 사람'이라고 생각했는데, 고시모 씨는 '팀 동료'라고 했다. 그럼 팀 동료로서 동등하게 의견을 나누는 관계를 만들려면 어떻게 해야 할까? 이 질문에 고시모 씨는 "계속해서 상상을 뛰어넘는 수밖에 없다."라고 답했다. 다시 말해 상대의 지시나 뜻을 이해한 다음 그 이상의 답을 계속 제시해야 한다는 말이다.

광고주나 상사가 "이거 괜찮은데!"라고 계속 생각하게 만들지 않고선 속내를 드러내도 되는 관계를 만들기 어렵다.

평등하게 의견을 나누는 관계는 당연하게 주어지는 것이 아니다. 얻어내야 한다. 평소 업무에서는 발주처와 수주처라는 거래상의 상하 관계 또는 사내의 상하 관계가 있으므로 속내를 말하기가 매우 어렵다. 그렇기에 상대의 상상을 초월하는 답을 몇 번이고 제시하며 신뢰를 얻어야 한다. 우리에게는 사내의 상상도, 광고주의 상상도, 세상의 상상도 뛰어넘어야 할 책임이 있다.

고시모 씨는 종종 "우리가 하는 일은 아무 형태도 만들어 내지 않는 부끄러운 일이다. 그러므로 죽을힘을 다해 고민해서 상상을 뛰어넘어야 하는 책임을 완수하자."라고 말하곤 했다. 이제는 그 말을 진심으로 이해할 수 있을 것 같다. 필요한 것은 프로의 자세를 갖추고, 또 의견을 솔직하게 전할 수 있는 관계를 구축하는 일이다. 그러려면 존중하는 마음으로 상대와 마주해야 한다. 그리고 상상을 계속 초월해야 한다. 이 교훈은 어떤 일을 하든 적용될 수 있을 것이다.

> *진정한 신뢰 관계가 있다면*
> *101번째 프러포즈도 가능하다.*

THINKING TOOL
54

우연이 세 번이면 운명이다

온갖 매체를 이용해 '세 번의 우연한 마주침' 작전을!

거리에서 우연히 만난 사람이 새로 전학 온 애였는데, 엄마가 운영하는 카페에서 아르바이트를 하게 된다……. 흔한 연애 드라마에서처럼 이렇게 우연이 여러 번 겹치면 진짜 운명인가 싶은 생각에 사랑에 빠질 가능성이 갑자기 커진다.

이런 이야기는 연애뿐 아니라 장사나 마케팅에도 적용된다. 만일 당신이 자주 가는 가게에서 우연히 본 물건이 몇 시간 뒤에는 친구의 인스타그램에 올라오더니 밤사이에 SNS에서 화제가 됐다면 어떨까? 틀림없이 검색해서 자세히 알아볼 것이다. 여차하면 바로 사 버릴지도 모르겠다. 우연히 몇 번이고 접하는 정보는 사람의 구매 행동에 크게 영향을 미친다.

☞ 일본 최초 공개 '세 번의 우연한 마주침' 이론

이 생각을 바탕으로 만들어 낸 것이 세 번의 우연한 마주침 이론이다.

사람은 '세 번 이상' '각기 다른 경로로' '사고 싶어지는 이유'

를 맞닥뜨리면 그 제품이 몹시 갖고 싶어진다.

이 이론은 광고 회사 덴쓰의 요시다 겐타로(吉田健太郎) 씨에게서 어떤 이야기를 듣고 만들었다. 그는 "사실 제품을 안 사는 이유는 평균 2.6가지로, 사야 하는 이유가 이를 웃돌지 못하면 구매가 이루어지지 않는다."라는 조사 결과가 있다고 말해 줬다. 무척이나 흥미로운 이야기였다. 다시 말해 세 번 이상 구매 이유를 맞닥뜨리면 사지 않을 수가 없다는 것이다. 게다가 각기 다른 경로(SNS, 뉴스 사이트, 친구 등)로 접하면 정보의 우연성이 겹치면서 신뢰도가 높아지고, 구매 행동으로 이어질 가능성도 높아진다. 즉 당시 당연시되던 '텔레비전에서 단일한 판매 문구를 반복 노출'하는 방식에서, '구매 이유를 여러 경로로 여러 번 접하게 하는 편이 구매로 이어진다'라는 방식으로 진화한 것이다. SNS, 신문, 잡지, 전단지, 역에 붙이는 포스터 등 정보 제공 방식을 다양화할 필요성을 뒷받침하는 아이디어였다.

그 뒤로 나는 이 이론으로 각 분야의 프레젠테이션에서 성과를 거두며 성공 사례를 만들어 왔다. 모처럼의 기회니 여기서 비장의 세 번의 우연한 마주침 이론이 어떤 내용인지 처음으로 공개하고자 한다.

① 접촉 횟수는 3회 이상일 것
② 타깃의 현실적인 생활 동선에 있는 복수의 미디어를 통해 '우연히' 마주치게 할 것
③ 공통적인 화제임을 알 수 있는 이름이나 상징물을 전할 것
④ 매체 특성에 맞는 '구매 이유'를 제시할 것

예를 들어 ②의 타깃이 주부라면 텔레비전 말고도 다른 일을 하면서 들을 수 있는 라디오나 미용실에서 볼 수 있는 여성지, 미용실에서 나누는 대화, SNS 게시물, 뉴스 사이트가 제공하는 정보, 저녁에 들르는 슈퍼마켓 게시판부터 매장 내 안내 방송에 이르기까지 복수의 접점에서 우연히 정보를 접하게끔 설계하는 것이다.

③의 이름과 상징물은 제품명이어도 좋고, 슬로건이나 해시태그여도 상관없다. "같은 정보구나!"라고 생각하게끔 하는 것이 중요하다. 또한 ④는 홍보의 철칙으로, 구매 이유를 그 매체다운 정보로 편집해 제시하는 것이다. 예를 들어 여성지라면 패션이나 육아와 연계한 정보, 슈퍼마켓 내 방송이라면 저녁 메뉴나 외출과 같은 식으로 정보를 편집하는 것이 포인트다.

세 번의 우연한 마주침이라는 관점에서 보면 많은 성공 사례를 찾을 수 있다. 2013년에 픽사가 내놓은 〈겨울왕국〉도 그중 하나다. '음악'을 마주치게 하는 방식으로 세상의 화제를 휩쓸었다. 먼저 대히트를 친 곡 〈렛 잇 고〉가 유튜브와 라디오에서 계속 흘러나왔다. 이어서 티저가 SNS에서 화제가 되면서 일본어 더빙판 성우들이 텔레비전에 출연하는 등 '봐야 할 이유'에 여러 차례 마주치게 만들었고, 결국 공전의 히트를 기록했다. 또 "53년간 사랑받아 온 롱셀러 제품이 3월에 판매 종료됩니다."라는 공지와 더불어 폭발적으로 확산한 메이지의 캔디 첼시 생산 중단도 우연한 마주침의 좋은 예다. '#마지막 첼시'라는 강한 공감어로 SNS, 뉴스 사이트, 텔레비전 방송을 끌어들이면서 세 번의 마주침이 아니라 무한대 마주침이 형성돼 공전의 매출을 기록했다(생산을 중단해서 너무 아쉽지만).

만일 당신이 담당하는 제품이나 서비스가 그다지 알려지지 않았다면 '사고 싶어질 만한 이유'를 생각하고, 이를 홍보를 통해 마주치게 할지, 매장에서 마주치게 할지, 아니면 텔레비전이나 라디오에서 다룸으로써 마주치게 할지, 작전을 생각하기만 해도 유효타가 떠오를 것이다.

구매 이유와 세 번 이상 우연히 마주치면 운명이라고 느끼고 저도 모르게 사게 된다.

THINKING TOOL

55

상대의 눈치를 보지 말고, 감사받을 일을 하자

감사를 말하기보다 감사를 듣는 전략을

세상 이치가 그렇다. 팔리기 시작하면 늘어나는 것이 있기 마련이다. 경쟁 제품이나 모방 제품은 물론 "그거 내 작품이야."라고 말하는 사람이 늘기도 한다. 그런 가운데 다소 곤란해지는 것이 불평이 늘어나는 것이다. 팔리지 않을 때는 아무도 쳐다보지 않았던 것이, 세상과의 접촉 빈도가 높아지면 질투와 비난도 생기기 쉬워진다.

1990년대 후반, 플레이스테이션이 궤도에 올라 대대적으로 팔리기 시작할 무렵에도 그런 리스크가 생겼다. 닌텐도의 슈퍼 패미컴 같은 밝고 가정적인 게임과 달리 플레이스테이션은 호러나 서스펜스 계열 게임도 많아 가정에서 불평불만이 터져 나올 소지가 다분했다.

지금이라면 SNS를 주시하는 정도에 그치지, 사전에 어떤 커뮤니케이션을 준비하는 일은 없을 것이다. 만일 준비한다 해도 텔레비전 등 대중매체를 통해 어떻게 해 보려는 것은 있을 수 없는 선택이라고 생각한다. 하지만 당시의 광고주와 크리에이티브 팀은 그러지 않았다.

각 가정의 부모와 학교 학부모회로부터 항의가 쏟아지기 전에 텔레비전에 게임 에티켓 광고를 내보내면서 선제공격을 개시했다.

그때 메시지가 "좋은 아이와 좋은 어른의 플레이스테이션"이다. 광고는 "게임을 지나치게 많이 하지 않도록 주의하자.", "게임을 끝내면 정리하자."라는 에티켓을 당시 인기를 끌던 아티스트의 노래에 맞춰 알렸다. 불평을 잠재우는 것에 그치지 않고 게임의 즐거움을 전함으로써 판매로 이어지게 한 굉장한 캠페인이었다. 이로 인해 학부모회로부터 표창을 받을 정도로 흐름이 뒤바뀌었다.

그 뒤로 청소년들에 의한 처참한 사건이 발생하면서 게임의 영향과 연관 지은 보도가 몇 차례 있었지만, 플레이스테이션과 연관 짓는 내용이 적었던 이유는 이 에티켓 광고 덕분이었는지도 모른다.

👉 아이의 비위를 맞추지 않는다

플레이스테이션은 발매 당시부터 어른을 중심으로 팔린 게임기다. 그 뒤로도 착실하게 판매 대수가 늘어나 3년째에는 아이를 타깃으로 한 전략이 시작됐다. 다만 아이는 닌텐도의 아성으로, 여러 게임 회사가 쓴맛을 본 성역이었다.

여기를 어떻게 파고들면 좋을까? 먼저 팀이 정한 것은 "아이의 비위를 맞추려 눈치 보는 일은 절대로 하지 말자."라는 지침이었다. 플레이스테이션은 닌텐도와 달리 어른스럽고 시니컬한 광고 표현이 많았는데, 아이를 타깃으로 하는 경우라도 이를 바꾸지 않는 자세를 유지하자는 것이었다. 아이에게 "제발 사 주세요."라는 입장을 취하지 않고, 오히려 상대가 '감사해하는' 커뮤니케이션을 생각하고자 했다.

아이의 비위를 맞추는 대신에 말을 건넨다.

플레이스테이션은 고가의 제품이다. 아이가 아무리 갖고 싶어도 직접 살 수 없고, 부모에게 조를 수밖에 없다. 그래서 아이들에게 '사 달라고 할 타이밍과 그때 필요한 말'을 무기로 쓸 수 있도록 전하고자 했다. 그 결과 탄생한 것이 "잘했으니 플레이스테이션 사 주세요."였다.

"잘했으니 사 주세요!" 이 말이 아이의 무기가 될 수 있도록 텔레비전 광고는 물론이고 연말에 백화점, 장난감 가게, 버스, 지하철 등등 곳곳에 포스터를 붙였다. 그렇게 해서 "공부 열심히 했으니까!", "약속도 잘 지키고 착한 일도 많이 했으니까!" 등 잘했으니 사 달라는 목소리가 일본 전역에 퍼지면서 이 캠페인은 경쟁 제품을 누르고 매출을 끌어올리는 데 큰 역할을 했다. 아이들 입장에서 생각한, 그야말로 아이들에게 감사받을 아이디어였기에 확산시킬 수 있었다고 생각한다.

아무튼 플레이스테이션은 시대 감각을 자기 편으로 만든 덕분에 꾸준히 팔렸다. 그 이면에는 상대 입장에서 생각하는 자세, 비위를 맞추려 하지 않고 오히려 감사하게 만드는 자세, 나아가 타깃이 구매하기 쉽게 만드는 무기를 전하려는 자세를 취했던 덕분이라고 새삼 생각한다.

*선수를 쳐서 타깃의 마음을 파고들어
감사받을 만한 전략을 펴자.*

THINKING TOOL
56

넓힐 때는 반드시 뽁뽁이 전략

사용자의 마음보다 한발 앞서 생각하고, 한발 뒤로 물러나 표현하자

나는 뽁뽁이를 좋아한다. 하나하나 터뜨리는 순간도, 전부 터뜨렸을 때의 쾌감도 참을 수 없을 만큼 좋다. 게다가 큼지막한 뽁뽁이가 눈앞에 있기라도 하면 마치 신대륙을 발견한 것처럼 설레면서 마구 터뜨리고 싶어진다. 마치 영토를 확대해 나가는 느낌이랄까. 이 말에 공감해 줄 사람도 많지 않을까 싶다. 물론 내 심심풀이에 관한 이야기가 아니라 비즈니스를 확대하는 전략에 관한 이야기로서 말이다.

<mark>타깃이나 해결 과제에 맞춰 하나씩 영역을 넓혀 나가는 뽁뽁이 전략은 브랜드를 확장할 때 매우 효과적</mark>이다.

앞서 소개한 플레이스테이션이 그 대표적 사례라고 생각한다. 플레이스테이션은 소니컴퓨터엔터테인먼트(지금의 소니인터랙티브엔터테인먼트)가 1994년 12월 3일에 "1, 2, 3으로 게임이 바뀐다."라는 메시지와 더불어 발매한 게임기다. 지금은 전 세계에서 모르는 사람이 없는 브랜드지만, 발매 당시에는 슈퍼 패미컴과 세가 새턴이란 경쟁 상대가 있었다. 또 게임 시장에 새로 진출한 기업들이 줄줄이 실패한 역사도 있어서 소니의 플레이스테이션도 <mark>팔릴 리가 없다고</mark> 여겨졌다.

이런 상황에서 플레이스테이션을 주류로 끌어올린 것은 바로 하드웨어의 스펙과 소프트웨어의 라인업이었지만, 광고 전략도 큰 몫을 했다고 생각한다. 나는 플레이스테이션이 발매되고 1년 반 뒤에 스승 고시모 가즈야 씨 밑에서 카피라이터로 참여했다. 구로스 요시히코 씨, 가사이 슈지(笠井修二) 씨, 나가미 히로유키(永見浩之) 씨 등으로 이루어진 굉장한 크리에이티브 팀에 들어가 이후 몇 년에 걸쳐 플레이스테이션에 절여진 하루하루를 보냈다. 그 후 플레이스테이션2와 플레이스테이션4에도 관여했으니, 족히 10년 정도는 플레이스테이션과 함께한 셈이다. 여기서 말하는 내용은 처음 4년간의 1세대 플레이스테이션(회색 본체)에 관한 이야기다.

본체는 32비트로 세가 새턴과 같고, 사양은 슈퍼 패미컴보다 두 배 높았다. 그래서 게임 관계자들로부터 "플레이스테이션도 사양으로 승부를 보려고 하겠지."라는 말을 들었다. 그런데 플레이스테이션은 오히려 소프트웨어의 내실에 힘을 쏟았다. 당시는 사용자가 아직 성숙하지 않아 팔리는 게임기만 팔리는 시대였지만,

"모든 게임은 여기로 모인다."라는 슬로건을 내걸고 전략적으로 소프트웨어의 내실화를 꾀했다.

세가도 닌텐도도 있었으므로 모두가 모인다는 표현은 과장이긴 했어도 이 메시지로 "소니는 철저하게 소프트웨어로 싸울 생각이다."라는 기운이 업계와 유통, 나아가 게임 크리에이터에게까지 퍼지면서 기대치가 올라간 것은 틀림없었다. 그리고 여기서부터 플레이스테이션의 호쾌한

진격이 시작됐다.

플레이스테이션의 다음 큰 전환기는 100만 대를 향한 메시지였다. 100만 대는 잘 팔리는 게임기를 의미하는 중요한 숫자였다. 하지만 당시 세가 새턴이 90만 대 정도 팔린 데 비해 플레이스테이션은 80만 대가 조금 넘는 정도로 열세를 보였다. 이 상황을 뒤바꾼 것이 고시모 씨가 만든 "가 보자! 100만 대."였다. 이 카피는 솔직히 대단했다. 마치 100만 대가 팔리기라도 한 듯한 느낌이 들게 만들었고, 무엇보다 브랜드에 기세를 불어넣었다. 이 메시지가 텔레비전 광고로 마구 흘러나오면서 "플레이스테이션 잘 팔리네!"라는 분위기가 생긴 것은 틀림없는 사실이다. 그 뒤로도 "엄청난 일이 벌어지고 있다.", "가 보자! 200만 대."로 호쾌한 진격을 이어 나갔다.

그 뒤로도 뽁뽁이를 터뜨리듯 각종 과제를 해결하며 가능성 있는 타깃에 맞춰 영토를 점점 넓혀 나갔다.

가격을 내렸을 때도 브랜드 가치를 떨어뜨리지 않기 위해 가격 인하를 전면에 내세우지 않고, 기능 개선도 덧붙여 고객 서비스 향상으로 제안했다. 그때 전한 메시지는 "서비스 만점". 텔레비전 광고는 물론이고 매장에서도 대대적으로 메시지를 내보내며 판매로 연결했다. 지금은 당연한 고객 시선의 매장 광고도 당시는 보기 드물었으므로, 분명 플레이스테이션의 영향으로 확산했는지도 모르겠다.

☞ 사용자의 마음보다 한발 앞서가자

나는 지금까지 광고 수천 건에 관여해 왔는데, 이 플레이스테이션 광고군이 가장 효과적으로 세상을 사로잡아 시장을 넓힌 좋은 예라고 생각한다. 단번에 사용자를 획득하는 마법이란 없다. 모든 것은 철저히 고민해 만든 세심한 전략들의 축적이다.

회의 때 나오는 말은 늘 사용자의 마음보다 한발 앞서가야 한다는 것이었다. 게임은 기호품이다. 게다가 타협을 모르는 단호한 사용자가 많다. 그렇기에 사용자가 "으음, 플레이스테이션 별거 아니네."라고 생각하면 그것으로 끝이다. 또 게임 사용자가 아닌 일반인이 볼 때 "잘 모르겠는걸."이라고 생각해도 끝이다. 그래서 사용자나 사용자가 될 사람들의 입장에 서서 철저하게 마음을 생각하는 것이 중요했다.

그래서 우리 역시 사용자임을 잊지 않고, 늘 사용자의 마음보다 한발 앞서 생각하고 한발 뒤로 물러나 이해할 수 있는 표현을 내놓고자 노력했다.

1세대 플레이스테이션의 텔레비전 광고는 누구나 재미있어하며 화제로 삼을 수 있는 것이었다. 이는 아이디어를 단순화해 사용자가 보고 흥미를 느낄 수 있도록 커뮤니케이션 디자인을 했기 때문이다. 당시 신참이었던 나도 팀의 일원으로서 작은 대사 하나 허투루 지나치지 않았다. 모든 대사를 술자리에서 말하고 싶어질 정도로 재미있게 만들기 위해 밤을 지새우며 고민했던 기억이 있다.

참고로 플레이스테이션 기획을 시작할 당시, 우리 스스로 '플스'라고 부른 적은 없다. 스승인 고시모 씨도 '플레이스테이션'이나 'PS'라고 쓰라고 했다. 왜냐하면 애칭은 사용자가 붙이는 것이지 관계자가 붙이는 것이 아니라는 신념이 있었기 때문이다. 배우 기무라 타쿠야 씨가 자신을 '기무타쿠'라고 말하지 않듯이, 누군가가 '플스'라고 애칭으로 불러줄 때까지 기다린 셈이다. 그렇게 철저히 사용자 입장에서 커뮤니케이션 디자인을 했기에 모두에게 사랑받을 수 있었다고 생각한다.

> 지금은 누계 5억 대를 돌파한
> 플레이스테이션 시리즈도
> 하나하나 영토를 확대해 나가는 뽁뽁이 전략으로
> 사용자의 마음을 붙잡아 갔다.

THINKING TOOL
57

뽁뽁이 전략으로 보스 캐릭터와 맞선다

고집쟁이 떼쓰듯 밀어붙이다 보면 가능성이 열린다

뽁뽁이 전략으로 성공한 사례를 하나 더 들어 보기로 하자. 지금은 스테디셀러가 된 산토리의 더 프리미엄 몰츠도 알고 보면 전혀 팔리지 않던 시절이 있었다.

1989년에 몰츠 슈퍼 프리미엄이라는 이름으로 발매했다가, 2003년에 지금의 명칭으로 바꿨다. 당시 아사히맥주의 슈퍼드라이가 연간 1억 상자 이상 팔린 데 반해 고작 50만 상자 정도 팔리고 있었으니 일반적으로는 생산을 중단해도 전혀 이상하지 않을 상황이었다.

그런데 2004년에 당시 산토리의 상무가 유럽에서 인정받기 위해서라며 몽드셀렉션에 출품했고, 2005년에 놀랍게도 최고금상을 획득했다. 그때부터 비약적으로 매출이 올라, 3년 연속 최고금상을 수상했을 무렵에는 부동의 지위를 확보하고 있었다. 참고로 몽드셀렉션이 얼마나 권위 있는지 의아하게 생각하는 사람도 있을 텐데, 맥주 부문에서 수상하는 것은 굉장히 어렵다. 게다가 맥주의 본고장이라 할 수 있는 벨기에가 일본 맥주에 최고의 상을 준 것이므로 엄청난 뉴스였다.

그런데 여러분은 '몽드셀렉션 최고금상'이라는 표현이 사실은 이 더 프리미엄 몰츠에서 시작됐다는 것을 아는가?

그 전까지는 그랜드 골드 메달을 '대금상(大金賞)'이라는 말로 번역했다. 그런데 당시 브랜드 담당자가 대금상이라는 표현은 딱 와닿지 않는 것 같다며 몽드셀렉션 사무국에 문의해 담판을 지었다. '대금상'은 솔직히 그다지 탐나지 않는데, '최고금상'은 시험 삼아 마시고 싶어지는 강한 동기를 부여한다. "최고금상, 쓸 수 있게 됐어요!"라고 담당자가 무척 기뻐하며 알려 주던 모습이 지금도 눈에 선하다.

보통은 기존에 알려진 그랜드 골드 메달의 번역인 대금상을 당연하게 쓸 것이다. 그런데 그 담당자는 그대로 쓰지 않았다. 어떻게든 팔고 싶다고 소망하며 이름을 최고금상으로 바꾸는 데 성공했다. 당사자의 강한 과제 의식이 있었기에 탄생한 고집쟁이 같은 도전 정신. 그야말로 산토리가 소중히 여기는 "실패를 두려워하지 말고 새로운 가치 창조를 목표로 끊임없이 도전하자."라는 정신의 발로였다.

"당연한 것을 당연하게 여기지 않고 말해 보고, 시도해 본다."

라는 고집쟁이 같은 도전 정신의 소중함을 마음에 새기는 계기가 된 에피소드다.

☞ 뽁뽁이 전략으로 연타를 치자

더 프리미엄 몰츠를 확산시킬 때도 플레이스테이션 때 배운 뽁뽁이 전략처럼 사용자 입장에서 영역을 하나하나 넓히는 방법을 철저히 구사

했다. 먼저 최고금상이라는 말과 가장 잘 어울리는 모델로 야자와 에이키치 씨를 기용했다. 반항적인 록으로 시대를 개척해 온 에이키치 씨는 '최고의 상징'으로서 더 프리미엄 몰츠에 절대적인 힘을 부여해 줬다.

다음 수로 취한 전략은 주말이었다. 아무리 더 프리미엄 몰츠가 맛있고 최고금상이라는 보증이 붙었어도, 슈퍼드라이가 함께하는 일상에서는 이기기 어렵다. 그때 만들어진 말이 "최고금상에 빛나는 맥주로 최고의 주말을"이다. 이를 기점으로 텔레비전 광고는 물론이고 매장에서도 '최고×주말'로 넘쳐 나면서 매출이 크게 올랐다.

참고로 나는 캐치프레이즈가 매장에서 기능하느냐 어떠냐에 따라 승부가 가려진다고 생각한다. 예를 들어 매장 담당자가 "이런 광고를 할 거라면 우리도 매장을 이렇게 구성하자!"라는 식으로 아이디어의 계기를 마련해 주는 말이 가장 좋다. 그런 의미에서 주말과 최고는 이벤트를 준비할 시간과 내용을 정할 수 있어 점포 개발이 어렵지 않았던 점도 주효했다.

그 후 최고금상을 '맛 표현'으로 바꾸기 위해 "최고금상의 맛"이라는 캠페인을 진행했다. 그 결과, "왜 더 프리미엄 몰츠를 선택해야 하는가?"라는 질문에 "맛있으니까."라고 대답하는 경우가 늘었다. 이것이야말로 식품의 중요한 본질이다. 맛을 직접적으로 표현하는 것은 사실 크나큰 도전이었지만, 다행히 세상에 받아들여졌다.

그다음에 "선물은 평범한 맥주보다 프리미엄 맥주죠."라는 카피로 증정품, 답례품 시장에 도전했다. 프리미엄 맥주는 가격이 좀 더 비싸니 선물하기에는 좋지만, 이미 잘 알려진 제품을 보내는 편이 안전하다는 이미지를 깨부수기는 쉽지 않다. 그래서 X → Z 구조(화살표 크리에이티브)

로 강력한 전략적 카피를 준비했다.

이 광고의 핵심은 X, 즉 평소 마시는 맥주를 '평범한 맥주'라고 정의했다는 점이다. "아, 내가 평소 마시는 맥주는 평범하다."라는 생각이 생기면 "선물은 비싼 게 좋겠지."라는 마음의 동요가 생긴다. 경쟁 상대가 보기에는 얄미운 전략이지만, 이런 의도가 적중해 연말연시나 명절 시즌의 판도를 바꿀 수 있었다.

여기서 말하고자 하는 바는 '경쟁의 재정의'의 중요성이다. 치고 나가야 할 시장에 보스 캐릭터 급의 강력한 제품(X)이 있을 때는 먼저 그것을 일단 재정의한다. 그런 다음 '→ Z'로서 그것보다 이게 더 좋다는 가치관을 제시한다. 라이온의 "욕조, 이제 문지르지 마세요!"라는 광고도 "아무리 유명해도 문질러야 하는 욕조 세제(X)보다는 문지르지 않아도 깨끗해지는 세제(Z)가 더 좋잖아요!"라는 입장이 바탕이 된 좋은 예다.

그 뒤에도 더 프리미엄 몰츠는 평범한 맥주보다 프리미엄 맥주가 어울리는 상황을 잇달아 노렸다. 연말연시와 어버이날은 물론이고 만화 시리즈 《시마》와 손을 잡고 비즈니스상 특별한 날까지 공략해 나갔다.

그리고 마침내 "금요일은 프리몰의 날"이라는 캠페인을 통해 평범한 날을 겨냥했다. 사실은 이때 처음으로 더 프리미엄 몰츠라는 제품명 대신 '프리몰'이라는 말을 광고에 썼다. 애칭을 먼저 제시하지 말라는 원칙을 뒤집을 만큼 이미 많은 팬이 생겨 애칭이 쓰이고 있었고, 평범한 날에도 많은 사람이 마시도록 하려면 대중화가 필요했기 때문이다. 이 역시 의도가 적중했다. 더 프리미엄 몰츠는 이때부터 단번에 시장을 넓혀 나갔다.

더 프리미엄 몰츠는 작은 브랜드가 거대한 보스 캐릭터와 경쟁하면서 성장한 좋은 예다. 적이 아무리 거대해도 이길 수 있는 요소를 하나하나 찾아 나가면서 겨뤄 보는 것이다. 비즈니스로서는 무모하다고 생각되더라도 막무가내로, 하지만 조심스럽게 싸우다 보면 충분히 영토를 넓혀 나갈 수 있다고 생각한다.

시답지 않아 보이는 뽁뽁이 터뜨리기야말로 상품을 크게 성장시키는 열쇠다.

THINKING TOOL 58

축제형 커뮤니케이션

그 자리에서 그 즉시, 그 순간이 특별한 가치를 띤다

바람직한 커뮤니케이션은 미래를 향해 진화하는 도중에 있다. 중요한 사회적 커뮤니케이션을 대중매체가 담당하던 무렵에는 '나눠 주는 커뮤니케이션'이 중심이었다. 이 시스템에서는 압도적인 정보 격차가 있었다. 정보의 바람 위에 있는 미디어에서 바람 밑에 있는 시청자에게로 한 방향으로 정보가 흐를 뿐이었다.

그 뒤로 인터넷 혁명과 SNS의 대두로 정보에 대한 접근이 갑자기 평등해지고, 가치관의 다양화와 커뮤니티의 세분화도 맞물려 '서로 이해하는 커뮤니케이션'으로 이행됐다. 모두가 발신자가 됨으로써 각자가 창출하는 오리지널 정보가 넘쳐 나고, 각 발신자 주변에는 공감하는 동료가 모이게 됐다.

이렇게 공감이 공감을 부르는 시대가 시작되자, 평범한 누군가가 게시한 콘텐츠가 누적 재생 1억 회를 돌파하는 등 종종 대중매체 이상의 힘을 가지는 일도 생겼다. 1억 회 재생이라고 하면 굉장한 수치로 보이지만, $1 \times 100 \times 100 \times 100 \times 100$이므로 사실 한 게시물을 100명이 네 차례 리포스트하면 달성할 수 있는 수치다.

이렇게 확산시키는 비용은 거의 제로에 가깝다. 1억 명에게 도달하는 텔레비전 광고 비용이 수십억 엔이니, 비교도 할 수 없을 만큼 낮은 가격이다. 즉 누구나가 매스컴이 될 수 있는 시대가 됐다. 커뮤니케이션의 민주화는 이제 완료돼 가고 있다.

👉 이후의 커뮤니케이션 문화

다만 이런 SNS의 열기를 지지해 온 '좋아요'나 '팔로워'의 수치를 다루는 커뮤니케이션 문화는 이제 슬슬 끝을 맞이하려 하고 있다. 사람들이 SNS 피로감이 쌓이면서 연출하거나 보정한 사진 등에 싫증을 내기 시작했다. 사실적인 게시물밖에 올릴 수 없는 비리얼 같은 무보정 앱이 Z세대를 중심으로 세계적으로 큰 인기를 얻을 징후도 보인다. 아마도 있는 그대로의 모습으로 서로를 이해하기 위한 도구였겠지만, 지나친 인정 욕구로 인해 꾸며 낸 자신으로 경쟁해야 하는 것에 정신적 피로감을 느끼고 거기서 벗어나고 싶어졌을 것이다.

그렇다면 다음에 등장할 커뮤니케이션은 뭘까? 나는 '함께 나누는 커뮤니케이션'이라고 본다. 커뮤니케이션의 주인공이 일반인이라는 점은 변함없겠지만, 개개인 발신형이 아니라 동시 목격형이라는 점에서 크게 다를 것이다.

그 자리에서 그 순간에만 볼 수 있는 것을 목격하고, 그 감동을 옆에서 주고받는다. 그것은 마치 축제의 열기와 같다.

그야말로 이제는 '단 한 번뿐인 현장성'이 특별한 가치를 지니는 시대가 찾아올 것이다. 좋아하는 라이브 공연이든 축구 경기든 맛있는 요리든 뭐든 좋다. 심지어 재미있는 소재나 직접 지은 시 낭송도 괜찮다. 살아 있는 인간이 실제 장소에서 딱 한 번 겪는 아날로그적 체험. 이 순간을 공유한 사람만이 아는 감동을 서로 나누는 커뮤니케이션. 바로 축제와 같은 감동의 공유가 시작되리라 생각한다.

이처럼 함께 나누는 커뮤니케이션이 주류가 되면 누군가와 경쟁하느라 마음이 힘들어지는 일도 없고, 누군가를 깎아내리는 말도 줄어들 것이다. 매우 행복하고 미래적인 커뮤니케이션이라고 생각한다. 앞으로 제품이나 서비스를 개발할 때는 이런 커뮤니케이션의 미래도 고려하면 좋을 것이다.

또한 함께 나누는 커뮤니케이션이라는 생각 도구는 기업의 행동도 바꿔 가리라 생각한다. 이미 소비 행동은 공감과 참여 중심으로 바뀌었다. 앞으로는 이 흐름이 한층 빨라져 기업은 '사람들이 무엇에 공감하고, 어떻게 참여할지'를 계속 물어야 할지 모른다. 그리고 그때가 되면 분명 무엇을 나눌지가 쟁점이 된다. 이렇게 생각하면 신제품 발매를 알리는 대량의 정보 발신은 의미가 없다. 작아도 좋으니 커뮤니티가 함께 나누고 싶어 하는 아이디어(콘텐츠)를 창출해 이를 현장감 있게 발신해 나가야 한다. 이 아이디어가 1에서 5가 되고 10이 되면 매스컴화한 개인의 힘도 더해져 접속 건수는 1억에서 5억, 10억이 된다. 지금부터는 이런 커뮤니케이션이 주류가 될 것이다.

'나눠 주는'에서 '서로 이해하는',
그리고 '함께 나누는' 커뮤니케이션 사회로
지금부터 준비하기 시작하자.

THINKING TOOL

59

가시 돋친 말은 쓰지 말자

먼저 행동하자.
세상을 바꾸는 계기는 여기서부터

이번 장에서는 대인 커뮤니케이션에서 광고 커뮤니케이션에 이르기까지 깊이 파고들어 봤다. 마지막으로 스스로를 경계하는 마음을 담아, 이것만은 꼭 전하고자 한다.

얼마 전 밴드 래드윔프스의 라이브 공연에 초대를 받아 갔을 때의 일부터 이야기하겠다. 먼저 공연에 진심으로 감동했다. 구성과 연출이 압권으로, 관객 1만 1,000명이 한 몸처럼 몰입해 완전히 압도당하고 말았다. 관객이 바라는 바를 완벽하게 이해한 상태에서 기대를 뛰어넘는 행복한 놀라움을 만들어 냈다. 게다가 그 무대를 지켜보는 관객들 역시 안목이 높다는 생각이 들었다.

공연의 마지막 곡은 〈바늘과 가시〉였다. 이 곡을 선보이기 전에 보컬 노다 요지로가 이런 말을 했다. "가시 돋친 말이 입 밖으로 나올 것 같을 때는 꾹 참고 삼키세요. 그리고 다른 말을 찾자고요. 이 자리에 함께한 1만 1,000명이 실천한다면 세상이 바뀌지 않을까요?" 나는 눈물을 떨궜다.

나 자신을 되돌아보며 깊이 반성했다. 젊었을 적 나는 가시 돋친 말을 내뱉는 일이 많았다. 나름 말의 전문가다 보니 상대의 마음을 깊숙이 찌르는 말투를 썼던 것 같다. 처음에는 "아랫사람에게는 말하지 않는다. 윗사람에게는 말해도 된다."라는 멋대로 정한 규칙에 따라 나 자신을 면책했다. 그런데 독립하고부터는 강한 압박감 때문인지 언제부턴가 누구에게나 개의치 않고 차마 웃을 수 없는 독 같은 말을 내뱉고 있었다.

상대에게 깊이 박힌 가시는 빠지지 않고 그대로 남았다가 마침내 독이 돼 다른 사람을 해친다. 당시의 나는 주변 사람들이 그렇게 되는 모습을 보고 결국 자신도 괴로웠지만, 또 어찌하지 못하고 잘못을 반복했다.

그러던 어느 날, 카피라이터 보조 업무를 하던 고바야시 마이코(小林麻衣子) 씨가 건넨 말에 정신이 들었다. 당시 나는 힘든 일이나 마음이 안 맞는 인간관계로 스트레스를 받을 때마다 툭하면 "에잇, 죽어라." 하고 입버릇처럼 중얼거리곤 했다. 그때 마이코 씨가 "고니시 씨, 그런 말은 해선 안 된다고 생각합니다. 만일 그 말을 들은 누군가가 정말로 죽기라도 한다면 고니시 씨가 견디지 못할 수도 있잖아요."라며 용기를 내 말해 줬다.

내 입에서 나오던 말이, 내가 가장 싫어한다고 믿었던 가시 돋친 말이었음을 불현듯 깨달았다.

==말은 강력하다. 세상을 바꿀 힘이 있다. 하지만 동시에 한 사람의 인생을 파멸시키는 힘도 가지고 있다.== 가시 돋친 말은 매혹적이라 입 밖으로 내뱉으면 쾌감을 느끼기에 마치 마약처럼 상용하고 만다. 주변 사람들에게 말에는 힘이 있다고 말하는 내가 오히려 말의 어두운 면에 빠져 있었다. 나는 마이코 씨의 말에 자신을 부끄러워하며, 앞으로는 말의 힘을 긍정적으로 써야겠다고 굳게 다짐했다. 대략 20년쯤 전 일이다.

👉 때로 독을 품을 것, 사랑할 것

다만 어떤 상황에서건 가시 돋친 말을 내뱉지 말라는 뜻은 아니다. 예술가 오카모토 다로의 명저 『자기 안에 독을 품고』에도 나오듯이 상식을 뒤집는 데는 독이 무기가 된다. 사회의 일그러진 상식을 바꾸려고 하거나 구태의연한 인습을 뒤흔들거나 사회악을 퇴치하려면, 때로는 독이나 가시를 품은 도발적인 제안을 할 필요도 생긴다. 나도 그런 메시지를 주의 깊게 세상에 뿜어내기도 한다. 다만 개인에게 가시를 내뱉는 일은 일절 없다. 그 가시가 의도하는 바를 단순히 가시로 말하지 않고, 대신에 어떻게 하면 상대에게 그 의도가 전해질까 궁리하는 것이 아이디어의 본질이라고 생각하기 때문이다.

내가 말을 다룰 때 가장 중요하게 생각하는 요소가 뭐냐고 누군가가 묻는다면 그 답은 간단하다. 바로 '사랑할 것'이다. 싱어송라이터 사다 마사시 씨가 부른 〈폭군 선언(関白宣言)〉의 가사에도 있듯이 사랑하면 된다. 그뿐이다. 굉장히 감상적인 답이라고 생각하겠지만 어쩔 수 없다.

상대 입장에서 깊이 생각하는 것도 사랑하기 때문이다. 사소한 대화를 하면서도 어떻게 하면 사랑이 넘치는 말을 상대에게 전할 수 있을지 생각한다. 이를 각자가 시작해 나갔으면 좋겠다.

말에는 힘이 있고, 그 힘은 퍼져 나간다. 가령 처음에는 소수라고 해도 퍼져 나가면 세상은 달라진다. 한마디 말도 결코 무시할 수 없다. 한 사람의 힘도 무시할 수 없다. 아주 작은 변화라도 좋으니 주변 사람들 마음에 박힌 가시 돋친 말을 빼내고, 세상을 사랑이 가득한 아름다운 말로 바꿔 나가자. 그렇게 나는 마음속으로 다짐했다.

가시 돋친 말이 아니라
사랑이 넘치는 말을 엮어 내자.
작은 변화는 당신의 말에서 시작된다.

III

일을 디자인하는
공식

THINKING TOOL
60
빠르게 성장하려면
슬립 스트림 속으로

업무적으로 성장하려면 불편한 사람이 필요하다

업무적으로 성장하려면 어떻게 해야 할까? 경력 문제로 고민하는 젊은 이들이 많다. 그래서 여기서는 나 자신조차 어이없을 만큼 어설프고 타인과의 교류가 서툴렀던 내가 여러 선배들에게 배우면서 성장 해 온 이야기를 하고자 한다.

크리에이티브 일을 하게 된 계기가 뭐냐는 질문을 종종 받는다. 그런데 사실은 입사한 회사에서 그 부서에 배치됐을 뿐이었다. 그것도 '추가 합격자'로 말이다. 신입 사원을 대상으로 한 적성검사를 받았는데, 그 결과 원하던 부서는커녕 생각도 해 본 적 없는 크리에이티브라는 문을 연 셈이다. 입사가 결정되고 부서를 배치받기 전에 회식이 있었다. 이 자리에서 한 선배가 술에 취해 모두가 듣는 앞에서 "넌 추가 합격자야. 12명 뽑는데 13번째라고. 아무튼 잘해 봐."라고 폭로했다.

충격을 받고 마음이 상한 데다가 처음부터 크리에이티브에는 관심이 없었다 보니 카피를 잘 쓰지도 못하겠고, 광고란 뭔가 하고 왕초보 같은 생각만 하는 나날이 이어졌다. 그렇게 2년 정도 아무 활약도 못 하다가 어느 순간 터닝포인트가 찾아왔다.

당시 크리에이티브 쪽 일을 하는 사람은 누구나 동경했던 파르코의 프레젠테이션에 참여하게 됐다. 나는 내 아이디어가 하나도 채택되지 않은 상황이기도 해서 말석에 멍하니 앉아 있었다. 그런데 선배가 갑자기 "자, 다음 아이디어에 대해서는 고니시 군이 설명하겠습니다."라며 내게 발표를 넘겼다.

갑작스럽게 발표자가 된 나는 횡설수설하다가 프레젠테이션을 망쳐버리고 말았다. 담당 영업부장과 상사가 기막혀하던 모습이 지금도 똑똑히 기억난다. 내가 일을 만만히 본다고 생각해서 기합을 넣으려던 것인지, 아니면 기회를 주면 잘하리라 믿어서였는지는 모르겠지만, 아무튼 내 자존심을 산산조각 내기에는 충분한 경험이었다. 이 일을 계기로 나는 180도 달라졌다.

추가 합격인 데다 일도 제대로 못하던 나는 그때까지 간신히 부여잡고 있던 '부끄러움'이나 주변에 '잘 보이고 싶은 마음'이 싹 사라지고 뻔뻔해졌다.

그러니 무서울 것이 없었다. 지금까지 창피당하고 싶지 않아서 피했던 엄한 선배 크리에이터나 외부 저명인사들과도 아무렇지 않게 일할 수 있게 됐다. 어차피 바보 취급을 당할 거라고 생각하며 거침없이 말하게 됐기 때문이다.

닛산 세레나 광고에서 함께했던 세계적인 사진가 혼마 다카시 씨에게 "혼마 씨, 사진 정말 잘 찍으시네요."라고 말해 모두를 놀라게 하거나(정작 혼마 씨는 고맙다며 웃어 줬다), 지금은 엄청 유명한 감독이 된 고레에다 히로카즈 씨에게 "이 앵글이 더 멋지지 않나요?"라는 의견을 말해 현장 분위기를 얼어붙게 만들기도(고레에다 씨는 내가 제안한 앵글로도 촬영해 줬다) 한 에피소드는 지금도 가끔 떠오른다.

마음속으로는 항상 친절한 사람과 일할 수 있길 바랐으며, 불편한 선배나 후배와는 관계를 맺고 싶지 않았다. 하지만 상사는 용케도 불편한 사람들만 골라 나와 일을 시켰다. "고니시 씨는 감각이 좀 촌스러운 것 같으니 아이디어는 생각하지 않아도 괜찮아요."라는 후배나 "너 정도 카피는 영업 사원도 쓸 수 있을 것 같은데."라고 빈정대는 선배에게 시달리는 나날이었다.

☞ 슬립 스트림 속으로 들어가자

그런 불편한 사람들 중에서도 특히 불편했던 사람이 이 책에서 여러 차례 언급한 카피라이터 고시모 가즈야 씨다. 당시 고시모 씨는 이미 엄청나게 유명한 크리에이터로 업계의 좋은 일은 전부 도맡지 않나 싶을 정도의 기세를 보이고 있었다. 까칠한 면이 있어서 밑에서 일하는 사람들이 견디지 못하고 바로 일을 관두는 것으로도 유명했다. 고시모 씨와 처음으로 일하는 날, 무척 긴장한 내게 그가 꺼낸 첫마디는 다음과 같았다.

"너 같은 녀석은 필요 없어! 진짜 글 한 줄 제대로 못 쓰네. 내 앞에 그 얼굴 내밀지 말라고."

하지만 내 후안무치함은 절대로 굴하지 않겠다는 생각으로 바뀌었다.

"3년만 슬립 스트림에 들어가 있자."라고 마음먹었다. 슬립 스트림이란 자동차경주에서 빠른 차 뒤에 딱 달라붙어 바람을 피하다가 단숨에 앞지르는 주행법이다. 나는 고시모 씨에게 딱 달라붙어 슬립 스트림 영역에 들어가면 단번에 제칠 수 있지 않을까 생각하고, 365일 밤낮을 가리지 않고 사생활에서도 딱 달라붙어 지냈다.

그러나 바람을 피하기는커녕 하루에도 10번 넘게 욕을 먹는 등 고시모 씨의 배기 열을 직접적으로 받아 내야 했다. 거의 3여 년을 함께했으니 욕먹은 횟수가 만 번은 족히 넘지 않을까? 고시모 씨는 내 말투부터 기획에 관한 생각, 제안 방식, 업무 자세, 심지어 술 마시는 스타일, 노래하는 스타일, 다른 사람과 대화하는 방법, 지위가 높은 사람과 교류하는 방법에 이르기까지 일일이 지적하고 참견했다. 당시의 나는 크게 고통스러웠지만, 다짐했으니 3년 동안은 무슨 일이 있어도 끝까지 해 보자는 마음으로 이를 악물고 버텼다.

회의 때 내가 아무 말도 하지 않고 있으면 "아이디어를 내든가 목소리를 내든가 해라."라고 야단맞았다. 그런 고시모 씨가 무서워서 억지로라도 말하려고 노력하다 보니 언젠가부터는 누가 시키지 않아도 알아서 말하고 있었다. 잔소리를 들을 때마다 화가 났지만, 다음 날이면 생각을 고쳐먹고 생각하는 수준을 높이고자 노력했다. 그러다 보니 자연스레 불편한 사람들과도 나서서 관계를 맺게 됐고, 흠씬 두들겨 맞으면서도 굳세게 아이디어를 형상화해 나가는 방법을 터득했다.

지금 이렇게나마 일할 수 있게 된 것은 모두 그분들 덕분이다. 고시모 씨는 이미 돌아가셔서 뵐 수 없지만, 그 은혜를 하루도 잊은 적이 없다. 남을 적당히 칭찬하고 치켜세우기는 쉽다. 하지만 상대를 깎아내리고 뒤도 돌아보지 않고 두고 가는 것은 본인에게도 괴로운 일이다. 그런 괴로움을 짊어지면서까지 내 안이함을 지적해 준 '불편한 사람'들이 있었기에 나는 내 일을 매일 점검하면서 성장할 수 있었다.

물론 지금은 그런 고난을 굳이 견딜 필요는 없다. 다만 젊은 세대 중에는 "정신 바짝 차리게 혼내 주는 사람이 없다."라며 개탄하는 사람도 많다. 일에 진지하게 임할수록 옳고 그름을 기탄없이 말해 주는 사람이 필요하다는 사실을 실감하는 것은 사실이다.

갑질하는 사람이 있어서는 안 되겠지만, 고민이나 망설임을 풀어 줄 멘토는 필요하다. 그 멘토란 할 말을 해 주는 사람이다. 만일 당신이 불편하지만 멋지다는 생각이 드는 사람을 만난다면 그에게 딱 달라붙어 그의 사고방식이나 삶의 방식을 훔쳐라. 아마도 그것이 일에서 가장 빠르게 성장하는 방법일 것이다.

불편한 사람과는 돈을 주고서라도 교류하자.
고민을 풀어 주는 멘토가 돼 줄지도 모른다.

THINKING TOOL
61

싫은 사람과는 동지가 되자

'싫은 사람'이 아니라 '맞지 않는 사람'이라고 생각해 보자

나는 의뢰를 받는 경우가 많다. 내가 기획안을 내서 시작하는 일도 물론 있지만, 어떤 과제를 가진 의뢰인이 일을 발주하거나, 프로젝트가 난항을 겪고 있다며 해결해 달라고 연락이 오는 경우가 대부분이다.

다시 말해 거의 원정 경기를 하는 셈이다. 외부인인 데다 도중 참가라 기대를 받으면서도 "그만한 가치가 있으려나?" 하고 품평을 당하기도 한다. 이미 적으로 여기며 경계 태세를 보이는 경우도 많다.

이때 중요한 것이 초동 대응이다. 굿 네이처 스테이션 사례에서도 알 수 있듯 함께 일하게 된 사람들에게 어떤 배를 원하는지 묻는 것부터 시작하는 것이 좋다. 절대로 "당신 배는 낡을 대로 낡아서 가라앉을 거야." 또는 "최신식 배로 바꿔라."라고 말해서는 안 된다. 상대의 이야기(처한 상황)에 공감하는 것을 출발점으로 삼고, 뭐가 부족한지, 어떻게 하고 싶은지를 듣는 것만으로도 의사소통이 상당히 쉬워진다.

그렇지만 인간이다 보니 싫은 사람도 있을 수 있다. 예전에 한 젊은 친구가 상대하기 어렵거나 싫은 사람과는 어떻게 한 팀으로 지내면 좋을지 물어본 적이 있다. 그런데 나는 명확한 답을 돌려줄 수가 없었다. 왜냐하면 나는 싫어하는 사람이 별로 없기 때문이다. 좀 더 정확히 말하면,

좀 불편하다 싶은 점이 있어도 '싫은 사람'이라기보다 '맞지 않는 사람'으로 범주화해 언젠간 잘 맞았으면 좋겠다고 바라기 때문이다.

앞서 서술한 바와 같이, 나는 대하기 힘든 사람이나 불편한 사람과도 함께 잘 일해 왔다. 고시모 씨와의 경험도 있어서 불편한 사람에게 익숙해졌고(웃음), 나와는 다른 관점이 늘어나 일에 좋은 자극이 되기 때문이다. 그러나 싫은 사람을 억지로 좋아할 필요는 없다. 대신에 같은 꿈을 공유하는 동지가 될 수 있도록 노력한다. 설레는 미래의 비전을 공유할 수 있다면, 입장이나 뜻이 달라도 각각의 개성을 그대로 유지하면서 한 배에 올라탈 수 있다. 뜻은 사람에 대한 호불호를 초월할 수 있다.

성공을 거두는 비결은 자신의 말을 잘 전하고 상대의 말을 잘 듣는 것이다. 그렇게 대화하는 중에 '목적(비전)'이 같다는 것을 알면 이제 남은 일은 어떻게 미래를 향해 나갈지 함께 모색하는 것뿐이다.

사실은 싫어했던 사람일수록 오히려 팀을 바꿀 잠재력을 갖고 있다. 전에 없던 새로운 의견으로 재미있어지는 일도 많다. 나만 보더라도 싫어했던 사람이 팀에 있음으로써 좋은 성과를 낸 적이 많고, 큰 배움도 얻었다. 좋아하는 사람과 일하는 것이 이상적이기는 하지만, 자신이 편하게 느끼는 범위 밖으로 나가 보는 것도 필요하다. 분명 일의 가능성을 넓히는 좋은 기회가 될 것이다.

*싫은 사람을 억지로 좋아할 필요는 없지만,
비전을 공유하면 팀에 자극을 줄 수 있다.*

THINKING TOOL
62

프로로서 다른 분야의 프로를 대한다

전문 영역을 잊으면 그냥 아저씨일 뿐이다

가사이 슈지 씨는 플레이스테이션 광고 시리즈를 비롯해 닛산, 기린 등 명작 광고를 잇달아 탄생시킨 아트 디렉터다. 함께 일하면서 많이 혼나기도 했지만 또 많이 배웠다. 그렇게 배운 것 중 하나로, 내가 일을 하면서 지침으로 삼은 말이 "고니시, 여러 가지를 해 보는 것도 좋지만, 광고를 잊으면 그냥 평범한 아저씨일 뿐이야."라는 조언이다.

요즘 세상을 둘러보면 "여러 가지 일에 도전하고 싶다.", "다른 분야에서도 성공하고 싶다."라며 다른 영역으로 경계를 넘는 사람들이 많다. 물론 새로운 영역에 도전하는 것은 좋지만, 전혀 다른 분야에서 일할 때도 자신의 전공 분야에서 쌓은 중요한 기술, 사고방식을 유지해야 한다.

경계를 넘은 그 분야에는 본인보다 훨씬 뛰어난 전문가가 이미 있으므로, 무기가 없다면 아무것도 해 볼 수가 없다. 그러므로 이에 상응하는 경험치가 쌓인 자신의 전문적인 기술이나 사고력을 살려야 한다. 프로의 세계에 들어가려면 뭐가 됐든 프로여야 한다. 다른 분야에 도전하는 것도 중요하지만, 자신을 과신하지 말고 자신을 지탱하는 중심축이 어디에 있는지를 잊지 않는 것이 중요하다.

오래전 소설가 이사카 고타로 씨와 이야기를 나누던 중 "사이토 가즈

요시 씨를 좋아하는데, 가사를 써 달라는 의뢰를 받은 거예요. 그런데 거절하고 말았죠."라는 이야기가 나왔다. 내가 "좋은 기회였는데 아쉽네요!"라고 하자, "나는 소설가지 작사가가 아니니까요."라더니 "대신 소설을 쓰기로 했지요."라고 말했다. 소설『아이네 클라이네 나흐트무지크』는 이렇게 탄생했다. 그의 프로 의식과 결단력, 그리고 소설을 썼다는 결론에 찌릿찌릿할 정도로 전율했던 기억이 아직도 선명하다.

몇 년 뒤, 미나미아오야마에 있는 재즈 클럽 블루노트의 "음악 이야기를 합시다."라는 캠페인 광고를 위해 카피를 부탁했을 때도 그는 변함이 없었다. "나는 소설가지 카피라이터가 아니라서요."라며 고사하더니 대신에 단편을 써 줬다. 그 소설은 정말로 대단했으며, 캠페인은 대성공을 거뒀다. 나는 다시 한 번 그의 프로 근성에 깊이 감동했다.

프로로서 프로를 대한다. 그것이 우호적으로 경계를 뛰어넘어 새로운 영역의 일을 하는 비결이다.

자신의 영역을 넘어, 그 창의력을 다른 비즈니스에 응용하려는 시도는 계속돼야 한다. 다만 다른 영역의 프로와 일할 때는 나는 광고의 프로라는 자긍심과 기술을 토대로 접근해야 결과가 좋다. 가사이 씨가 했던 말의 의미가 바로 이것임을 다시금 깨닫는 요즘이다.

> 만일 당신이 어떤 분야의 프로라면
> 프로로서 자신의 영역을 뛰어넘어
> 다른 세계의 프로와 교류하자.

THINKING TOOL
63

중심은 흔들지 말고 피벗 스타일로

중심을 확실하게 정하는 것이 방향 전환 요령

바로 앞에서 말한 '경계 넘기'와 관련해 조금 더 파고들어 보자. 나는 개인이든 기업이든 피벗 스타일의 경계 넘기가 좋다고 생각한다. 피벗이란 농구 경기 때 한 발을 축으로 삼아 다른 발을 빠르게 움직이는 스텝을 말한다. 즉 지금 하는 일의 전문성에 축을 두고 새로운 세계에도 발을 들여놓는다. 본래의 자기 영역을 지키면서 새로운 도전을 하는 것이 좋다는 말이다.

다만 앞서도 언급했듯 재미있는 일에는 반드시 대단한 프로가 있다. 이는 재미있어 보이는 세계로 뛰어들어 새로 일을 시작할 때 항상 하는 생각이다. 아무리 지금 영역의 기술이나 사고력을 끌어들여도 다른 세계에서는 통용되지 않는 일이 종종 있다. 그래서 중요한 점이 피벗을 했을 때도 자기 영역이 아닌 곳에서는 싸워 이기려고만 해서는 안 된다는 사실이다. 그쪽 길의 프로인 사람들을 존중하면서 이쪽 길의 프로로서 상대의 생각이 미치지 못하는 새로운 아이디어를 궁리하는 것이 좋다.

지금 나는 광고 이외에 음식점 경영, 브랜딩, 지역사회 조성 등 여러 일을 하고 있다. 이런 일들을 할 때는 늘 광고에 중심을 두고, 광고적인 아이디어나 카피라이터로서의 기술을 사용한다. 호텔 더 사우전드 교토 개발에 관여했을 때도 그랬다. 함께 일하는 설계가들과는 건축 지식과 경험 면에서 엄청난 차이가 있었지만, 콘셉트나 디자인 구상을 전해야만 했다. 우리는 고민에 고민을 거듭한 끝에 '스토리 디벨롭먼트'라는 기법을 썼다.

이는 카피라이팅 기술을 써서 그 호텔에서 마주할 체험을 소설로 표현해 설계에 활용하는 방법이다. 예를 들어 "호텔에 들어서면 교마치야(교토의 전통 가옥 양식-옮긴이)의 길쭉한 안마당 같은 좁은 통로가 있고…….", "뒤돌면 지온인(교토의 유서 깊은 절-옮긴이)처럼 계단 끝에서 햇빛이 비쳐 드는……." 등의 이야기를 써서 보여 주는 것이다. 그러면 설계가들이 "아무리 그래도 통로 폭은 여행 가방 두 개가 스쳐 지날 수 있을 정도는 돼야겠는데요."라든가 "지온인처럼 하려면 계단 소재는 그게 좋겠군요."라든가 "계단 끝 벽은 유리로 합시다."와 같은 아이디어를 냈다. 그때까지 경험한 적 없는 흥미진진한 협업이었고, 결과적으로 프로끼리 서로 존중하며 한 팀으로서 획기적인 호텔을 만들 수 있었다.

타 영역에의 도전은 매혹적이지만 위험한 행위다. 그렇기에 항상 자신이 강점으로 생각하는 기술을 의식적으로 지키면서 상대에게도 이점이 될 만한 도전을 해야 한다. 영화 프로듀서인 가와무라 겐키 씨로부터 "고니시 씨는 여러 가지 일을 많이 하시는데, 결국은 다양한 분야를 광고하고 있네요."라는 말을 들은 적이 있다. 딱 맞는 말이라고 생각한다.

비즈니스 변혁기인 지금, 기업도 바뀌지 않으면 안 된다. 그러므로 매혹적인 영역으로 단번에 넘어가기도 하고, 다른 분야의 재능과 협업하는 일도 늘어날 것이다. 그때 성공적으로 해 나가려면 자신들의 중심이 뭔지를 파악해, 그 기반이 흔들리지 않도록 주의하면서 다양한 사람들과 함께 새로운 가치를 만들어 나가는 것이 중요하다. 이런 피벗 스타일의 타 영역에의 도전이야말로 시대를 개척하는 방정식이다.

자신의 본래 전문 영역에서
쌓아 온 기술을 사용하면서
새로운 세계에 발을 들여놓자.

THINKING TOOL
64

센스는 지식 + 경험 + 배려심

센스가 없다는 말은 게으르다는 뜻이다

"나는 센스가 없어서 잘 모르겠어요." 크리에이티브 일을 할 때 상대에게 가장 많이 듣는 말일지도 모르겠다. 물론 겸손을 표하는 것이겠지만, 그때마다 나는 이렇게 말한다. "센스가 없다는 건 게으르다는 말이니 열심히 노력해 주세요." 그러면 상대는 당황을 감추지 못한다. 나도 심장이 벌렁거려서 그런 말을 하고 싶지는 않은데 굳이 말한다. 왜냐하면 센스는 노력으로 얻을 수 있기 때문이다.

자랑은 아니지만, 나는 이른바 센스가 없는데 노력하는 편이다. 겸손이 아니라 지금까지 함께 일한 디자이너로부터 툭하면 "고시니 씨는 정말 센스가 없네요."라는 말을 들었으므로 틀림없을 것이다.

하지만 나는 최선을 다해 노력해 조금이나마 센스를 손에 넣었다. "애초에 센스란 무엇일까?" 여러분은 뭐라고 정의할지 궁금하다.

나는 지금까지 여러 차례, 센스란 뭔지 정의해 보려 했다. "이게 좋다!"라고 분명하게 딱 잘라 말하며 주변을 이해시키는 사람을 만나면 "센스는 자신감이구나!"라고 생각했다. 창의적인 생각으로 목적을 달성하려는 사람을 만나면 "센스는 독창성이다."라고 생각했다. 또 폭넓은 식견을 바탕으로 뭐든 답하는 사람을 보면 "센스는 지식인가?"라고 생각했다.

시류에 편승하지 않는 사람에게 감화되면 "센스는 미의식이다."라고 생각했다.

다 맞는 말이지만, 모두 센스의 일부분에 지나지 않는다고 생각하던 어느 날이었다. "센스는 재능이 아니라 기술 아닐까?"라는 생각에 이르렀다. 좀 더 정확히 말하면, 센스는 천부적 재능이 아니라 '보통 사람도 노력하면 얻을 수 있는 기술'이란 생각이 든 것이다. 왜냐하면 센스 있다고 일컬어지는 것 대부분이 '틀리지 않는 힘'에 따른 것이기 때문이다.

생각해 보자. 예를 들어 좋은 옷을 고른다거나 항상 좋은 가게를 고른다거나 방향 제시가 적확해서 많이 배운다거나 하는 것들은 대부분 지식에 의한 것이다. 즉 그 영역에 장시간 관여한 결과, 얻은 지식의 양과 많은 판단 경험에 따른 것이라고 할 수 있다.

예측이 필요한 업무의 방향성 설정도 여러 차례 판단해 봤기에 뭐가 정답인지를 아는 것으로, 이 역시 경험의 산물이다. 그런 의미에서 센스는 배워서 익히면 누구나 얻을 수 있는 '틀리지 않는 힘'이라고 할 수 있다.

다만 아무리 많이 경험해도 사람에 대한 배려가 없으면 좋은 센스를 얻을 수 없다. 자신의 욕구만으로 지식을 얻어 봐야 센스는 이기심이 돼 공감받지 못할 테니 말이다. 그런 의미에서는 좋은 사람이 센스가 좋을 가능성이 있으며, 나는 그랬으면 좋겠다고 바란다.

센스를 향상시키고 싶다면
사람에 대한 배려도 필요하다.

> THINKING TOOL
> # 65

안테나를 세워 관찰하고
재발견해 공유하자

센스 향상을 위한 핵심을 포착하자

앞에서 언급한 바와 같이 내가 카피라이터를 하게 된 이유는 단순히 업무를 배정받아서였다. 어릴 때부터 미술을 좋아했다거나 크리에이티브 직군을 동경했던 것이 아니라, 입사한 회사에서 그렇게 배치를 받았을 뿐이다. 그런데 갑자기 "너는 이제부터 카피라이터다. 그러니 무조건 써라."라는 지시를 받은 것이다. 아는 것이 하나도 없었으므로 진짜 많이 고민했다.

뭐가 뭔지도 모른 채 얼떨떨한 상태로 회의 자리에 나가 카피를 내면 무서운 눈초리가 쏟아졌다. 어처구니없다는 표정으로 "어휴." 하고 내쉬는 한숨 소리가 비수가 돼 가슴에 날카롭게 꽂혔다. 내가 좋다고 생각하는 것과 주변 의견이 다른 경우가 많아서 그때마다 감각이 촌스럽다는 말을 들어야 했다. 반대로 어차피 또 깨질 것 같아 떠오른 생각을 말하지 않고 가만히 있으면, 꼭 동료가 내 생각과 비슷한 아이디어를 말해 칭찬을 받았다. 그러면 또 그게 분해서 아이디어를 내 보는데 결국 돌아오는 것은 차갑기만 한 눈초리였다.

처음부터 그런 상황이었기에, 나는 완전히 자신감을 잃었다. 선배나 동료와 비교하면서 센스라고는 눈 씻고 찾아도 없는 평범한 내가 이 자리에 있을 자격이 있을까 하고 매일같이 생각했다. 입사하고 몇 년간은 뭔가를 하기는커녕 몸도 마음도 너덜너덜해져서 일을 그만두기 일보 직전의 상황으로까지 내몰렸다. 그런데 이 고통스러운 실패의 나날이 센스로 이어진다는 사실을 나중에 알았다.

☞ 먼저 안테나를 세우자

나는 입사 초기에는 아무 생각 없이 그저 실패만 거듭하면서, 잘 풀리지 않는 이유를 다른 뭔가에서 찾으며 자포자기했다. 매우 소극적이고 부정적인 태도로 한 걸음도 나아갈 수 없었다. 그때 고시모 씨의 스승인 안도 데루히코(安藤輝彦) 씨의 말에 눈이 번쩍 뜨였다.

> "고니시, 안테나를 세워라. 정보는 안테나를 세우고 있는 사람에게만 모여든다."

자동차 광고 회의 때의 일이다. "집에서 회사까지 오는 동안에 어떤 차들이 달리고 있었는지 지금 말할 수 있나? 멍하니 살면 알 수가 없지. 하지만 어떤 차가 있는지 안테나를 세우고 다니다 보면 괜찮은 정보들이 모여들 거야." 안도 씨는 말했다.

업무 센스를 갈고닦으려면 무엇보다 먼저 안테나를 세울 필요가 있었던 것이다. 감도를 높여 정보를 모으지 않으면 일을 잘할 수 없다. 세상과 동떨어져서는 어떤 아이디어를 내놔도 피상적일 수밖에 없고, 적확한 판단을 내리기도 어렵기 때문이다.

이렇게 말하면 음악, 패션, 정치, 철학 등 수십 개나 되는 안테나를 세우려는 사람이 있는데, 많이 세우면 정보가 얕아지므로 추천하고 싶지 않다. 진심으로 업무 센스를 익히고 싶다면, 이 중에서 재미있는 몇 가지, 만들고 싶은 한 가지 정도를 기준으로 감도가 높은 안테나를 세우도록 하자.

센스를 익히기 위한 두 번째 지침은 '관찰, 재발견, 공유'다. 이는 화가 센주 히로시 씨가 가르쳐 준 말이다. 한 모임에서 센주 씨는 "어떻게 하면 좋은 예술품을 만들 수 있을까요?"라는 내 질문에 "관찰, 재발견, 공유, 이것이 예술의 본질입니다. 이것만 파고들면 돼요."라고 대답했다. 나는 벼락을 맞은 것처럼 놀랐다. 그야말로 창의력을 낳는 방법 그 자체이자, 모든 일에 대한 감각을 높여 좋은 성과로 발전시키기 위한 관점이다.

모든 것은 관찰에서 시작된다. 세상을 가만히 바라본다. 뒤에서도 보고 앞에서도 보고, 또 멀리서도 보고 가까이서도 본다. 그러면 당연하다고 여겼던 세상의 뭔가에서 위화감이 느껴지고, 세상에서 아직 거론되지 않은 뭔가가 있음을 발견한다. 철저히 관찰하다 보면 놓치고 있던 뭔가나 생각지도 못한 모습을 재발견하게 되는 것이다.

재발견은 매우 좋은 말이다. 실제로 일상의 대부분은 이미 발견된 것처럼 보이지만, 사실은 여전히 다른 시각, 다른 방식이 있다. 센주 씨는 "사실 폭포는 이런 것이다!"라는 점을 재발견했기에 그 유명한 〈폭포〉 시리즈를 그릴 수 있었다. 재발견은 '만들고 싶다!'라는 의지의 원동력이다.

남은 일은 재발견을 "어떻게 하면 잘 전해질까?"를 고민하는 것뿐이다. 이것이 공유의 단계다. 이 단계에 이르렀다면 이제 자기답게 표현한다. 문장이든 그림이든 기획서든 연설이든 뭐든 좋다. 사실은 이런 식으로 돼 있었다! 이렇게나 재미있어진다! 이런 놀라움을 전하면 된다.

관심이 가는 일에 안테나를 세워 관찰하고 재발견해 공유하자. 이런 습관이야말로 센스를 끌어올리는 황금 법칙이다. 이렇게 계속 도전하다 보면 반드시 센스가 좋아진다.

'관찰 → 재발견 → 공유'는
센스를 향상시키기 위한 황금 법칙!

> THINKING TOOL
66
맹렬한 속도로 구르면 앞으로 더 튀어 나갈 수 있다

실패에 도전하자, 그리고 저장하자

"실패하자." 캘리포니아대학 버클리 캠퍼스에서 인기 있는 수업의 모토다. 성공을 꿈꾸기 전에 먼저 실패를 각오하고 도전해 보자는 제안이다. 그 정도로 실패를 통한 배움은 커다란 재산이 된다.

사실 센스를 끌어올리기 위해서는 실패에 도전하는 것이 무엇보다 중요하다. 특히 젊을 때는 손쉽게 성공하는 것보다 몇 번이고 실패하는 것을 더 중시해야 한다. 그래야 장래에 거듭 성공하는 힘을 키울 수 있다.

나는 센스가 있는 사람의 실패담을 좋아한다. 좋다고 생각하는 사람과 만나면 반드시 실패담을 들었고, 유명인의 실패담도 셀 수 없을 정도로 조사해 왔다. 이야기로도 재미있을 뿐 아니라 배우는 것도 크기 때문이다. 예를 들면 스타일리스트 이가 다이스케 씨의 경험도 매우 흥미롭다. 그가 어시스턴트 시절, 3인조 록밴드 블랭키 젯 시티의 CD 재킷용 의상을 찾아 우에노 주변을 샅샅이 뒤졌다고 한다. 그런데도 마땅한 것이 없어 급기야 우에노역 육교 구석에서 잠을 청하는 등 이틀간 노숙자들과 같이 지내면서(노숙자들 술자리에도 끼면서) 계속 찾았다고 한다. 노숙 사흘째, 마침내 원하는 옷을 발견했다는 성공담을 이야기하면서 이만한 탐구심도 없으면 성공은 어렵다고 가르쳐 줬다.

또한 아마존을 세운 제프 베이조스가 파이어폰 철수라는 전대미문의 실패를 했을 때 "홈런을 노리고 풀스윙을 할 때마다 삼진 아웃으로 끝날 게 뻔히 보인다. 그래도 언젠가 홈런을 치려면 그러는 수밖에 없다."라고 한 말에도 허세를 부린다고 생각하는 한편으로 도전하는 용기도 얻었다.

실패에는 좋은 것과 나쁜 것이 있다. 뭔가에 도전하거나 자신이 생각하고 그린 것을 시도해서 실패하는 것은 좋은 실패다. 반대로 주변 평가에 주눅이 들어 꼼짝 못 하고 실패하는 것은 나쁜 실패다. 기막혀하는 주변 시선에 기죽었을 때의 나는 그야말로 후자의 전형이었다.

👉 센스를 익히기 위한 실패 루틴

센스란 그 영역의 지식과 경험의 양이 말해 주는 틀리지 않는 힘이다. 그러므로 특별히 유일무이한 뭔가를 만들어 내는 힘이 없어도 괜찮다. 업무적으로 판단을 내릴 때 100가지 중 틀릴 것 같은 50가지를 줄일 수 있다면 충분히 센스 있는 사람이 될 수 있다. 하지만 아무 생각 없이 일하면 틀리지 않는 힘을 얻을 수 없다.

내가 광고 회사 입사 초기에 일에 적응하지 못해 만신창이가 됐을 때의 일이다. 어느 회식 자리에서 한 선배가 "내가 실패할 정도니 너는 나보다 10배 이상은 실패할 거다."라고 말했다. 나는 몹시 화가 나면서도 어쩐지 후련해졌다. "맞아, 실패는 누구나 하는 법이고, 나는 조금 더 많이 했을 뿐이야. 그렇다면 차라리 더 재미있게 꼬꾸라져 보자."라고 마음먹었다.

맹렬한 속도로 달리다 구르면 꽤 앞으로 튀어 나갈 것이고, 분명 엄청 아플 테니 실패도 잊지 못할 것이다.

　신기하게도 실패해도 상관없다고 마음먹은 사람은 강해진다. 정답을 내놓으려고 하니까 고민스러운 것이다. 앞뒤 가리지 않고 재미있는 것만 생각하면 그 자체로 재미있다. 그때부터 나는 광고라기보다 장난스러운 짓을 생각하게 됐다. "광고 페이지에 아무것도 쓰여 있지 않으면 깜짝 놀라겠지?" "누구도 본 적 없는 엄청나게 긴 카피를 쓰면 신기해하지 않을까?" 크크크 웃으며 이런 생각을 이어 갔다.

　처음에는 회의 자리에서 모두를 웃기는 것이 목표였다. 어느 날, 그게 성공하자 세상도 웃으리란 것을 깨달았다. 그래서 점점 더 장난스러운 것에 도전했다. 성공에 도전한다기보다 실패에 도전하는 느낌이었다.

　"그런 생각으로 일하다 보니 전혀 실패하지 않게 됐다." 이렇게 말할 수 있으면 좋겠지만, 사실 그 뒤에도 계속 실패했다. 실제로 프레젠테이션 상대가 진지한 얼굴로 "재미없습니다."라고 말하며 출입을 금지시킨 적도 있다. 나는 굉장히 재미있다고 생각하며 광고를 만들었는데 세상으로부터 외면당하기도 했다.

　물론 넘어지면 상당히 아프다. 또 욕을 먹기도 한다. 그래서 다음번에는 실패하지 말자고 마음속으로 생각하며 실패를 해체해 분석했다. 실패 원인을 파악한 뒤에는 이를 복기하며 머릿속에 담고 몸으로 익혀 나갔다. 그러는 사이에 "도전한다 → 실패한다 → 몹시 속상해한다 → 해체하고 분석한다 → 실패를 저장한다 → 실패 루트를 없앤다 → 다음 도전을 한다"라는 환상의 실패 루틴이 완성됐다.

|그림 10| 환상의 실패 루틴

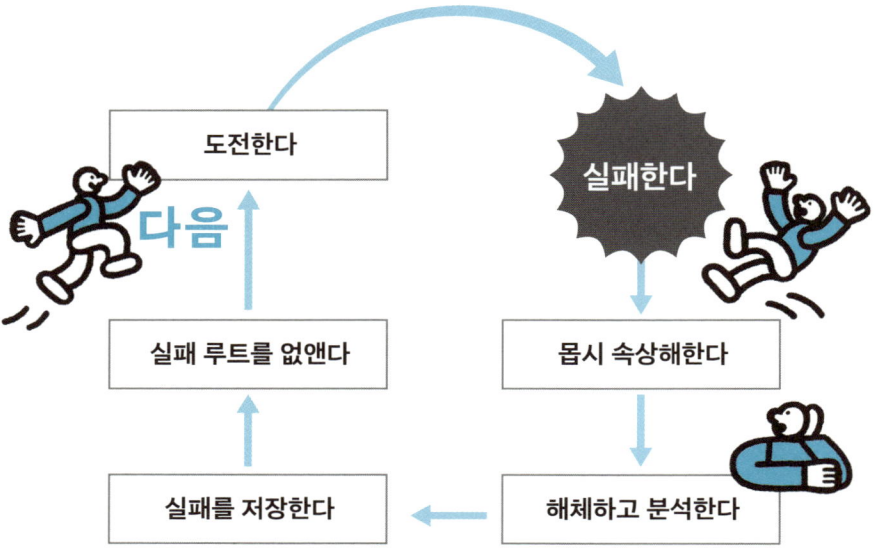

 그러는 사이, 회사에서 나를 보는 시각이 달라졌다. 어쨌든 전례가 없는 것을 제안하므로 재미있는 사람이라고 불리기 시작했다. 회를 거듭할수록 실패 루트를 택하지 않게 됐고, 어느새 틀리지 않는 사람이 돼 조금은 센스가 있는 사람으로 발전해 갔다.

 성장하기 위해서는 실패를 두려워하지 말고 도전해야 한다. 처음부터 실패를 피하려는 사람은 산을 오르지 않고 기슭 부근만 걷는 셈이므로 등산 경험을 쌓지 못한다. 산에 오르면서 생고생도 하고 넘어지기도 할 때 비로소 "이 길은 안 되겠구나." 하는 배움을 얻을 수 있다.

 실패에서 배운 내용을 저장하는 것도 중요하다. "실패는 잊고 다음을 향해 나아가라."라는 조언은 어리석기 그지없다. 실패했다면 이를 갈 정도로 분통을 터뜨리는 것이 좋다. 그렇게 해서 몸에 밴 실패는 다음에 똑같은 실패를 반복하지 않는 판단력으로 기능한다. 이것이 "맹렬한 속도로 구르면 앞으로 튀어 나갈 수 있다."라는 말의 진정한 의미다.

환상의 실패 루틴으로 센스를 익히자.
실패를 해체 분석해 저장하는 것도 잊지 말자.

THINKING TOOL
67

좋아하는 것과 만들고 싶은 것의 차이

사람은 어디에서 꽃을 피워야 할까? 답을 찾는 간단한 방법

주어진 환경에서 꽃을 피워라. 일본인이 매우 좋아하는 미학이다. 그런데 나는 일에 한해서는 이 생각이 맞지 않다고 생각한다. 새로운 시대에는 자신이 자랄 곳의 토양도 자신이 찾아야 하며, 흙이 다르다 싶으면 자신이 책임지고 다른 데로 가야 한다. 그에 따라 꽃을 피우는 방식이 달라질 것이다. 또 지금 시대는 토양을 바꾸는 데 걸림돌이 될 만한 것도 많이 사라졌다.

나 자신을 되돌아보면 학창 시절에는 어디에서 꽃을 피워야 할지 몰랐다. 그러다 광고 회사에서 우연히 배치받은 지금 일을 시작해, 50대가 돼서야 마침내 이 일을 해서 좋았다고 생각하는 수준이므로 그럴듯한 말은 못 하겠다. 그래도 젊은 친구들에게는 먼저 본인이 좋아하는 분야를 고르고, 그곳에서 한번 꽃을 피워 보고 나서 다른 토양을 찾으라고 권하고 싶다. 왜냐하면 앞서 '경계 넘기'에서도 언급한 바와 같이 새로운 영역의 전문가를 상대하면서 그 자리에서 꽃을 피우기 위해서는 그에 상응하는 경험치와 기술을 갖고 있는 편이 좋기 때문이다.

참고로 어느 길로 가면 좋을지 정할 때 나침반이 될 만한 것이 하나 있다. 바로 음악 프로듀서 기사키 겐지(木﨑賢治) 씨가 『프로듀싱의 기본

(プロデュースの基本)』에서 쓴 구절이다. "좋아하는 것, 좋다고 생각하는 것은 누구에게나 있기 마련입니다. 자신이 좋다고 생각하는 것을 만들어 보고 싶은 충동이 있느냐 없느냐, 이것이 핵심입니다." 나는 여기서 큰 깨달음을 얻고 사람을 만날 때마다 이 말을 하곤 했다.

도쿄 디즈니랜드는 재미있다. 롤러코스터 빅선더 마운틴의 완성도는 대단하다. 세계관이 남다르다. 많은 사람들이 이렇게 칭찬하지만, 만들고 싶다는 생각은 거의 하지 않는다고 기사키 씨는 지적한다. 듣고 보니 그렇다. 디즈니랜드는 즐겁고 재미있지만, 나는 딱히 만들고 싶다고 생각하지 않는다. 옷도 건축도 좋아하지만, 내 손으로 만들겠다고 생각한 적은 없다.

그런데 좋아하는 것 중 이게 왜 이렇게 재밌을까, 이건 어떻게 하면 이렇게 될까, 나라면 이런 식으로 좀 더 재미있게 만들 텐데 하고 생각하게 되는 '만들고 싶어지는' 것이 있다. 이처럼 ==자신의 창조력이 활성화하느냐 아니냐가 '좋아하는 것'과 '만들고 싶은 것'의 차이다.==

그러므로 어느 길로 가면 좋을지 몰라, 직업 선택으로 고민하는 젊은 친구들에게는 반드시 이렇게 묻는다.

> **"네가 재미있다고 생각하는 것은 뭐니? 그중에서 만들고 싶다거나 바꾸고 싶다고 생각해서 분석한 것은 있니?"**

사람들이 흥미를 느끼는 것은 많지만, 분석까지 해 보고 싶어지는 것은 별로 없다. ==" 좋아한다!"가 아니라 "만들어 보고 싶다!", "분석해 보자!"라는 마음을 갖게 하는 것이야말로 그 사람이 쭉 흥미를 느끼면서 꽃을==

피울 수 있는, 단 하나의 장소라고 생각한다.

다만 독자 여러분 중에는 만들고 싶냐 아니냐 이전에, 자신도 만들 수 있다는 사실을 알아차리지 못하고 있는 사람도 있을 것이다. 일본 교육에서는 잘하기 위한 것은 배울 수 있어도 만들 수 있다는 가능성을 배우기는 어렵기 때문이다.

하지만 사실은 누구나가 창업자나 크리에이터가 될 소질을 갖고 있다. 매일의 삶 속에서 "만들어 보고 싶다!"라는 생각을 할 수 있으면 이미 크리에이터로서의 첫발을 뗀 것이나 다름없다. 우선은 자기 능력을 믿는 것부터 시작하자.

👉 거리에 나가 사람을 만나자

"만들고 싶은 것이 많아 고를 수 없다."라는 사람도 종종 있다. 그런 사람에게는 "그렇다면 재미있다고 생각하는 사람을 만나 보세요."라고 나는 말한다. 아무리 쉽게 만나 볼 수 없는 사람이라고 해도 만나고자 마음먹으면 신기하게 만나는 경우가 있다. 꼭 그런 경우가 아니더라도, 생각지도 못한 연이 닿거나 여러 가지 사고방식을 접할 수도 있다. 인맥을 만든다기보다 '흥미 맥'을 만드는 것에 가깝다. 실제로 사람을 만나면 아무리 인터넷으로 조사해도 나오지 않던 정보나 깨달음을 얻기도 한다.

안테나를 세우고 거리에 나가 사람을 만난다. 이것이 바로 '재미있다.'를 뛰어넘어 '반드시 해 보고 싶다.'라고 생각하게 하는 일을 만날 수 있는 최단 경로다.

이제 더는 이상적인 성공 유형이 없는 지금 같은 시대에 활기차게 살아가려면 좋아하는 것을 철저히 파헤쳐 나갈 수밖에 없다. 거기서 만들어 보고 싶은 것을 발견해 실행해 보자. 그것이 어려우면 지금까지 키워 온 경험과 기술을 토대로 토양을 바꿔 본다. 이를 거듭해 나가는 것이 결과적으로는 행복에 가까워지는 일이다.

> *만나고 싶은 사람과 만나려고 하다 보면*
> *흥미 맥이 넓어진다.*
> *어느 자리에서 꽃을 피우면 좋을지*
> *그 길도 보이기 시작한다.*

THINKING TOOL

68

생각한다 =
목적에 도달하는 방법을 짜낸다

목적 없이 일하지 말고 가치를 창출하는 일을 하자

"좀 더 깊게 생각해라." 스승 고시모 씨에게 여러 차례 들었던 말이다. 당시 나는 일일이 반론하지 않고 "네, 더 생각하겠습니다." 하고 말했지만, "어제도 밤새 생각했는데!"를 외치고 싶은 심정이었다. 그래도 이 말 덕분에 머리 쓰는 법을 단련할 수 있었다.

나는 젊은 친구들과 일할 때 훈련시켜 준다는 생각으로 애정을 담아 "이거 잘 생각한 것 맞냐?"라고 묻는 일이 많다. 그러면 대체로 "잘 생각했습니다."라는 답이 돌아온다. 하지만 다시 "생각한다는 게 뭐냐?"라고 물으면 "으음……." 하고 말을 제대로 잇지 못하는 경우가 대부분이다. 즉 우리는 '생각하다'의 의미도 모른 채 막연하게 생각한다고 말하는 일이 많다.

사전에는 '생각하다'가 "지식이나 경험 등을 토대로 논리를 세워 머리를 움직이는 것, 관련 있는 사항이나 사정에 대해 이것저것 두루두루 생각하는 것"이라고 나와 있다. 그러나 나는 일에서 '생각한다'의 본질은 '목적에 도달하는 방법을 어떻게든 짜내는 것'이라고 생각한다. 그저 상황을 논리적으로 분석하는 것만도, 설명서를 깔끔하게 만드는 것만도, 이상(理想)에 대해 두루 생각하는 것만도 아니다.

이렇게 하면 설정한 목표에 도달한다는 구체적인 방법을 만들어 내는 것이 '생각한다'의 의미다.

예를 들어 "1억 명이 쓸 서비스를 사흘 안에 생각해 내라."라는 의뢰가 들어왔다고 하자. 밤새 생각하고 생각한 결과 "어렵습니다." 또는 "생각이 떠오르지 않습니다."라고 말하는 사람이 있다면, 그 사람은 생각한 것이 아니다. 그저 시간을 허투루 썼을 뿐이다. 어떻게든 방법을 짜내 아이디어에 대한 결과물까지 내놨을 때 비로소 생각했다고 말할 수 있다.

사람은 부족한데 실적을 올리라는 둥, 판매 부진 상품을 잘 팔리도록 궁리해 보라는 둥, 경쟁자를 제치고 프레젠테이션을 통과시키라는 둥 세상에는 말도 안 되는 지시투성이다. 그래도 포기하지 않고 계속해서 어떻게든 방법을 짜내다 보면 기상천외한 아이디어가 탄생하기도 한다. 규칙이 엄격할수록 재미있는 아이디어가 나오기 쉽다. 생각한다는 것은 '어떻게 하면', '왜?', '이거잖아!', '틀렸어.', '그럼 이건?' 하고 생각을 짜내는 도전의 연속 그 자체기 때문이다.

☞ 가치 있는 일을 하자

때때로 "그 사람, 진짜 일 잘해요."라는 소리를 듣는 사람이 있다. 그런 사람은 뭐가 다를까? 물론 그 사람이 장시간 잔업을 해 가면서까지 열심히 해서라기보다 그가 관여하면 업무가 순조롭기 때문이다. 그 사람이

있어 제자리걸음이던 업무가 움직이기 시작하거나, 타인과의 관계가 부드러워지거나, 다른 사람은 만들지 못하는 가치를 창출하기 때문에 좋은 평가를 받는 것이다. 좀 더 깊게 따져 보면 일이란 '해야 할 일을 달성하기 위해 가치를 낳는 행위'라고 할 수 있다. 다시 말해 가치를 낳지 못하는 행동은 모두 일이 아니다.

얼마 전, 어느 미팅에서 의뢰인에게 받은 정보를 정리하기만 했을 뿐인 자료를 시간을 잔뜩 들여 가며 읽고는 '나 일했어.'라는 표정을 짓는 사람을 보고 살짝 슬퍼졌다. <u>가치를 낳는다는 의식을 바탕으로 일한다면 그 정보에서 과제를 발견해 목적에 도달하기 위한 아이디어를 제안할 것이다.</u> 그런데 그 사람만을 나무랄 수도 없는 것이 그 프로젝트에는 명확한 목표가 제시돼 있지 않았다. 목표를 그리지 못하면 무슨 일을 해야 할지 판단이 서지 않는 것도 맞다. 설정된 목표가 설레는 미래라면 누구나가 적극적으로 일을 생각하고 참여한다. 그러면 그저 시간만 쓰고서 일을 했다고 생각하지는 않게 되므로 생산성도 향상될 것이다.

역시 모든 일에는 비전이 필요하다. 그래서 나는 일이라는 말에 가치를 담으면 어떨까 한다. <u>'일'로 끝내지 말고 '가치'를 담자.</u> 이 말을 보이는 곳에 붙여만 둬도 보는 안목이 높아지고 구체적인 결과물이 늘어나지 않을까.

목적에 도달하는 구체적인 방책을 짜내는 가치 있는 일을 하자.

THINKING TOOL
69

터무니없는 지시도 때로는 환영

사고 허들을 높이면 팀 결속력도 높아진다

예를 들어 "비용을 절반만 들여 매출을 두 배로 올려라."라는 터무니없는 지시가 떨어졌다고 하자. 매우 골치 아픈 일이지만, 나는 팀 결속력을 높이고 새로운 방식을 발명하려면 이 정도로 말도 안 되는 지시도 가끔은 필요하다고 생각한다.

얼핏 넘지 못할 것 같은 허들이 주어지면 지금까지의 방식은 통하지 않으므로, 팀 차원에서 새로운 방법을 찾아내야만 하기 때문이다.

"비용을 10퍼센트 낮춰서······."나 "납기를 일주일 앞당겨서······."와 같이 열심히 노력하면 어떻게든 해결될 것 같은 과제라면 기존 방식을 바꾸지 않고 모두가 무리해서라도 해내려고 한다. 매일 야근을 하거나 협력사에 일정을 당겨 달라고 부탁하면서 말이다. 이래서는 생산성도 관계성도 떨어지는 데다 기존 방식을 깨부수지도 못한다.

터무니없는 지시의 장점은 방식을 발명하는 계기를 만든다는 점, 팀이 이 허들을 슬로건으로 이용함으로써 높은 동기부여를 일으킨다는 점이다. 일전에 손정의 씨에 대한 에피소드를 들었다. 어느 개발 사업의 공사 기간을 1년에서 10개월로 단축하자는 의견에 그가 6개월 안에 끝내라고 지시했다는 것이다. 그 결과, 새로운 방법을 고안해 공사 기간을 절반으로 줄였을 뿐 아니라 스태프의 부담도 줄고 팀워크가 현격히 높아졌다는 기적적인 이야기였다. 높아진 사고 허들이 새로운 방법을 만들어 낸 셈이다.

물론 권위로 짓누르는 접근 방식은 안 된다. 누군가를 심하게 몰아붙이는 과제 설정 역시 그만둬야 한다. 다만 잘만 하면 어려운 허들이 창의성을 자극해 새로운 해결책을 고안하는 기폭제가 되기도 한다는 점은 염두에 둬도 좋다고 생각한다.

이 책 서두에서 소개한 하나마루우동의 '기한 종료 쿠폰 대부활제' 같은 아이디어가 나올 수 있었던 것도 사실은 의리인과 함께 터무니없는 수준의 허들을 설정한 것이 계기였다. 캠페인 비용은 대폭 줄이고 효과는 대폭 올린다는 허들이었는데, 결과적으로 타사 쿠폰을 써서 인쇄비도 들이지 않겠다는 획기적인 아이디어에 다다른 셈이다.

이것이 바로 터무니없는 요구의 효과며, 궁지에 몰렸을 때 비로소 생기는 발상력이다. 당연히 지나치게 무리하면 안 되지만, 만일 그런 상황에 처했을 때는 혼자 짊어지지 말고 팀 동료들에게 한번 도전해 보자고 말했으면 좋겠다. 동료들과 함께 게임처럼 즐기길 바란다. 분명 놀라울 만큼 성과가 오를 것이다.

터무니없는 요구는 오히려 반갑다.
새로운 방법을 고안해 낼 기회니까.

THINKING TOOL
70

곤란할 때는 불만으로 돌아가자

잘 것이냐, 놀 것이냐, 불만으로 돌아갈 것이냐

이 책에서 아이디어를 생각하는 여러 가지 방법을 소개해 왔다. 그런데 현실적인 팀워크 안에서는 그렇게 많은 생각을 담지 못하는 경우도 당연히 있을 것이다. 나 역시 성격이 다른 다양한 프로젝트를 진행하면서 이 책에 소개한 방법 전부를 사용하지는 않는다. 그때그때 쓰기 쉬운 것을 선택하고, 생각하기 쉬운 접근법을 채택한다. 그러므로 너무 깊게 생각하지 말고, 이번에는 이걸 사용할 수 있겠구나 싶은 것을 골라 활용하면 된다.

다만 여러 방법을 동원해도 팀 차원에서 좀처럼 상황을 타개하지 못하고 결론을 내리지 못하는 일이 있다. 그럴 때는 어떻게 하면 좋을까? 나는 '곤란할 때는 불만으로 돌아가자.'라는 생각 도구를 추천하고 싶다.

비즈니스의 세계에서는 여러 가지로 터무니없는 요구나 지시를 받고, 이를 해결할 돌파구가 보이지 않을 때도 있다. 그럴 때 나는 반드시 일단은 모두 함께 불만으로 되돌아가 생각해 보길 권한다. 예를 들어 "비용을 절반만 들여 매출을 두 배로 올려라."라는 터무니없는 지시의 경우도 그렇다. 사실은 지금으로부터 30년 정도 전에 어느 식품 회사의 한 팀에게 실제로 떨어진 지시였다. 당시 나는 입사 2년 차로 그 팀에 섞여 기획을 수립하고 있었기에, 그 터무니없는 지시의 직격탄을 맞아야 했다. 그때 기분은 정말이지 최악이었다. 일도 늘어나 참담할 지경이었다. 그런데 그때 팀을 이끌던 리더가 모두를 끌어들여 그 장벽에 도전하도록 분위기를 만들어 줬다. 리더가 제시한 방향은 "왜 비용을 절반만 들여 매출을 두 배로 늘려야 하는가? 이것부터 생각해 보자."라는 것이었다. 요즘식으로 말하면 '왜'의 탐구였다.

어쩌면 경영층의 지시는 단순히 '기업 이익 증가'를 의미했는지도 모른다. 거기에 다소 억지스럽더라도 명분을 만들고자 한 것이다. 그때 팀의 목표는 '애초에 왜?'라는 생각을 철저히 반복해 본질적 과제(모든 것을 해결할 진짜 과제)에 도달하는 것이었다. 그러기 위해 식품으로 할 수 있는 것을 생각하고, 특히 먹거리에 대한 불만을 철저히 밝혀내고자 했다.

어떤 때건 불만이 해결의 실마리가 된다. 그때도 그랬다. 그렇게 불만을 생각한 결과, '젊은 친구들은 돈이 없으니 몸에 나쁘다고 생각하면서도 참고 먹는 수밖에 없다.'라는 숨은 불만을 발견했다. 그렇게 해서 도달한 결론은 '돈이 없는 젊은이라도 매일 안심하고 즐길 수 있는 건강한 식품 개발'이라는 본질적 과제였다. 이 과제를 해결하자고 목표를 내건 순간, 갑자기 팀의 동기부여가 향상되고 결속력도 강해졌다.

설령 기업의 이기심에서 주어진 과제라도 일단 세상의 불만을 중심으로 생각해 보면, 세상에도 유의미한 과제로 바꿀 수 있다. 이를 찾아내기만 하면 일하는 사람을 위한 것이 되기도 하고, 기업을 위한 것이 되기도 한다.

이 프로젝트의 결과가 궁금한 독자도 있으리라. 사실은 아쉽게도 여러 가지 사내 사정(공장 투자나 인재 배치 등)으로 인해 제안으로 끝나 버렸다.

그래도 팀원들 사이에는 강한 유대감이 형성됐다. 이처럼 불만은 아이디어의 시작점인 동시에 곤란할 때 돌아갈 수 있는 회귀점이다.

*벽에 부딪혔을 때는
세상의 불만을 중심으로 생각해
본질적 과제에 도달하자.*

THINKING TOOL

71

좌절했을 때는 아이디어를 떠올리자

의욕이 사라진 팀에는 격려나 객기보다 아이디어가 필요하다

오래전 광고 회사에 있었을 때의 일이다. 어느 단골 고객사에 보낸 제안이 전혀 받아들여지지 않은 상태에서 며칠 뒤에 다시 프레젠테이션을 해야 했다. 밤을 새워 가며 작업하던 우리 젊은 팀원들은 "이걸 계속해야 하나?" 싶어 엄청 우울했지만, 선배들이 "다시 한 번 잘 생각해 보자."라고 해서 마지못해 힘을 내보기로 했다. 그때 제작전문임원(광고업계에서 지위가 높은 임원)이 문을 열고 들어오더니 웃는 얼굴로 말했다.

"다시 한 번 생각할 수 있으니 행복한 거지!" 배려라고는 전혀 없는 그 말에 우리는 어깨를 축 늘어뜨리고 그 상사를 노려봤다. 겨우 살아난 모두의 의욕이 툭 꺾이는 소리가 들렸다.

지금 나는 그 제작전문임원이 돼 팀을 이끄는 경우가 많은데, 팀이 경쟁에 지거나 좌절했을 때 회복시키는 일이야말로 중요하다고 생각한다. 마치 오케스트라가 음을 맞출 때 처음 소리를 내는 역할이랄까. 이 소리를 기준으로 전체의 소리를 조정해 나가야 하는데, 예를 들어 "이거 큰일인데, 어쩌지?"라고 하면 분위기가 어두워지고, 그렇다고 밝게 "뭐, 어때. 괜찮아."라고 하면 오히려 더 침울해진다.

이럴 때 나는 아이디어라는 최초의 소리를 내려고 한다. 모두의 기분에 동조해 불평하는 대신 "이런 아이디어라면 괜찮지 않을까?" 하고 던져 보는 것이다. 그러면 팀 분위기가 긍정적으로 바뀌고, 팀원 모두가 다시 생각해 봐야겠다며 힘을 낼 수 있다.

사실 내가 이 '불평보다 아이디어'라는 생각 도구를 손에 넣은 계기가 있다. 한 음료 회사 일을 맡았을 때다. 제안이 통과돼 진행 중이던 광고 기획이 고객사의 갑작스러운 변경 요청으로 쓸 수 없게 됐다. 고객사 담당자가 사죄하며 향후 방침을 설명하는데, 나는 몹시 화가 나서 어떻게 그러냐며 분통을 터뜨렸다. 그때 나보다 연장자인 크리에이티브 디렉터 나가미 히로유키 씨가 내 옆에서 계속 고개를 떨구고 있길래 나는 나가미 씨도 몹시 화가 났구나 싶어 더욱 거세게 불평을 토로했다.

그런데 갑자기 나가미 씨가 "그럼 이런 안은 어떤가요?"라며 다른 기획안을 제시했다. 놀랍게도 그 기획안은 고객사가 제시한 새로운 과제도 해결해 주면서 이전 기획안보다도 훨씬 좋았다. 고객사 담당자는 크게 기뻐했고, 나는 붉어진 얼굴로 할 말을 잃고 말았다. 그때의 창피함은 평생 잊지 못할 것이다. 그 뒤로 나는 "실망하며 화낼 겨를이 있다면 차라리 아이디어를 생각하자."라고 굳게 다짐했다. 그리고 함께 일하는 팀원 모두가 그런 자세를 가지길 마음속으로 바라게 됐다.

물론 실패해서 기분이 가라앉아 있을 때 아이디어를 짜내기란 결코 쉽지 않다. 하지만 팀을 이끈다는 것은 그런 것이므로 힘을 낼 수밖에 없다. 그런 생각으로 나는 매일 최선을 다한다.

> 실망한 팀에 의욕을 심어 주기 위해
> 아이디어라는 최초의 한 음을 내 보자.

THINKING TOOL
72

고민스러울 때는 삼자 택일

선택 장애가 늘어난 시대, 삼자 택일로 선택을 즐기자

선택지가 너무 많으면 사람은 고민에 빠져 움직이지 못한다. 메뉴를 고를 때만 해도 그렇다. 다양한 메뉴가 자랑인 식당이나 중국집 등에 가면, 심할 때는 메뉴를 보는 데만도 10분 이상 걸린다. 나는 그래도 나은 편으로, 친구 중에는 짜증이 날 정도로 고민에 고민을 거듭해 고른 음식이 결국 맛이 없다며 낙담하는 사람도 있다. 이처럼 선택지가 너무 많으면 오히려 사람을 불쾌하게 만들기도 한다.

애초에 사람이 다룰 수 있는 정보량은 그리 많지 않다. 인터넷이 생기고 스마트폰까지 등장하면서 눈에 보이는 정보량은 폭발적으로 늘었지만, 그 결과 행복해졌느냐 하면 오히려 정보의 바닷속에서 허우적대며 조바심을 느끼는 처지가 되고 말았다. "헤이안 시대(794~1185년) 당시 평생에 걸쳐 접한 정보량이 현대인의 하루치다."라는 이야기도 종종 듣는다. 디지털 광고에서 SNS까지 매일매일 엄청난 정보량에 '의존'해 살아가는 현대인은 심적 부담도 상당히 크지 않을까.

인간이 행복해지려면 슬슬 선택지를 줄여야 하지 않을까 하고 종종 생각한다. 특히 넷플릭스를 켰을 때 그런 생각이 한층 강해진다. 홈 화면에서부터 새로운 콘텐츠와 추천 작품 등이 넘쳐 나서, 각 작품의 예고편을 보는 데만도 10여 분이 훌쩍 지난다. 결국에는 선택을 망설이며 끝난다. 내가 "그런 낭비를 어떻게든 해결하고 싶다."라고 투덜대자 이에 호응하는 사람들이 나타났다. 바로 전략 플래너인 요시다 겐타로(吉田健太郎) 씨, 비즈니스 프로듀서 하라다 유키(原田裕生) 씨, 사이닝 대표 가메야마 준시로(亀山淳史郎) 씨였다.

👉 선택 장애에 빠진 사람들을 구하자!

나는 오래전부터 커뮤니케이션으로 의뢰인과 세상을 행복하게 하려면 대중매체, 소셜비즈니스, 크리에이티브가 업계의 틀을 뛰어넘어 손을 잡는 아이디어 컨소시엄이 있어야 한다고 생각했다. 이를 실행하기 위해 이것저것 이야기해 보는 모임을 월 1회 정도 가지고 있다. 앞의 세 사람이 이 모임의 주요 멤버였다. 모임에서 요시다 씨가 "요즘 선택 장애에 빠진 사람들이 많아진 것 같아요."라는 말이 모두의 마음에 꽂혔다. 그래서 이러지도 저러지도 못해 고민하며 낭비하는 시간을 유의미한 시간으로 바꾸자는 사명감이 생겼다. 그렇게 해서

인류의 지혜인 삼자 택일을 현대에 확산시켜 선택 장애를 겪는 전 세계 사람들을 구하자는, 장대하고도 느긋한 시도가 시작됐다.

그 결과 탄생한 것이 '산타군(https://santakun.jp/)'이라는 웹서비스다. 일

본삼자택일협회라는 진지한 연구 단체도 창설했다. 지금도 "삼자 택일로 행복하게"라는 슬로건 아래 "고르는 데 낭비하는 시간을, 삼자 택일로 풍요로운 시간으로 바꾸자."라는 활동을 매일 펼쳐 나가고 있다.

삼자 택일은 선택이 매우 쉬워지는 보편적인 발명이다. 중국집 메뉴가 100가지가 넘어도 추천하는 세 선택지가 팔보채, 깐풍기, 칠리새우라면 명쾌하게 고를 수 있다. 음악 만화가 읽고 싶을 때 『블루 자이언트』, 『벡』, 『PPPPPP』가 제시되면 정말 고르기 쉽다. 넷플릭스도 그날그날의 기분에 따라 "이건 어떤가요?" 하고 세 가지 선택지를 제시받으면 "좋아, 한번 봐 볼까!" 하는 마음이 들 수 있다.

만일 관심 있는 사람이 고른 세 가지 선택지라면 더할 나위 없다. 영화감독 히구치 신지 씨가 고른 영화 세 편, 록밴드 구루리의 기시다 시게루 씨가 고른 음악 세 곡, 만화 편집자 린 시혜이 씨가 고른 만화 세 편이라면 보고 싶고, 듣고 싶을 것이다. 실제로 이 세 사람이 참여한 '삼자 택일전'이라는 것을 개최한 적이 있는데, 엄청나게 인기가 많았다. 정보가 넘쳐 나는 시대이다 보니 삼자 택일에 흥미를 보이는 사람이 많은 것 같다.

생각 도구로서의 삼자 택일은 자신의 일을 디자인할 때도 중요한 기술로 기능한다. 주어진 일이 너무 많아 곤란한 경우, 우선은 할 일에서 무작위로 세 가지를 고르고, 다시 그중에서 하나를 택하기만 해도 움직이기 시작할 수 있다. 제자리걸음을 하고 있는 프로젝트가 있다면 팀원들 각자에게 해결해야 할 업무 세 가지를 제시하도록 한 다음, 팀 차원에서 세 가지 선택지를 정하고 그중에서 각자가 하나씩 골라 행동해 보는 것도 좋다.

어떤 분야의 일이건, 움직이지 못하는 이유는 과제나 할 일 등의 선택지가 많아서 뭐부터 손을 대야 할지 알 수 없기 때문인 경우가 대부분이다. 우선은 가볍게 세 가지를 고른 뒤 거기서 하나를 택한다. 그것으로 충분하다.

삼자 택일이라는 방법을 이용하면 선택을 망설이며 낭비하는 시간을 움직이는 풍요로운 시간으로 바꿀 수 있다. 그야말로 '삼자 택일로 행복하게'다.

삼자 택일로 범위를 좁히면
우선순위가 보이기 시작한다.
고민하는 시간을 행동하는 시간으로 바꿀 수 있다.

THINKING TOOL
73

그림을 그릴 때, 색을 줄이자

'300 → 50 → 10' 발상법으로 제약을 지렛대로 삼자

삼자 택일의 본질은 '선택지를 제한한다. → 행동하기 쉬워진다.'로, 업무에도 응용하기 좋다. 이와 비슷하게 제한을 업무에 활용하는 방법이 하나 더 있다. 바로 앞에서 설명한 '행동을 제한한다. → 더욱 창의적으로 발상한다.'라는 공식이다.

아이들에게 크레파스를 주고 그림을 그려 보라고 하면 자유분방한 그림이 속속 탄생한다. 주변 시선을 신경 쓰거나 어떻게 그리면 칭찬받을지 생각하지 않고 그리고 싶다는 충동에 솔직하게 따르기 때문이다.

이에 반해 어른들은 주변을 흘깃흘깃 살피며 "뭘 그리면 좋을까?" 하고 과제를 찾는다. 즉 과제가 제시되지 않으면 뭘 그리고 싶은지(=WHAT) 조차 정하지 못하니, 그것을 어떻게 그리면 좋을지(=HOW)는 고민도 할 수 없다. 여러 교육가가 지적하듯 정답이 정해져 있는 문제를 푸는 수동적인 교육을 받아 온 탓에 스스로 문제(과제)를 발견하는 힘이 없어 '무엇(WHAT)'을 정하지 못하기 때문이다.

그렇다고 해도 포기하지는 말자. 어른도 자유롭게 발상하기 쉽게 만들어 주는 조건이 있다. 바로 '행동을 제한하면 더욱 창의적으로 발상한다' 라는 법칙이다. 실제로 규칙이 없을 때보다 규칙이 있을 때 생각하기가 쉽다. "자유롭게 그려 보세요."라는 말과 함께 여러 색 크레파스를 받으면 뭘 그릴지 망설여진다. 그런데 "검은색, 빨간색, 녹색만 써서 그림을 그려 보세요."라고 행동에 제한(규칙화)이 생기면 어떨까? '어떻게 하면 세 가지 색으로 재미있는 그림을 완성할 수 있을까?'라는 <mark>행동 과제</mark>가 설정돼 바로 손을 움직이기 쉬워져서 모티프나 그리는 방법을 모색하기 시작한다. 창의성이 발동된다는 말이다. 어째서 그렇게 되는 것일까?

사람은 제한된 불리한 조건에 놓이면 그 안에서 '뭘 어떻게 할까?'를 상상하기 시작하는 습성이 있다. 그런 식으로 인류가 살아남아 왔기 때문이라고 생각한다.

☞ 제한이 있으면 더 불타오른다

그림은 제한이 있는 편이 오히려 좋을지 모르겠지만, 일은 그리 만만치 않다고 말하는 사람도 있다. 물론 일에는 그림과 비교할 수 없을 정도로 까다로운 조건이 많다. 그런데 그런 제한을 부정적으로 받아들여 고민할지, 긍정적으로 받아들여 즐길지는 각자가 생각하기 나름이다.

건축가 안도 다다오 씨가 어느 인터뷰에서 "깔끔하게 정돈된 토지에 주변 환경까지 좋으면 나는 그 일을 수락하지 않습니다. 왜냐하면 재미가 없거든요."라고 했는데, 이 말에 매우 공감이 갔다.

<mark>이러지도 저러지도 못하는 어려운 주제가 제시됐을 때 오히려 "뭘 하면 좋을까?", "어떻게 하면 좋지?" 하고 온 힘을 다해 생각하므로 창의적</mark>

<u>으로 발상할 수 있는 것</u>이다.

　프리미엄 프라이데이를 처음 생각했을 때도 그랬다. 소비 활성 방안 같은 국가적 차원의 과제는 생각해 본 적도 없었고, 아직 용어조차 없었던 업무 방식 개혁 같은 것도 가능할 리 없다고 생각했다. 돈을 들이기도 어렵고 인력도 제한적이었으므로, 아무것도 못 할 것 같다는 것이 본심이었다. 그렇지만 당시 프로젝트 팀원들 모두 골칫거리 마니아였으므로 이 역경을 양식 삼아 문제 해결에 뛰어들었다. 그리고 화살표 크리에이티브(X → Z)와 광고 기술을 동원해 그 문을 열었다. 첫 번째는 '단기 지원 → 지속 가능한 습관'으로, 나라에서 현금이나 쿠폰을 나눠 주는 것이 아니라 돈을 쓰고 싶게끔 하기 위한 시간 창출과 그 사용법을 제시하는 데 철저히 집중했다. 두 번째는 '국가 주도 → 민간 주도'로, 민간 기업이 자발적으로 나서기 쉬운 계획이나 메시지를 개발하고자 했다. 마지막은 '국비를 사용하는 활동 → 돈을 사용하지 않는 활동'이었다. 국가, 민간 기업, 미디어가 연계해 서로가 조금씩 돈을 보탬으로써 서로에게 이익이 되는 커뮤니케이션(광고) 구조를 찾아냈다.

　이 아이디어들을 집대성한 것이 바로 프리미엄 프라이데이다. 첫해 지명도는 95.7퍼센트, 경제 효과는 2,000억~3,000억 엔(미즈호종합연구소 추산)으로, 업무 방식 개혁을 위한 계기를 만들었다고도 평가받는다. 만일 그 정도로 까다로운 제한이 없었다면 기존 방법을 답습했을지도 모른다. 오히려 아무것도 할 수 없을 정도였기에 뚫고 나가기 위한 아이디어를 생각할 수 있었다. 역시 **역경은 아이디어를 위한 양식**이라고 생각한다.

　이처럼 과격한 제한 없이도 창의적으로 일할 수는 있다. 그래도 기획을 구상하거나 아이디어를 생각할 때는 제한을 설정해 보길 권한다.

그 제한 설정 방법 가운데 하나가 '300 → 50 → 10' 발상법이다. 방법은 매우 간단하다.

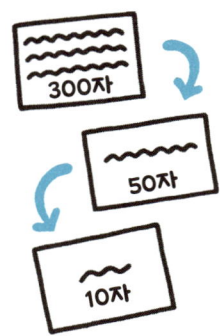

① 프로젝트와 관련된 정보, 규칙, 할 일 등을 300자 정도로 작성한다.
② 이 내용을 더 다듬어, 중요한 정보만 뽑아 50자로 정리한다.
③ 마지막으로 이를 다른 사람에게 전하기 위해 10자로 쓴다.

이는 내가 고안한 카피라이팅 훈련법이다. 일을 해 나가는 여러 상황에서 활용하면 사고를 방해하는 과거 성공 사례나 주변 시선 등의 편견을 없애고, 중요한 내용에 초점을 맞출 수 있다. 마지막에 10자로 쓰는 일은 매우 어렵지만, 덕분에 프로젝트의 궁극적인 핵심을 알 수 있으며, 사람들과 공유도 할 수 있다.

이 밖에도 '먼저 1분 만에 결론 내 보기', '개요를 모르는 사람에게 3분 안에 설명하기'와 같은 제한 방법도 있으므로 도전해 보자. 중요한 것은 생각하는 프로세스를 제한하는 것이다. 그러면 필요 없는 정보를 버리고, 뭘 어떻게 그려 나가면 되는지가 보이기 시작한다.

제한이 있는 불리한 조건일수록
사람은 어떻게든 해 보자고 생각한다.

THINKING TOOL
74

문장 수업은 노래방에서

읽기 쉽고 전해지기 쉬운 문장의 비결은 리듬감에 있다

종종 "어떻게 하면 글을 잘 쓸 수 있을까요?"라는 질문을 받는다. 나는 그때마다 조금의 망설임도 없이 이렇게 대답한다.

"쓴 문장을 흥얼거려 보면 좋아요."

이 역시 사랑해 마지않는 나의 스승 고시모 씨와의 일화를 통해 얻은 교훈이다. 앞서 서술한 "너 같은 녀석은 필요 없어."라는 충격적인 말로 시작된 팀 이동 첫날 밤, 고시모 씨는 내게 밥도 사 주고 노래방까지 데려가 줬다. 환영회라도 해 주는 건가 싶어 밤늦게까지 노래하다가 귀가하는 택시 안에서였다. 고시모 씨가 "앞으로 쭉 있어도 되겠어."라고 말했다. 나는 아침에 내게 퍼부었던 말이 빈말이 아니었음을 그제야 알아차리고, 놀라면서도 궁금한 마음에 왜 계속 있어도 되는지 물었다. 그러자 "노래를 잘하면 카피도 잘 쓰게 될 테니까."라는 의외의 대답이 돌아왔다.

말은 리듬이다. 기분 좋은 문장은 정말로 아름다운 멜로디와 같다. 문장은 글자라기보다는 음표의 나열에 가깝다. 그 정도로 문장과 음악은 비슷하다고 고시모 씨가 가르쳐 줬다. 물론 개인적인 견해며, 모든 사람에게 해당하는 이야기는 아니지만, 무턱대고 틀렸다고는 할 수 없을 것이다. 말에는 음운이 있고 문장 너머에는 리듬이 있다. 이것들이 편안하게 연결된 문장은 쉽게 읽히고, 또한 속도감이 있어 내용이 잘 전해진다.

리듬을 운운하기 전에, 애초에 글을 쓰는 것 자체가 서투르다거나 도중에 여러 가지가 신경 쓰여서 좀처럼 써 나가기 어렵다는 사람도 있을 것이다. 도중에 포기하는 일이 없도록 글 쓰는 요령을 전하고자 한다.

어쨌든 **단번에 쓱 써 내려가야 한다.** 글을 그때그때 세세하게 고쳐 가면서 쓰지 않는다. 중복되는 내용이 있거나 이해하기 어렵다고 생각되더라도 일단은 쓰는 것이 중요하다. 특히 업무용 글쓰기의 경우, 중요한 것은 내용이다. 형식에 구애되거나 문학적 표현에 매달릴 필요는 없다. 취지가 직접적으로 전해지는 글쓰기를 목표로 한다. 그러기 위해서라도 우선은 쓰고 싶은 것을 단번에 쓱 적어 보는 것이 중요하다. 내용이 잘 전해질지를 생각하고 고치는 것은 나중 일이다.

여기까지 하고 나서 보다 좋은 글로 다듬고 싶다면, **자신이 쓴 글을 좋아하는 노래 멜로디에 맞춰 흥얼거려 보자. 이왕이면 다리나 머리를 움직여 리듬을 타면서 부른다.** 그러면 흐름이 나쁜 부분, 연결이 매끄럽지 못한 부분, 좀 무겁다 싶은 부분, 반대로 내용이 가볍다 싶은 부분을 확실히 알 수 있다. 이를 의식하면서 글을 다듬어 나가다 보면 놀라울 정도로 깔끔하고 내용이 잘 전해지는 글이 완성된다.

몇 번이고 노래를 부르는 사이에 실력이 좋아지듯 **글도 여러 번 고쳐 쓰다 보면 좋아진다.** 그때 리듬을 의식하면 실력 향상에 가속도가 붙는다. 글쓰기 실력을 키우고 싶다면 말과 리듬을 체감할 수 있는 노래방을 추천한다.

노래라고 생각하고 문장을 쓰자.
분명 놀라우리만큼 좋아진다.

THINKING TOOL
75

밖으로 나가 사진을 찍고 메모를 달자

"찍자! 찍자! 찍자!" 고니시 스타일의 정보 수집 기술

종종 "고니시 씨는 책을 얼마나 읽나요?"라는 질문을 받는다. 분명 아이디어를 떠올리기 위해 엄청나게 많은 양을 흡수할 것이라 상상할 테지만, 여러분의 기대에 반해 최근 들어서는 책을 많이 읽지 못한다. 영화와 음악도 마찬가지다.

그래도 중학생 때는 동아리 상영회까지 포함하면 연간 300편은 영화관에서 봤으니 1,000편 가까운 영화를 집중적으로 본 셈이다. 고등학생 시절 팝에 빠졌을 때는 비디오로 녹화한 Mtv(미국의 음악 전문 방송 – 옮긴이)를 닳도록 보고, 연간 100차례 넘게 라이브 공연을 본 것 같다. 책은 호시 신이치, 쓰쓰이 야스타카, 이사카 고타로 등을 중심으로 좋아하는 작가의 작품을 연간 수백 편 정도 읽었고, 만화도 꽤 많이 읽었다.

그때와 비교하면 최근에는 그 양이 매우 적어졌지만, 반대로 받아들이는 정보는 늘었다. 그럼 어떻게 해서 시대를 따라잡는 정보를 얻고 있을까? 답은 간단하다. 배운다.

나는 아는 체를 하지 않는다. 젊어서부터 지금까지 입버릇이 "왜? 그게 뭔데? 알려 줘!"다. 지금은 온갖 정보가 넘쳐 나는 시대다. 정보를 취사선택하기도 쉽지 않고, 올바른 정보 소스를 찾기도 어렵다. 가짜 뉴스도 많아졌고, 누군가가 자의적으로 내놓은 정보에 농락당하기도 싫다. 이런 것들을 피해 정밀도 높은 정보를 얻는 방법이 남에게 묻는 것이다. 가능하면 꼭 그것과 관련해 이야기를 나누고 싶은 사람에게서 정보를 듣는다.

어떤 영역에든 프로는 있으며, 자신이 좋아하는 분야에 정통한 사람도 많다. 그들의 말은 매우 간결하고 또한 깊이가 있어, 이보다 대단한 정보원도 다시 없다. 그러므로 그 사람이 설령 10대라 해도 나는 존경하는 마음을 담아 이야기를 듣는다. 세계 최고령 프로그래머라 불리는 와카미야 마사코 씨는 "내가 모르는 것을 하나라도 가르쳐 준다면, 나는 어린애라도 선생님이라고 부른다."라고 말했는데, 딱 그렇다.

세상의 움직임에 민감한 상태를 유지하려면 기분 좋게 정보를 알려 주는 사람을 자기 주변에 얼마나 둘 수 있느냐가 중요하다. 내게는 10대 뮤지션부터 건축가, 도예가, 70대 음악 평론가에 이르기까지 다양한 분야에서 활약하는 다양한 연령대의 친구들이 있다. 내가 새로운 뮤지션 정보, 재미있는 영화와 드라마, 비즈니스나 세계 정세를 잘 아는 것은 모두 이들 덕분이다. 이런 사람들과 정보를 나누며 감도를 높여 살아가는 것이 좋다.

👉 거리는 발견의 보물 창고! 사진을 찍고 메모를 달자

또 하나, 소중한 정보원이 있다. 바로 거리다. 거리는 정보의 보물 창고로, 두리번거리며 걷거나 모르는 가게에 들어가기만 해도 온통 새로운

|그림 11| 메모 포토 예시

201304
로페 피크닉   패션   도시 개발

지하철 입구, 들어가 보고 싶다.
빌딩 안, 엉뚱한 곳에 이런 지하철 입구를 만들면
들어가 보는 사람이 있을지도.

발견으로 가득하다. 나는 이를 '메모 포토'로 남겨 둔다. 사진을 찍고 메모를 몇 줄 남기는 것이다.

 일전에 로페 피크닉이란 패션 브랜드를 촬영하는 일로 파리를 찾았을 때도 이 메모 포토를 많이 찍었다. 단순히 사진을 찍기만 하는 사람이 많은데, 사진을 찍고 어딘가에 날짜와 함께 메모를 남겨 보자. 이렇게만 해도 나중에 '옆에 앉은 재미있는 아저씨가 해 준 말'이나 '거리의 멋진 디스플레이를 보고 느낀 점' 등을 떠올릴 수 있다. 그러면 단지 사진만 찍은 경우보다 훨씬 더 많이 거리의 정보를 파악할 수 있으며, 무엇보다 미래로 연결할 수 있다. 나는 이 메모 포토를 에버노트에 저장해 둔다. 자기가 좋아하는 방식으로 남겨 두면 된다. SNS를 활용하는 것도 좋다. 내게 SNS는 발신을 위한 것이라기보다 재발견을 위한 저장소다. 내 눈으로 본 재미있는 풍경을 기록하고, 미래의 내가 발견하도록 하고 있다. 그래서 나는 거리에 나가면 사진을 찍고 메모를 달고, 쓸 만한 결과물을 남겨 놓는다. "찍자! 찍자! 찍자! 오늘도 정보 수집 성공."이다.

 참고로 사진을 찍을 때도 주제를 하나 정해서 찍으면 흥미가 지속된다. 내 경우는 '#머리 위에 뭔가가 나와 있는 사진 모음'이라는 주제로 사진들을 찍은 적도 있다. 내 부스스한 머리 위에 탑 같은 뾰족한 뭔가를 올려놓고 사진을 찍는 것이다. 세계 곳곳을 배경으로 그렇게 찍은 사진이 많다. 언젠가는 어딘가에 발표할 생각이다.

거리로 나가 여러 가지 정보를 접하고
메모 포토를 남겨 미래의 자신에게 보내자.

THINKING TOOL
76

최강의 메모 기술, 셀프 세렌디피티

메모를 무작위로 다시 보자.
예전의 나와 지금 다시 만나는 생각 도구

메모 이야기가 나왔으니, 내가 정보를 정리하고 활용하는 법도 소개할까 한다. 먼저 대전제로 정보를 무리하게 수집할 필요는 없음을 말해 둔다. 흥미를 느낄 수 없는 정보는 먹어 봐야 맛도 없고 아이디어로 승화되지도 않는다. 소화불량을 일으켜 고민만 더할 뿐이다.

정보 수집의 철칙은 마음에 남은 것만 모아 되돌아보는 것.

모든 정보를 기억할 필요는 없으며, 심지어 활용하려고 생각하지 않아도 좋다. 기억에 남지 않은 것은 자신에게 필요 없는 정보다. 때때로 자신이 버린 정보를 누가 잘 활용해 아이디어로 만든 것을 보고 속상해하는 사람이 있다. 하지만 그 아이디어는 애초에 자신에게서는 나오지 않을 것이었으니 억울할 것이 전혀 없다.

이런 식으로 선별된 정보는 검색하기 쉽게 태그를 달아 남겨 둔다. 디지털 메모는 물론이고 종이 메모도 태그가 있으면 찾기 쉽다. 태그를 다는 방법은 ①날짜, ②브랜드(고객사나 프로젝트), ③주제(도시 개발, 패션, 음

|그림 12| 메모의 예

> **20210319**
> 뮤지션 ○○   마음가짐   이너 브랜딩
>
> 벌어진 일을 다른 각도에서 살피고, 마음에 담아 둔다.
> 넘어진다, 아프다, 왜 이런 곳에……가 아니다.
> 이 일로 크게 다치지 않아서 다행이다. 또는 누군가와 만날 수 있었다.
> 이렇게 생각하고 마음에 담아 두면 평온할 수 있다.

료 등), ④관련 사항(장래 관련이 생길지도 모르는 사항) 정도다. 예를 들면 "201304, 로페 피크닉, 패션, 음식/도시 개발", "202404, 미쓰비시지쇼, 도시 개발, 커뮤니티/음악"과 같은 식이다. 날짜는 꼭 필요하다. 나중에 떠올리는 과정에서 가장 중요한 역할을 하는 태그다. 브랜드, 주제, 관련 사항이 있으면 더 떠올리기 쉬워지며, 나중에 같은 분야의 일을 맡았을 때 활용하기 쉽다.

왜 이렇게 꼼꼼하게 태그를 달아야 할까? 그 이유는 ==메모가 정보를 기록하거나 정리하기 위해서가 아니라 일을 창의적으로 하기 위해서 필요한 것이기== 때문이다.

정보는 필요할 때 참조하는 것이 아니다. 우연히 맞닥뜨렸을 때 아이디어로 바뀐다.

이를 가리켜 나는 '셀프 세렌디피티'라고 부른다.

세렌디피티는 '우연'이란 뜻이다. 좀 더 말하자면 '우연의 산물'이라고도 할 수 있다. 아이디어는 제로에서 만들어지는 것이 아니라 뭔가와 뭔가를 조합했을 때 나온다는 이야기는 앞에서도 여러 차례 언급했다. 오래도록 이 논리가 진화하는 일 없이 '걸작은 우연이 만든다.'라고 여겨져 왔다. 다시 말해 어쩌다가 번뜩 떠오른 요소들이 조합되는 상황을 기다리는 수밖에 없었다. 이 우연을 누구나 의도적으로 만들 수 있는 것이 바로 셀프 세렌디피티다. 매우 간단한 방법으로 아이디어가 번뜩일 가능성을 높이는 생각 도구다.

방법은 간단하다. 디지털 메모나 노트에 저장해 둔 정보, 그리고 앞서 소개한 메모 포토를 가끔 다시 살피면서 신경 쓰이는 부분을 펼쳐 무작위로 보기만 하면 된다. 그러다 보면 지금 업무나 흥미와 메모의 정보가 한데 섞이면서 새로운 아이디어의 씨앗이 만들어진다. 태그의 날짜를 거슬러 올라가 보면 지금처럼 더운 그날에는 무슨 생각을 했는지, 봄의 이별과 만남에서 어떤 기분을 느꼈는지 등 계절에 따른 공통적인 생각에 닿을 수 있다. 태그의 주제를 되돌아보면 가령 예전에 실패했을 때의 정보를 다시 접함으로써 "지금도 비슷한 일로 고민하고 있구나." 하고 잊었던 생각을 떠올릴 수 있다. 이런 만남이 두뇌를 자극해, 창의력이 동력을 얻도록 응원해 준다. 이렇게 메모를 활용한 정보와의 셀프 세렌디피티는 내 비밀스러운 아이디어의 원천이다.

마지막으로 정보 수집 요령에 대해 하나 더 말해 보기로 하자. 그 요령이란 바로 인풋을 했다면 되도록 아웃풋을 하는 것이다. 뭔가를 보거나 들었다면 가능한 한 빨리 다른 사람에게 말한다. 이를테면 3분 뒤에 있을 프레젠테이션의 도입부에 써먹어도 좋다. 입 밖으로 나와야 의미가 이해되면서 한층 더 마음에 남는다. 이런 식으로 반복하다 보면 그 정보는 더욱 다듬어져 깔끔하게 기억의 선반에 수납된다. 당시에 말한 내용이나 상대의 표정이 태그 역할을 해, 그 정보에 쉽게 접근할 수 있다. 꼭 함께 시도해 보기 바란다.

정리해 둔 메모나 노트는
다시 꺼내 보았을 때 아이디어로 바뀐다.

| THINKING TOOL |
77

일하는 방식은 밴드와 솔로를 겸해서

개인은 할 수 없는 도전을 팀에 갖고 오는 선순환을 낳자

때때로 "본업과는 별도로 부업을 하는 편이 좋을까요?"라든가 "어떤 형태라면 본업과 시너지 효과를 낼 수 있을까요?" 등 부업에 대한 질문을 받는다. 그래서 커리어 디자인에 참고가 될 만한 삶의 방식을 한 가지 소개하고자 한다.

내가 존경하는 지인 중에 요식업계의 거장인 다카기 신이치로(高木慎一朗) 씨가 있다. 가나자와의 고급 일본식 노포 일본요리센야(日本料理 錢屋)의 2대째 주인으로, 세계를 누비고 다닌다. 리조트 아만교토의 일식 레스토랑인 다카안의 브랜딩 프로젝트 때 함께 일한 적이 있다.

그와 일 이야기를 나누던 중이었다. "다카기 씨는 앞으로 어떤 방향으로 일할 생각인가요? 센야 중심? 아니면 세계를 누비면서 개인적으로 활동하실 생각인가요?"라고 내가 묻자 이런 대답이 돌아왔다.

> "믹 재거도 밴드와 솔로 둘 다 하잖아요. 그런 방식이 이상적이라고 생각해요."

그의 명쾌한 답변에 놀랐고, 또 일하는 방식에 공감했다. 물론 믹 재거는 롤링스톤스에 중심을 두는 한편 솔로 활동도 한다. 게다가 솔로 활동 때는 롤링스톤스에서는 불가능한 자극적인 내용도 많다. 또 솔로 활동 체험을 살려 롤링스톤스에서 새로운 음악을 선보이기도 한다.

즉 센야는 노포만의 독자적인 멋과 형태가 있어 선진적인 요리를 선보일 수는 없지만, 일본 요리로서의 가능성은 여전히 넓기에 새로운 시도를 멈출 수 없다. 그러므로 세계로 나가 선진적인 요리에 도전하고, 그 경험을 갖고 돌아와 센야의 요리에 깊이를 더하는 선순환을 만들어 가겠다는 말이다. 내가 생각하는 앞으로의 이상적인 부업, 일하는 방식 그 자체기도 하다.

내가 운영하는 회사 POOL에 적용해 봐도 그렇다. 이른바 POOL이라는 밴드에 있으면서 연주자로서 밴드가 지향하는 음악을 추구하고 높은 가치를 창출한다. 그리고 개인적으로는 외부 활동을 통해 솔로로 할 수 있는 일을 한다. 그렇게 해서 얻은 기술은 POOL로 갖고 돌아와 더욱 깊이를 더한 일을 한다.

뭘 위해 밖으로 나가고, 뭘 갖고 돌아올 것인가. 이를 결정하는 것부터 선순환을 낳는 일하는 방식을 시작해 보자. 단 밴드가 없으면 솔로도 없다. 부업을 생각하는 사람은 먼저 밴드 활동을 게을리해서는 안 된다.

'뭘 위해'와 '뭘 갖고 돌아올 것인가'를 정하면 부업은 더욱 재미있어진다.

THINKING TOOL
78

사다리꼴이 아닌 삼각형 위에 서자

상식에도 전례에도 얽매이지 않기 위해

스승 고시모 씨와 관련한 이야기는 앞에서도 여러 차례 언급했지만, 여기에 내가 고시모 씨에게 배운 것 중 가장 중요한, 일을 대하는 마음가짐을 기록해 두고자 한다.

AD50이라는 소니의 50주년 기념 광고를 만들 때의 일이다. 어떤 주제의 카피가 좀처럼 통과되지 않아 곤란해하고 있었다. 나는 광고주의 요망을 이해한 상태에서 이에 맞는 카피를 썼다. 그런데 고시모 씨는 핵심에서 벗어났는지 적확한 카피를 쓰지 못하는 듯했다. 그 뒤로 다섯 번째 프레젠테이션을 대비한 회의 자리에서 갑자기 상사인 안도 데루히코 씨가 오더니 "고시모, 슬슬 써야지 않겠어." 하고 말했다. 그러자 고시모 씨가 "어쩔 수 없군."이라며 카피 한 줄을 쓱쓱 적었다. 내 카피보다 훨씬 훌륭했지만, 고시모 씨는 혀를 차면서 "이런 변변치 않은 카피로는 안 되는데."라고 중얼거렸다.

그 순간을 나는 똑똑히 기억한다. 고시모 씨는 쓰지 못했던 것이 아니라 쓰지 않았던 것이다. 나는 카피를 완성했다고 생각했는데 그렇지 않았다. 이 정도로 마무리 지어도 된다는 것을 알면서도 그러지 않는다. 더 높은 위치로 모두를 끌고 가고자 한다. 그런 기개가 없으면 안 된다는 사실을 나는 깨달았다.

훗날 이 일을 고시모 씨에게 말했더니 이런 이야기를 해 줬다. "너는 금방 사다리꼴 위에 서려고 한단 말이지. 삼각형이 있어도 그 위를 잘라서 사다리꼴로 만들어. 그런데 말이야, 삼각형이 더 높거든. 흔들거리긴 하지만 그 위에 서지 않으면 좋은 경치는 보지 못해." 나는 사다리꼴에서 굴러떨어질 정도로 그 말의 의미를 이해했다.

그 뒤로 나는 어떻게 하면 삼각형 위에 설 수 있을지 쭉 생각해 왔다. 상식에 구애되면 사다리꼴이 된다. 광고주의 말을 너무 잘 들어줘도 사다리꼴이 된다. 하지만 요망을 들어주지 않으면 애초에 설 기회조차 주어지지 않는다. 그렇게 자문자답하면서 삼각형 위에 서기 위해 오랫동안 훈련해 왔다.

☞ 일에서 중요한 네 가지 자세

여기서 나름대로 결론 내린, 삼각형 위에 서기 위한 네 가지 자세를 소개하고자 한다.

첫 번째는 수치심을 버린다. 앞에서도 언급했듯이 젊은 시절에 부끄러운 실패를 거듭하면서 얻은 나의 자세이자, 일을 대하는 태도를 180도 바꿔 준 정신이다. 여러 번 신세를 진 그래픽디자이너 나카조 마사요시(仲條正義) 씨는 "수치심을 잊으면 진리를 깨닫는다."라고 했다. 나는 수치심을 버리고 벌거숭이로 남 앞에 서는 기분으로 도전해야 비로소 높은 곳에 오를 수 있다고 생각한다.

두 번째는 머리를 비운다. 상식에 구애되지 않으려면 전례, 성공 사례, 상식과 같은 말들을 모두 버리는 용기가 중요하다.

'언런' 하면 아이처럼 백지상태가 돼 모든 것을 제로에서 생각할 수 있다.

하지만 그러기가 쉽지 않다. 곧장 성공 사례나 남의 시선이 뇌리에 스쳐 버린다. 그래서 나는 그런 것을 버리기 위해 사우나를 하거나 산책하거나 수영하면서 뇌에 여백을 만든다. 우뇌의 감각에 몸을 맡기면 공간이 뻥 뚫린 것처럼 정보가 쏙쏙 들어오고, 색다른 생각이 떠오르기도 한다.

세 번째는 불가사의함을 집어넣는다. 이해하기 어려운 기묘한 요소를 넣는 것이다. 완벽한 균형을 깨뜨리는 것이기도 하다. 완벽해야 안심이 되겠지만, 그것은 결국 사다리꼴 위에 서는 것과 같다. 지금 생각하는 완벽은 이미 전례에 지배되고 있다. 그렇기에 "뭐야, 왜 여기에 이런 이상한 말이 있는 거지?", "도대체 왜 이런 기획을 하는 거야?"와 같은 불가사의한 요소가 있으면 높은 곳으로 갈 수 있는 확률이 높아진다.

마지막은 사람을 만나자. 솔직히 나는 사람을 만나는 데 서툴다. 그래도 되도록 만나려고 노력해 왔다. 특히 남들이 대단하다고 말하는 사람은 무리를 해서라도 시간을 만들어 만났으며, 남들이 까칠하다는 사람과도 교류해 왔다. 그런 사람들과 만나면 머리가 획획 돌아가면서 새로운 아이디어가 번뜩인다. 그러다 보면 삼각형보다 더 높은 곳으로 이끌려 가는 일도 정말 많았다.

이 네 가지 자세에 이끌려 지금 나는 삼각형 위에 흔들거리며 서 있다.

고시모 씨도 분명 기뻐하고 있을 것이다. (아니, 어쩌면 아직도 사다리꼴이라며 혼낼지도 모르겠다.)

수치심을 버리고, 머리를 비우고,
불가사의한 요소를 넣고, 사람을 만나자.
그러면 지금보다 더 높은 곳으로 갈 수 있다.

IV

미래를 만들어 내는
공식

THINKING TOOL
79

세상에는 북극성이 필요하다

미래를 행복한 놀라움으로 채우자!

내가 2006년에 설립한 크리에이티브 컴퍼니 POOL은 "비전 크리에이티브"를 슬로건으로 내걸어 왔다. 앞이 보이지 않는 시대에 필요한 것은 설레는 미래 제시다. 그렇기에 우리는 어떤 과제에도 신선한 비전을 제안하고, 창의력으로 거뜬히 해결해 가자는 이념을 소중히 여겨 왔다. 혼자 시작해 동료를 끌어모아 가는 과정은 그리 만만찮았지만, 그 모험은 매우 즐거웠으며 앞으로도 분명 즐거우리라 생각한다.

애초에 내가 창업한 이유는 내가 입고 있던 광고대행사라는 옷이 〈건담〉 만화에 나오는 거대 로봇처럼 크고 무겁게 느껴졌기 때문이다. 거대 로봇은 힘이 세서 큰 것도 얼마든지 움직일 수 있다. 당연히 매력적이지만, 당시의 나는 그것에 우쭐했는지 작은 목소리가 들리지 않으면서 소소한 아이디어를 떠올리지 못하게 됐다. 그 즈음, 지방 기업 사람과 이야기를 나누다가 그에게서 "고니시 씨랑 일해 보고 싶지만, 대행사에 계시잖아요. 뭐랄까 조금 겁이 나는데요."라는 말을 듣고 거대 로봇을 벗기로 결심을 굳혔다.

지금 입고 있는 POOL이라는 옷은 아이디어를 기민하게 만들어 낼 수 있는 규모면서, 세계의 기업과 교류하기 위한 인원이 갖춰져 있어 딱 좋다. 또 겉보기에도 위압감이 없어 어떤 기업과도, 또 어떤 인재와도 함께 일할 수 있어서 마음에 든다.

참고로 회사명을 POOL이라고 지은 이유는 내가 어릴 때부터 오랜 시간을 함께해 온 가장 좋아하는 장소가 수영장이기 때문이다. 사람들이 모여 즐거운 마음으로 첨벙첨벙 자유롭게 헤엄치며, 제각기 단련하는 곳. 누군가의 이름 아래 모인 회사가 아니라, 기분 좋아지는 곳에 모여 새로운 가치를 창출하는 동료가 돼 보자는 비전을 담은 이름이다. 회사명에 내 이름을 넣지 않은 이유는 이런 생각에서였다.

나는 어떤 시대에도 어떤 회사에도 또 어떤 프로젝트에도 반드시 비전, 즉 설레는 미래가 필요하다고 생각한다. 과거 케네디가 아폴로계획(인류 최초의 달 착륙) 프로젝트를 구상했을 때 NASA에서 일하던 청소부가 "나는 인류를 달에 보내는 일을 돕고 있다."라고 말했다는 이야기는 유명하다. 사람을 매료시키는 비전은 그야말로 자랑스럽게 일할 동기를 낳는다. 비전이 있기에 사람은 의욕적으로 자기 일처럼 일에 전념할 수 있다. 그런데 지금 사회나 기업에는 비전이 부족하다. 누구나가 설레며 지향할 수 있는 북극성이 보이지 않는다. 이것이 바로 세상의 과제며, 내가 창업한 이유기도 하다.

지금 구름이 하늘을 뒤덮고 있어 북극성이 보이지 않는다면, 직접 북극성을 손에 들고 그곳을 향해 출항하자. 힘든 항해가 될지도 모르지만, 분명 설레는 세상이 기다리는 희망의 항해가 될 것이다.

내가 POOL을 설립할 당시에 적어 둔 메모다. POOL은 컨설팅 회사처럼 숫자에서 미래를 풀어내지도, 광고대행사처럼 미디어를 활용해 성과를 만들지도 않는다. 세계에서도 몇 안 되는 비전 크리에이티브 펌으로서 설레는 북극성을 내걸고 기업 안에서 잠들어 있는 팀원들의 힘을 하나로 모아 세상의 흐름을 꿰뚫는 스토리로 기업을 점점 앞으로 나아가게 하는 존재가 됐으면 한다. 그리고 그러기 위해서는 창의적인 힘을 최대한 키우는 노력을 게을리해서는 안 된다고 항상 스스로를 다잡고 있다.

👉 POOL의 강점은 무엇인가요?

각종 유명 레스토랑을 총괄 기획하며 음식의 세계에 혁명을 일으킨 이트 크리에이터의 창업자 나가스나 사토시(永砂智史) 씨가 꺼낸 질문이다. 앞에서 POOL은 피벗 스타일로 일한다고 서술했다. 그 영역이 계속 확대돼 지금은 광고, 브랜딩, 홍보는 물론이고 사업 개발에서 제품 개발, 나아가 도시 개발까지도 관여하고 있다. 그러다 보니 강점이 뭔지 애매해지기 시작했는데, 나가스나 씨의 질문이 그 애매함을 없애 줬다.

   나는 분명히 말할 수 있다. POOL의 강점은 '언어와 디자인의 힘으로 기업과 사회에 잠들어 있는 가치를 가시화해 높이 내거는 것'이다. 이것이야말로 POOL이 가진 창의력의 원천이며, 세상을 설레게 하는 힘이라고 다시금 인식하고 있다. 이런 사실을 새삼 깨닫게 해 준 나가스나 씨에게 감사할 따름이다.

   스타벅스, 믹시, 미쓰비시연필 같은 브랜드 디자인부터 그린 스프링스

같은 새로운 시대를 향한 체험 디자인, 그리고 프리미엄 프라이데이와 같은 사회 구조 디자인에 이르기까지, 내가 항상 의식하는 것은 그것이 행복한 놀라움이냐 아니냐 하는 점이다. 사람도 기업도 세상도, 마음을 움직이지 않으면 아무것도 시작되지 않는다. 마음을 움직이려면 모두가 놀라워하고 행복해지는 아이디어가 필요하다. 흔히 존재하는 것으로는 놀랠 수 없다. 좋은 위화감과 깊이감을 만들어 "앗! 정말? 그렇구나! 좋네! 갖고 싶다! 해 보자!" 같은 마음의 느낌표가 생기는 기획을 하고 싶다. 아니, 더욱 꼼꼼하게 더욱 질감을 고집할 필요가 있으므로 '기획을 빚는다.'라는 감각을 추구하고자 한다.

다만 이는 매우 어려운 일이다. 그러므로 한 사람 한 사람이 프로로서 생각하고 미래를 발명한다는 의식을 지녀야 한다. 나는 협의를 '발명을 위해 의견을 주고받는 자리'라고 정의하고 있는데, 그야말로 매일의 모든 협의에 '발명을 불러올' 꿋꿋한 마음이 없다면 프로로서 나아갈 수 없다. 세상에 수없이 존재하는 어려움을 사람의 웃는 얼굴로 바꾸려면 그 정도 각오는 필요하다.

POOL은 20년 가까이 그런 의식을 가지고 일해 왔다. 그리고 앞으로도 그 모험은 계속될 것이다. 모험은 이동 거리가 아니라 발견의 양이라고도 한다. 앞으로의 POOL은 마음을 움직이는 발견의 양을 과감하게 늘려 가는 모험을 하고자 한다.

북극성을 향해 배를 띄우고
돛을 달 듯이 설레는 비전을 내걸고
망망대해를 가로질러 나아가자.

THINKING TOOL
80
비즈니스의 발전은 비전의 크기와 비례한다

해결 과제가 늘어나면 발전의 양도 늘어난다

비전의 중요성은 알겠는데, 실제로 효과가 있을까? 이렇게 생각하는 사람도 있을 것이다. 매일같이 코앞에 닥친 업무에 시달리는 상황에서 거대한 사회적 과제나 미래상을 바라보자고 해 봐야 "그런 이상적인 이야기는 급한 불이나 끄면 해 달라고." 생각하는 것도 무리는 아니다.

그런데 비전은 단순한 이상이 아니다. 경영 판단을 비롯해 일상적인 업무 판단에 이르기까지 의사 결정의 뚜렷한 기준이 되는 것이다. 사내에 공유되는 비전이 있다면 회의에서 판단을 내리기도 쉽고, 상사를 설득하거나 팀원들과 생각을 맞춰 움직이기도 쉽다. 특히 최근에는 사회적 과제 해결을 내걸면 수준 높은 인재들이 쉽게 모여 채용에도 좋은 영향을 미칠 것이다.

그렇지만 현장은 현실적인 수치 목표가 있어야 움직이기 쉽다고 느끼는 사람들도 있다. 예를 들면 "탈(脫)탄소를 통해 지구를 구하는 기업을 목표로 하자!"와 같은 비전보다 "내년까지 매출을 두 배로 올리자!"와 같은 정량적인 목표가 훨씬 대처하기 쉽다.

이는 어떤 의미에서는 옳고, 어떤 의미에서는 옳지 않다. 수치 목표는 단순한 할당이다. 그것은 강요되는 것이지 추구해야 하는 것이 아니다.

중요한 것은 사원 스스로 참여하고 싶어지고, 자긍심을 가질 수 있는 설레는 미래를 제시하는 일이다. 비전이 있으면 일이 능동적으로 바뀐다.

그리고 정성적인 비전을 내세워야 하는 또 하나의 의미가 있다.

비전이 클수록 해결 과제가 늘어나며, 이 과제를 극복하는 과정에서 여러 가지가 발명되고 발전하기 때문이다.

예를 들어 자사 매출을 두 배로 올리자는 목표라면 이를 위한 자사 내 과제, 유통 등 외부 과제, 제품 개발, 마케팅, 홍보 등과 관련한 여러 과제가 쭉 나열될 것이고, 각자 과제 해결에 나설 것이다. 그런데 "클릭 한 번으로 세상의 온갖 정보에 접속할 수 있게 하자."라는 구글의 비전을 달성하려면 도대체 과제를 얼마나 설정해야 할까?

세계 곳곳의 데이터를 알기 위한 접근 방법(지도 개발 및 검색 정밀도 향상 등) 개발, 클릭 한 번으로 데이터에 접속할 수 있게 해 주는 기술의 향상(AI에서 데이터 처리까지), 그리고 인적 자원 확보부터 막대한 투자를 진행하는 핀테크에 이르기까지 무수히 많은 과제가 존재한다. 그 결과, 이 많은 과제를 극복하기 위한 기술적 혁신과 사내 체제 정돈이 필요해졌다. 이것이 구글을 유일무이한 성공의 길로 끌어들였다.

👉 애플의 장대한 비전

애플의 스티브 잡스가 내건 비전도 말은 간단하지만, 깊이가 있고 장대하다. 바로 "일반인들도 컴퓨터에 친숙해질 수 있도록 하자."라는 말이다.

이 비전을 토대로 탄생한 그래피컬 유저 인터페이스(지금의 컴퓨터에 연결되는 인터페이스로, 마이크로소프트를 만든 빌 게이츠도 영향을 받았다)가 없었다면, 우리는 여전히 어려운 컴퓨터 언어를 다루지 못하면 컴퓨터를 쓰지 못하고 있을 가능성이 크다.

즉 지금처럼 일반인이 컴퓨터를 다룰 수 있는 것은 이 비전 덕분이다. 또 이 비전의 목표로 다방면에 걸친(정말 정신이 아찔해질 정도의) 과제를 해결하는 과정에서 아이패드나 애플워치 등과 같은 새로운 생활양식도 탄생했다. 그러니 비전의 크기에 따라 과제가 늘어나고, 이로 인해 비약적으로 발전한다. 비전을 크게 가져야 하는 이유, 눈앞의 정량적인 목표에 맞추지 않아야 하는 이유도 바로 여기에 있다.

"대단한 일을 하기 위한 유일한 방법은 자신이 맡은 일을 좋아하는 것이다." 스티브 잡스의 이 말은 개인에도 회사에도 적용된다. 사회를 바꿀 만큼 설레는 비전이 있다면 그 일을 하는 사람들에게는 더없는 자랑거리다. 자신이 하는 일이 좋아진다. 그리고 여기서 탄생한 멋진 일이야말로 많은 과제를 해결하는 힘이 된다.

이렇게 해서 큰 비전을 내건 기업이 일으키는 혁신은 세상으로 환원되고, 또 사회의 발전을 이끌어 왔다.

하나의 기업이 내거는 비전이라도
그 크기에 비례해 세상을 발전시키고
행복을 낳을 수 있다.

THINKING TOOL
81

유행을 만들려면 세계 제일을 노려라

조건을 제한해도 좋으니 세계 제일을 만들자

도치기현에 아시카가 플라워파크라는 시설이 있다. 수령 150년을 자랑하는 커다란 등나무 두 그루가 2,000제곱미터에 걸쳐 꽃송이를 늘어뜨리고 있는 일본 제일의 등나무 터널로 유명하다. 방문객도 연간 150만 명이 넘는다. 미국 CNN에서 '세계 속 꿈의 여행지 10'에도 뽑힌 적이 있는 세계적인 꽃 테마파크다. 또 시즈오카현에 있는 하마마쓰 플라워파크는 벚나무와 튤립이 동시에 꽃을 피우는 풍경이 세계 곳곳으로 퍼지면서 지금은 연간 50만 명 가까이가 방문하는 일본 유수의 꽃 테마파크로 성장했다. 2013년 이전에는 폐쇄가 거론될 정도로 한산했음에도 불구하고 말이다.

사실 이 두 테마파크를 제로에서 지금의 위치까지 키운 사람이 있다. 쓰카모토 고나미 씨로 일흔이 넘었음에도 여전히 현역으로 활동하고 있는데, 테마파크 경영 수완이 굉장하다. 나는 비저널 대표 미나미 소이치로 씨와의 미팅 자리에서 쓰카모토 씨에 대해 처음 알았다. "경영자로서의 수완은 물론이고 무엇보다 그 테마 설정이 단순하면서도 굉장하다."라고 미나미 씨가 알려 줬다.

쓰카모토 씨는 하마마쓰 플라워파크의 테마에 대해 "벚꽃과 튤립이

전 세계에서 가장 예쁘게 피는 플라워가든을 지향했다."라고 한다. 바로 이것이 명확한 비전 설정이며, 사람이 모여드는 브랜드를 만드는 힘이 있는 스토리 개발이다.

사람은 체험한 적 없는 것을 접하면 놀라운 마음에 누군가에게 말하고 싶어진다. 그렇게 해서 올린 SNS 게시글을 본 사람은 자신이 직접 체험하고 나서 그 감동을 또 다른 사람과 공유하려 한다. 이런 구매 순환이 일어나, 스토리가 고차원적으로 확산되는 것이다.

사람은 마음이 움직이는 것을 체험하고 싶어 하는 생명체다. 그리고 그 최고봉은 단순히 '자신이 아직 체험해 보지 못한 것', 그중에서도 '세계 제일'을 접하는 것이다. 세계에서 제일가는 것을 보고 싶고, 체험하고 싶어 세계 곳곳에서 사람들이 몰려든다.

"거기에 세계에서 제일가는 것을 만들어서, 전 세계 사람들이 오고 싶어 하는 장소로 만들고 싶다." 미나미 씨가 회의 중에 한 이 말에 설렌 나는 그가 의뢰한 개발에 참여하기로 했다. 또 다른 회의에서는 "세계 제일의 모래 놀이터를 만들고 싶지 않나요?"라는 도로시 선생님의 질문에 바로 참여를 결정한 적도 있다. 이처럼 '세계 제일'은 많은 사람을 매료시키는 비전이지만, 무엇보다 먼저 기획자를 그 매력에 푹 빠지게 만드는 힘이 있다.

그렇지만 사람을 속여서는 안 된다. 지금 시대에 세계 제일을 만든다니, 난이도가 보통 높은 것이 아니라고 생각하는 사람도 있을 것이다. 하지만 이 부분은 쓰카모토 스타일로 세계 제일을 만드는 방법에서 배우면 된다. 즉 세계 제일의 튤립밭은 어렵더라도 튤립과 벚꽃을 동시에 볼 수 있는 테마파크 중 세계 제일은 될 수 있다.

조건을 제한해도 좋으므로 사람을 감동시키는 세계 제일을 만들자. 그것이 이 시대를 살아 내는 세계 제일의 창조 기술일지도 모른다.

두려워하지 말고 세계 제일이라는 비전을 설정한다.
어떻게 하면 사람들이 감동하는
세계 제일을 만들 수 있을지 생각하자.

THINKING TOOL 82

진짜 크다, 엄청 많다, 첫 체험!

미세한 질적 차이가 아닌 완전히 다른 것을 만들자

예전에 출장 차 이구아수폭포를 보러 간 적이 있다. 같이 간 사람이 직접 본 느낌이 어떠냐고 묻는데, 너무 놀라워서 "우아, 굉장하네요!"라는 말밖에 나오지 않았다. 그랬더니 "그래 가지고야 어디 카피라이터라고 할 수 있겠어요?"라고 놀림을 받았던 기억이 있다. 현대 아티스트 데미안 허스트가 베네치아에서 개최한 개인전에 갔을 때도 전시된 거대한 조각상에 넋을 잃고 "세상에······."라는 감탄사밖에 나오지 않았다.

  사람은 압도당하면 말을 잃는다. 상상을 초월하거나 개념이 바뀌는 경험을 하면 순간적으로 입이 떨어지지 않는다. 그다음에는 누구에게든 마구 말하고 싶은 열정이 생긴다. 이는 최고의 스토리가 돼 세상을 누빈다. 앞에서도 언급했지만, 사람이 열렬히 체험하고 싶어 하는 모든 것은 '세계에서 제일가는 압도적인 체험'을 얼마간 포함하고 있다.

  이구아수폭포나 데미안의 경우처럼 강한 공감과 더불어 놀라움이 가득한 '위화감이라는 괴물'이 등장하면 스토리의 수준도 차원이 달라진다. 범용화의 상징과 같은 꽃 테마파크가 수단 하나로 극적인 변화를 이뤄 냈듯이 어떤 영역에서든 세계 제일은 반드시 만들 수 있다. 그렇게 믿는 것이 유행의 시작이다. 만일 세계 제일을 구체적으로 상상하기가 어렵다면 이렇게 외쳐 보자.

"진짜 크다, 엄청 많다, 첫 체험."

진짜 큰 것이 하나라도 있다면 화제가 될 것이다. 종류를 막론하고 수량이 엄청 많으면 사람들은 찾아오게 돼 있다. 다른 데서는 얻을 수 없는 첫 체험은 강렬한 미끼가 된다. 미국에서 시작한 여행하는 레스토랑 아웃스탠딩 인 더 필드는 엄청나게 긴 테이블이 놓인 야외 디너가 전 세계의 이목을 끌었다. 이 유일무이한 먹거리 체험이 참여하고 싶다는 충동을 낳았다. 이노코 도시유키 씨가 이끄는 팀랩의 전시도 작은 빛의 예술을 진짜 크게, 그리고 엄청 많이 준비해 압도적인 공간 체험으로 승화시켰기에 세계적으로 주목받았다. 〈어둠 속의 대화〉는 완전한 어둠 속에서의 일상생활을 통해 시각장애인의 감각을 처음 체험할 수 있기에 충격적이었다. 이런 미지의 체험을 하면 누구나 주변 사람에게 말하지 않고는 못 배긴다.

기획이나 서비스에 신선한 충격을 주고 싶다면 '진짜 크다, 엄청 많다, 첫 체험'을 부르짖자. 이 중 어느 하나에서 돌파구를 마련할 수 있을지 알아보자. 미세한 질적 차이가 아니라 세계에서 유일한 것을 만들겠다는 마음가짐으로 궁리하는 것만으로도 새로운 스토리가 떠오를 것이다.

누군가에게 말하지 않고서는 못 배길
유일무이한 체험을 만드는 주문을 외워 보자.

THINKING TOOL
83

쿨저펜 전략에서 저펜쿨 전략으로

일본의 독자적 콘텐츠로 세계 무대에서 승부를 겨루는 용기

한 전시회에서 "세계 무대에서 경쟁하려면 어떻게 해야 할까요?"라는 질문을 받고, 나는 "쿨저펜(일본의 매력적인 문화를 해외에 알리자는 국가 정책-옮긴이) 전략을 저펜쿨 전략으로 바꿔야 한다."라고 답했다. 쿨저펜이란 외국인이 인식하는 일본의 매력을 가리키는데, 나는 오히려 일본인이 멋지다고 생각하는 일본의 매력을 키워 나가야 한다고 생각한다.

세계 무대에서 경쟁하려면 먼저 독창성 전략과 적응 전략 중 하나를 택해야 한다. 과거를 돌이켜 보면 한국이나 중국은 어떤 의미에서 철저히 흉내 내는 적응 전략을 통해 성장해 왔다고 볼 수 있다. 반면에 일본은 "저펜 애즈 넘버원(세계적 석학 에즈라 보겔 하버드대 교수가 일본의 눈부신 경제 성장에 대해 저술한 책의 이름 - 옮긴이)"이라는 말 아래 독자적인 콘텐츠와 비즈니스 아이디어를 전 세계로 발신하는 독창성 전략을 추구해 왔다.

이런 성공 체험이 혁신을 방해한 것인지, 지금 일본은 IT에서는 미국에, 지속가능성에서는 유럽에, 엔터테인먼트 콘텐츠에서는 한국에 뒤진다. 요즘 젊은 세대들의 입에서는 "음악이든 드라마든 한국을 못 이겨요."라는 말이 자연스럽게 튀어나온다. 어느새 패자가 돼 버린 일본의 현실이 유감스러울 뿐이다.

그렇다면 어떻게 해야 할까? 먼저 "독창성으로 승부를 거는 나라가 되자."라는 각오를 다진다. 어떤 독창성으로 이길지에 대한 스토리를 명확하게 제시해야 한다. 만화, 애니메이션, 음식 분야만 매력적일까? 편의점이나 패밀리 레스토랑 같은 것도 꽤 매력적이지 않나? 이렇게 근본적인 논의에서 시작해도 좋을 것 같다.

☞ 심각한 인재 유출

물론 쿨저펜 전략에 따라 만화나 음식 콘텐츠를 세계로 발신하는 것 자체는 유의미하다. 다만 세계가 일본 콘텐츠에 열광하면 할수록 심각한 인재 유출 문제가 발생해 일본에 인재가 부족해지고 있다는 것도 부정할 수 없는 사실이다. 일전에 어느 일식 장인과 이야기를 나눈 적이 있다. 그의 이야기로는 해외에 나가 취업하면 지금 수입의 다섯 배는 더 벌 수 있어서 이민을 고려 중이며, 그런 사람이 많다고 했다. 초밥 전문 요리 학원만 나와도 미국에서 연봉 3,000만 엔은 거뜬히 받는다고 한다.

쿨저펜에 속한 모든 콘텐츠 분야가 인재의 해외 유출이라는 위기에 직면했음을 직시해야 한다.

일본 안으로 눈을 돌려 보면, 초밥 장인은 예외로 치더라도, 일식 장인을 지망하는 사람이 격감하고 있다. 공예나 민예 장인도 고령화와 맞물려 줄어드는 실정이다. 인기가 많은 애니메이션업계에서도 일본의 임금이 너무 낮아 중국으로 인재가 유출되는 상황이다. 국가가 정책적으로 예산을 들여 일본의 재능을 키우는 중장기적 비전이 필요하다.

그 첫걸음으로 쿨저팬을 해외로 발신하는 데 쓰는 자금을 '저펜 이즈 쿨'을 국내에 알리는 데로 돌리면 어떨까? 예를 들어 일식 장인이나 공예 장인이 영웅이 되는 만화나 애니메이션이 인기를 얻으면 사람들이 그 직업을 강하게 동경할 것이다.

『슬램덩크』를 보고 농구를 동경하거나, 『메카독』을 보고 자동차 정비를 동경하는 아이들이 많이 생겼던 것을 생각하면 콘텐츠가 불러일으키는 동경의 힘이 얼마나 대단한지를 알 수 있다. 물론 성공시키기 쉽지 않겠지만, 저펜쿨을 담당할 젊은 인재 육성을 주안점으로 도전해 보는 것은 의미 있는 일이라고 생각한다.

또 하나 의견을 내자면, 나는 지금의 일본에 부족한 것은 '신데렐라 스토리'라고 생각한다. 역경을 딛고 성공하는 이야기는 『해리 포터』를 쓴 조앤 K. 롤링부터 〈브리튼즈 갓 탤런트〉에서 우승하며 일약 스타덤에 오른 폴 포츠에 이르기까지 세계적으로 무수히 많다. 그런데 지금 일본인의 에피소드에는 이런 요소가 극단적으로 적다. 지금이야말로 침체에서 벗어나는 희망적인 이야기를 화살표 크리에이티브(X → Z)를 통해 만들어야 한다.

음식이든 공예든 지역 관광이든, 어떤 분야를 다루든 좋다. 가능한 한 저펜쿨이 많이 느껴지는 성공 사례를 모으고, 일본에서 세계로 뻗어 나간 인물을 조명해 일본의 젊은 크리에이터가 콘텐츠를 만든다. 그러면 일본 안에서도 꿈이 생겨 세계로 뻗어 나가기 위한 추진력으로도 쓸 수 있고, 다음 세대의 재능이 난관을 타개하는 계기도 될지 모른다.

전 세계 사람들은 어떤 의미에서 일본인 이상으로 일본의 대단함을 알기 때문에 일본의 신데렐라 스토리를 접하면 공감하고 응원해 줄 것이다. 일본은 뒤처진 분야도 있지만, 앞선 분야도 많다. 다만 일본에는 멋진 재능을 키우는 시스템이 부족하다. 지금이 바로 그런 시스템을 구축해야 할 때가 아닐까. 일본의 매력을 세계는 기다리고 있다.

저펜쿨 전략으로 국내 인재를 키우자.
독창성으로 세계 무대에서 승부를 겨루자.

THINKING TOOL

84

개선보다 혁신

한낱 망상인지 혁신인지는 세 가지 '없다'로 점검하자!

품질 향상은 매우 중요하다. 오랜 세월 사랑받아 온 인기 제품도 소재와 기술을 거듭 개량하는 등 부단히 노력해 부동의 지위를 유지하는 경우가 많다. 다만 일본인은 꾸준한 개선을 좋아해서 이를 미담처럼 이야기하지만, 개선이 허용되는 것은 과거 한 차례 혁신을 일으킨 다음이기 때문이라는 점을 잊어서는 안 된다.

그때까지 세상에 없던 혁신을 일으킨 상품만이 세상에 퍼지고 살아남아 개선을 필요로 한다. 즉 품질 향상은 혁신의 뒤를 잇기에 의미가 있지, 그것만으로는 가치가 없다고 할 수 있을지도 모르겠다. 아이폰은 이미 혁신이 이루어졌기에 그다음은 개선이어도 상관없는 것이다.

혁신이 꼭 최첨단 기술을 구사해야만 하는 것은 아니다. "지금까지 없었던 좋은 방법이구나!"라는 것이면 뭐든 좋다. 예를 들어 회의 방식을 바꿨더니 모두가 적극적으로 아이디어를 내게 됐다거나 개발 인원을 줄이고 소규모 팀으로 의견을 나누는 기회를 늘렸다거나 하는 것 등도 훌륭한 혁신이다.

다만 일상에서 혁신을 일으키고 싶어도 갈피를 잡지 못하는 것도 이해는 된다. 그래서 비즈니스 디자이너 하마구치 히데시 씨의 생각을 토대로 일상 속 혁신의 실마리를 제시해 보고자 한다. 혁신에는 공통적으로 세 가지 '없다'가 있다.

① 전례가 없다.
② 무의미하지 않다.
③ 불가능하지 않다.

자동차를 예로 설명해 보자. ①을 해결하기 위해서라면 설령 바퀴를 100개 달아도 상관없다. 그런데 왜 바퀴가 100개나 필요하냐는 물음에 답하기 어려우므로 ②가 해결되지 않는다. 고속도로가 막히면 바퀴 부분이 위로 쭉 뻗어 나와 다른 차 위로 지나갈 수 있다면(〈기동경찰 패트레이버〉라는 애니메이션에 나온다) 어떨까? 엔지니어에게 물어보니 "지금은 어렵지만, 미래에는 가능할지도⋯⋯."라고 하므로 ③에서 걸린다.

프로젝트 아이디어를 생각하거나 뭔가를 개발할 때도 이 세 가지 '없다'를 해결할 수만 있다면 한낱 망상이 아니라 정말로 혁신에 이를 가능성이 커진다. 참고로 나는 비즈니스에서의 망상을 실현할 수 없는 아이디어라기보다 '지금은 비현실적이지만 실현 가능성이 있어 설레는 비전'이라고 생각한다.

'로켓은 비행기를 개선한 것이 아니라, 달에 가고자 하는 망상에서 탄생한 것'이라는 점이 가리키는 바도 우수한 비전은 혁신을 일으킨다는 사실이다. 지금은 망상일지라도 비전으로 발전해 세 가지 '없다'를 해결할 수 있게 되면 프로젝트를 가동해 볼 가치는 충분하다.

"지금까지 없었던 좋은 방법이네요!"라는 혁신을 매일의 업무 안에 만들어 보자.

THINKING TOOL

85

기업 경영에 모모타로 이론을 적용

목적을 설정하고 사회악을 근절하자

최근 들어 비즈니스 용어인 '퍼퍼스(Purpose)'가 유행처럼 번지고 있다. 목적, 의의 등으로 번역되는 단어인데, 기업의 존재 가치라든가 프로젝트의 존재 의의를 의미하는 경우가 많다.

지속가능발전목표나 지속가능성 등이 강조되는 가운데 사이먼 시넥의 『나는 왜 이 일을 하는가』가 대유행하면서 퍼퍼스도 눈에 많이 띄게 됐다. 기업이 자사 이익 추구에 그치지 않고 사회나 지구와의 관계에서 그 존재 가치가 평가되는 시대로 바뀐 지금, 퍼퍼스는 기업 경영에 있어 중요한 키워드다.

예전부터 내가 '비전 크리에이티브'를 부르짖어 온 이유도 현대 비즈니스에 필요한 비전 안에는 반드시 퍼퍼스가 녹아 있다고 생각하기 때문이다. 이 시대에 "세상이 나빠지건 말건 우리 회사만 잘 벌면 돼!"라는 기업은 살아남을 리 만무하다. 결과적으로 기업 비전(설레는 미래)에는 사회적으로나 지구적으로나 도움이 되는 요소를 담아야 한다. 그 비전에 공감이 될 때 비로소 그 기업에서 일하고자 하는 사람들이나 협업에 관심을 보이는 파트너가 나타나기 쉬워진다. 이런 관점에서도 퍼퍼스가 들어간 비전은 매우 중요하다.

개인적으로는 퍼퍼스를 설명할 때 곧잘 등장하는 '사회 공헌'이라는 말만으로는 퍼퍼스를 충분히 설명할 수 없다고 생각한다. 공헌에는 기부나 사외 활동도 포함되며, 비즈니스의 출발점은 아니기 때문이다. 이보다 더욱 구체적인 이미지가 떠오르는 '사회적 과제 해결', 즉 '사회악 근절'이 퍼퍼스의 본질이라고 생각하는 편이 좋을 것 같다.

퍼퍼스는 괴물을 물리치는 일이다.

이렇게 정의하면 '비전=설레는 미래'를 방해하는 과제(악)를 해결하는 것이 퍼퍼스라고 설정할 수 있다. 그러면 사회적 과제를 해결해 이익을 창출하는 비즈니스의 본질과 퍼퍼스가 일치한다. 이는 앞으로의 비즈니스에 있어 중요한 핵심 요소다.

이런 내 생각과 일치하는 것이 하나마루우동 프로젝트 때부터 신세를 져 온 요시노야의 최고마케팅책임자인 다나카 야스히토(田中安人) 씨가 주장하는 모모타로 이론(모모타로가 마을 사람들을 괴롭히는 괴물들을 물리치러 가는 도중 개, 원숭이, 꿩을 만나 수수경단을 주고 함께 괴물을 퇴치한다는 전설-옮긴이)이다. "사실 현대의 기업 경영은 모모타로의 괴물 퇴치와 마찬가지로 사회적 과제라는 괴물을 설정하는 것이 매우 중요합니다. 돈보다는 마을 사람들을 구한다는 비전이 열정을 낳죠."라고 다나카 씨는 말한다.

기업가(사장)는 모모타로, 사원과 파트너는 개, 원숭이, 꿩이다. 비전은 '(마을 사람들을 구하고) 마을에 평화로운 미래를 되찾아 주는 것'이며, 퍼퍼스는 이 미래를 망치는 '괴물을 물리치는 것'이라는 말이다.

🗣️ 현대의 수수경단은 주식

이처럼 모모타로 이야기는 차세대 경영자를 위한 리더론과 경영론을 전하는 우화가 아닐까 싶을 정도로 시사하는 바가 크다. 그중에서도 수수경단은 현대의 주식에 비유할 수 있을 것 같다. 스타트업에서는 임직원에게 주식이나 스톡옵션을 나눠 준다. 이는 괴물을 물리치는 전투에 참여하겠다는 의사를 확인하는 '약속'이자, 또 보물을 받을 수 있다고 하는 '꿈'을 미리 나눠 주는 제도가 아닐까.

강대한 사회적 과제(괴물)를 물리칠 팀의 일원으로서 인생을 걸고 계속 싸워 나가게 하려면, 가령 그것이 지금은 가치가 없는 수수경단이라 해도, 비전을 공유하고 미래를 약속하는 증표로서 필요하다는 말이다. 이처럼 모모타로 이야기에는 인재를 끌어모아 일을 추진하는, 기업 경영에 필요한 보편적 지혜가 숨겨져 있다.

2016년 링크드인 조사에서는 "사회에 긍정적인 퍼퍼스를 발신하는 기업에서 일할 수 있다면 연봉을 좀 낮춰도 상관없다."라고 대답한 사람이 전체의 49퍼센트였다. 아마도 지금은 수치가 더 높아졌을지도 모르겠다. 이제는 일하는 사람에게도 퍼퍼스가 그만큼 중요하며, 사회적 과제 해결에 나서려는 사람들이 늘고 있다는 이야기다.

만일 지금 이 글을 읽는 경영자 중에 사원이 늘지 않아

걱정이라거나 프로젝트 참가자가 의욕적이지 않아 고민인 사람이 있다면 먼저 물리칠 괴물과 수수경단을 설정해 보자.

다 함께 물리칠 괴물(사회적 과제)을 명확하게 드러내고, 이를 달성한 미래의 마을 모습(비전)을 제시하고, 약속의 증표(수수경단)를 제공함으로써 자기 과제화할 수 있도록 한다. 그리고 나서 다 함께 괴물을 물리칠 방법(=아이디어)을 생각하기 시작하면 틀림없이 활기 넘치는 사람들이 모여들고 미래가 열릴 것이다.

비즈니스에서의 퍼퍼스 설정과
동료를 모으는 방법은
모모타로의 괴물 퇴치를 통해 배우자.

THINKING TOOL
86

비전은 목표에서 자세로

80년이 지난 지금도 심금을 울리는 소니의 설립 취지서

퍼퍼스 경영이라는 말의 확산과 더불어 지구와 환경을 위한 비전도 늘었다. 다만 원점으로 돌아가 보면 비전은 설레는 미래로서의 공감이 있고, 목표가 되고, 지침이 되면 된다. 이런 의미에서는 반드시 지구 규모의 목표를 세우지 않아도 된다. 지금 사업을 어떻게 할지에 대한 자세와 같은 비전이어도 좋다.

예를 들어 내가 2014년에 개발에 참여한 산토리맥주 주식회사(지금의 산토리 주식회사)의 비전은 "최고의 맛으로 설레게 만들고 싶다."였다. 이는 맥주라는 음료와 관계된 사원, 이해관계자 모두가 오로지 '최고의 맛'이란 무엇인가를 밝혀내고 추구하자는 결의 표명이었다. 여기에는 환경도 지구도 들어가지 않았다. 이런 행복을 추구하는 자세도 충분히 퍼퍼스며, 비전도 될 수 있다고 생각한다.

자세로서 비전의 좋은 예로 소니 창업자 이부카 마사루 씨가 쓴 설립 취지서가 있다. 정확하게는 「도쿄통신공업 주식회사 설립 취지서」(1946)로, 비전으로 작성된 것은 아니다. 하지만 회사 설립 목적과 경영 방침을 살펴보면 그야말로 비전으로서 기능해 온 굉장한 말들로 가득하다. 그중 한 구절을 소개해 보겠다.

먼저 회사 창립 목적으로 "하나, 성실한 기술자의 기량을 가장 높은 수준으로 발휘할 수 있도록 자유롭고 활달해 유쾌한 이상적인 공장을 건설하자."라고 쓰여 있다. '유쾌한 이상적인 공장 건설'이라니 이 얼마나 멋진 미래인가. 소름이 돋을 정도다. 엔지니어가 주도하는 요즘 스타트업이 지향하는 연구소적 기업의 자세가 바로 여기에 있다.

경영 방침의 한 구절은 이렇다. "하나, 당연시되는 이익 제일주의를 버리고, 무엇보다 충실한 내용과 실질적 활동에 치중하며, 쓸데없이 큰 규모를 좇지 않는다." 나아가 "하나, 경영 규모는 오히려 작기를 바라고, 대규모 경영 기업이 규모 때문에 진출할 수 없는 분야를 기술의 진로와 경영 활동의 목표로 삼는다."라고 한 바와 같이 "작은 것이 크다."라는 정신이 강조되고 있다. 사업이나 프로젝트의 규모를 키워 돈을 버는 데만 치중하는 지금의 기업 경영자가 이 글을 꼭 봤으면 좋겠다. 가능하면 앞으로의 지침으로 이 경영 방침을 꼭 채택했으면 좋겠다. 또 현재 비전이나 퍼퍼스를 수립하려는 사람이 있다면 이 설립 취지서를 목표로 삼아도 좋을 것 같다.

요즘은 지구나 사회와 관련한 '왜'를 무리하게 좇는 경향이 있는데, 위와 같이 '지향해야 할 자세'를 그려 내는 것만으로도 충분히 기능한다.

중요한 것은 기업에 소속된 사람들 모두가 우리답다고 생각하며, 자긍심을 가지고 이야기할 수 있는 자세다.

이런 자세를 갖추기 위한 질문이야말로 현대적인 비전의 한 형태라고 생각한다. 그나저나 80년이라는 긴 세월이 흘렀음에도 이토록 심금을 울리는 문장을 쓴 소니의 창업자인 이부카 씨에게 절로 고개가 숙여진다.

👉 매일의 자세를 묻는 비전

2018년에 지구라는 말을 전면에 내세우면서 매일의 자세를 묻는 새로운 기업 비전이 등장했다. 바로 파타고니아의 기업 이념인 "우리는 고향인 지구를 구하기 위해 비즈니스를 운영한다."다. 파타고니아기에 할 수 있는 말로, 그래야 한다고 모두가 생각하는 메시지에는 크게 공감할 수 있다. 무엇보다 지구와 비즈니스라는, 예전 같으면 정면으로 대립한다고 여겨지던 말을 대담하게 내세우고 "구하기 위해"라는 책임까지 강조한 점이 흥미롭다.

여기서 핵심은 이전 이념에 있었던 "환경에 미치는 불필요한 악영향을 최소한으로 줄인다."와 같은 '어떻게'가 전부 빠졌다는 점이다. 아마도 그럼으로써 관계자에게 "어떻게 하면 매일의 비즈니스를 통해 지구를 구할 수 있을까?"라는 질문을 들이밀어 자기 일로 생각하고 아이디어를 낼 수 있도록 이념을 디자인했기 때문이라고 생각한다. 그야말로 매일의 자세를 묻는 비전의 좋은 예다.

이런 태도 표명이 늘면 늘수록 세상은 좋아질 것이다. 나 역시 소니의 설립 취지에 버금가는 현대의 비전이 갖춰야 할 자세를 매일같이 탐구하고 있다.

> 뛰어난 비전에는 자기 일처럼 여기며
> 매일 어떻게 일하고 아이디어를 창출할지
> 생각하게 하는 힘이 있다.

> THINKING TOOL
87

지속가능성 가치관을 공유

좋은 것을 팔아 세상을 좋게 만들자

최근의 지속가능성 붐은 지금까지의 소비사회를 근간부터 바꾸려 하고 있다. 요즘 젊은이들은 태어나면서부터 저절로 지속가능한 사고를 하며, 버릴 것을 전제로 물건을 사는 것은 당치 않다고 여긴다. 나는 이들을 '서스테이너블 네이티브'라고 부른다. 이들은 물건을 사는 데 망설이고 오래 쓰는 것을 좋다고 여기는, 지금까지의 세대와는 전혀 다른 인류다.

이들의 존재가 기업의 미래, 나아가 자본주의의 바람직한 자세 그 자체를 바꾸리란 점을 이해하고, 일찌감치 기업을 근본적으로 변혁하는 편이 좋다.

비즈니스 세미나에서 이런 이야기를 하면 정적이 흐를 정도로 분위기가 썰렁해지고, 참가자들의 반응이 냉담해진다. 그래도 나는 전혀 비관하지 않는다. 왜냐하면 크리에이티브 관계자의 관점에서 볼 때 이 흐름은 기업에게도 큰 기회라 여기기 때문이다.

지금까지 기업은 생활양식의 변화, 에너지 절약, 공정거래 등 세상의 니즈에 맞춰 크게 변해 왔다. 이와 마찬가지로 지속가능성의 붐을 과도한 소비 대신 오래 쓸 수 있는 것, 지구 환경에 좋은 것을 전제로 한 제품 생산으로 이행할 기회로 삼으면 된다.

단 빨리 바뀌지 않으면 세계적인 트렌드에 뒤처질 수 있다. 그런데도 일본 기업에게서 그런 초조함은 느껴지지 않는다. 그 이유를 생각하던 차에 순환경제 전문가인 사이토 아사코(斉藤麻子) 씨가 해 준 '성장 전략으로서의 지속가능성'이라는 말에 마음이 끌렸다.

일본 기업 대부분은 지속가능성을 '대응하지 않으면 안 되는 비용'으로 본다. 그런데 세계, 특히 유럽에서는 오히려 '투자'로 본다.

이런 생각 차이가 세계와 일본의 분위기가 다른 이유인 것 같다. 하지만 지속가능성은 성장 시장이므로 위험 회피를 위한 투자로 이해하고 일본 기업들도 좀 더 적극적으로 대응할 필요가 있지 않을까 싶다.

☞ 그린워싱이 아닌 진정한 대처를

실제로 지속가능성에 대한 투자 효과는 크다.

2020년, 스타벅스는 코로나19로 어려운 상황임에도 플라스틱 빨대 폐지 정책을 시행했다. 이용자 이탈이 우려됐지만, 결과적으로는 큰 주목을 받았다. 게다가 2022년에는 리소스 포지티브(지구에서 얻은 양보다 지구로 환원하는 양을 늘린다)라는 이념을 내걸고, 지속 가능한 커피 문화를 만들겠다는 진심 어린 자세를 취했다. 여기서 중요한 점은 기업의 가치관을 그저 말로만 끝내지 않고, 종이 빨대 사용이나 석유 유래 플라스틱으로 만든 일회용 커트러리 지양 등 이용자가 볼 수 있는 구체적인 행동으로 제시했다는 사실이다. 물론 찬반 양론이 있었지만, 결국 사회적 지지를 얻어 회사가 성장할 수 있었다. 참 멋진 제안과 행동이었다.

다만 모든 기업이 다 올바른 지속가능성을 지향하는 것은 아니다. 환경 부하가 높아도 대량생산과 대량 소비 사이클에서 벗어나지 못하고, 그린워싱을 선택하는 기업도 많다.

그린워싱이란 친환경적인 모습으로 포장하지만, 실제로는 아무것도 하지 않는 것을 말한다. 몇 년 전부터 유럽이나 미국에서는 기업의 그린워싱을 비난하고 있는데, 이제 곧 일본도 그렇게 될 것이다. 지속가능성은 본격적으로 실행할 수밖에 없는 주제며, 또 그러는 것이 미래를 넓히는 전략이다.

몇 년 전에 밸류언스 그룹의 비전을 함께 고민할 당시, 사카모토 신스케(嵜本晋輔) 사장이 강조한 것도 지속가능성에 대한 진심 어린 대처였다. 사업 분야가 재활용과 재이용이라서 그런 거라고 보는 사람도 있을 것이다. 하지만 사카모토 사장은 '순환경제를 지향하는 기업'이라는 이념을 내걸고 진심으로 순환형 사회를 만들고자 했다. 필요 없어지면 처분하고, 필요해지면 구해서 물건의 가치가 하락하는 일 없이 누군가의 인생에 도움이 되는 환경이 만들어지면, 사람은 누군가가 만들어 놓은 가치의 사슬에서 벗어나 자유롭게 선택하며 살아갈 수 있다. 나는 그의 말에 깊은 감명을 받았다.

지속가능성은 결코 역행이 아니라, 다가올 미래에서 물건을 팔고 지구를 행복하게 하기 위한 것이다. 이 거대한 흐름 안에서 어떤 아이디어를 내놓을 것인가? 이 역시 도전할 보람이 있는 주제라고 생각한다.

지속가능성은 단순한 비용이 아니다.
세상을 더욱 좋은 것으로 채우고,
가치관을 전달하는 구조를 만든 기업이 승리한다.

THINKING TOOL
88

공감과 참여를 지향하는 기업 활동

소비에서 공감과 참여로

올바른 소비 자세가 급속하게 바뀌어 간다. 1970년대 후반부터 1990년대 초반까지는 기업이 신제품을 대량으로 척척 생산하고, 이를 마치 없앨 듯이 소비하고 버리는 일이 보통이었다. 이런 고속 순환이 세상을 돌아가게 하던 때였다. 지속가능성이라는 개념이 없는 시장경제에서는 어쩔 수 없었겠지만, 그래도 너무 엉망진창이었다고 생각한다.

그러나 지구와 미래를 위해 어떻게 행동할 것이냐는 이제 당연한 행동이 됐다. 앞으로 10년 뒤 서스테이너블 네이티브 세대가 경제 주도권을 쥐게 되면 이는 더욱 가속화될 것이다. 이 흐름 안에서 '소비'라는 낡은 개념을 대신할 것이 등장하리라고 나는 생각한다. 그것이 바로 '공감과 참여'다.

앞으로는 기업의 행동이나 제품이 소비자의 공감을 얻지 못하면 구매조차 이루어지지 않을 것이다. 그러므로 퍼퍼스에 의한 기업 활동이 더욱 중요하다. 또한 앞으로는 제품을 사고 다시 새 제품을 살 때까지의 간격이 길어질 것이다. 그동안 어떻게 수익을 창출할지가 기업의 과제가 될 것이다. 물론 롱테일로 천천히 꾸준하게 수익을 창출하는 구조로 개혁할 필요도 있겠지만, 기업 성장을 긍정적으로 생각하면 구매와 구매

사이에 이익을 창출할 필요도 있다.

그래서 중요한 것이 바로 참여다. 가령 팬 커뮤니티를 만들고, 이를 사업화하는 것이다. 몽벨이 운영하는 몽벨클럽은 회원 수가 100만 명이 넘는다. 연회비가 1,500엔이니 그 이익의 크기를 상상하기 어렵지 않다. 이런 팬 커뮤니티 비즈니스는 사용자의 높은 만족도는 물론 기업을 윤택하게 만든다. 향후 주목해야 할 비즈니스의 한 형태라고 할 수 있다.

나아가 팬이 기획자로서 제품 개발에 참여하거나 크리에이터로서 광고에 참여하는 등 적극적인 참여도 고려할 만하다. 지속 가능한 기업 활동은 단순히 환경적 의미뿐 아니라 사람과 지구, 사람과 사람의 관계를 재구축해 기업 활동을 변혁하는 일에 가깝다. 이런 의미에서도 기업이나 제품 활동에 공감할 수 있는 스토리를 만들어 참여할 수 있는 여백을 만들고 동기를 부여해야 한다. 물론 변혁이 쉽지는 않겠지만, 기업 차원에서도 새로운 아이디어를 떠올릴 기회기도 하다.

참고로 '번쩍일 섬(閃)'이라는 한자를 보면 '문(門)'으로 '사람(人)'이 들어온다. 지금까지의 인생을 되돌아봐도 사람과의 만남을 통해 새로운 영역이 펼쳐지고, 사람에게서 들은 이야기로 깨달음을 얻는 일이 많았다. 이렇게 생각하면 공감과 참여를 지향하는 기업 활동은 팬이라는 많은 사람을 끌어들여 새로운 아이디어를 번쩍 떠오르게 하기 위한 과정이라고도 생각할 수 있다. 앞으로는 기업이 더욱 팬을 사랑하고, 팬과 더불어 제품을 생각할 수 있느냐 아니냐에 따라 승패가 날 것이다.

소비의 시대에서
사람들의 공감과 참여를 지향하는 시대로.

> THINKING TOOL
> # 89

메이지진구의 숲을 만들 수 있을까

뛰어난 비전은 죽지 않는다. 100년 규모로 사고하자

비전과 시간 축에 대해 이야기하고자 한다. 강한 비전은 동시대를 견인할 뿐 아니라 미래에 미치는 영향도 크다.

코로나19가 세상에 커다란 변혁을 요구했을 무렵, 나는 종종 메이지진구를 혼자 산책하곤 했다. 가 본 사람이라면 다 알겠지만, 메이지진구에는 조용한 숲이 있어서 마음을 안정시키기에 매우 좋다.

놀라운 점은 이 메이지진구의 숲이 생긴 지 아직 100년 정도밖에 안 되는 인공 숲이라는 사실이다. 한 발짝만 내디뎌도 왠지 모를 신성함이 느껴지고 삼라만상을 생각하게 되는데, 자연적으로 조성된 환경이 아니라 사람이 의도적으로 만든 것이라니……. 이 사실을 알았을 때 나는 경외심과 더불어 질투심을 느끼고 말았다.

이 숲을 계획하는 데 중심적 역할을 한 인물은 혼다 세이로쿠, 혼고 다카노리, 그리고 후에 조경업계의 선구자가 된 우에하라 게이다. 세 사람은 일본 전국에 있는 오래된 신사 88곳을 돌며 실측치를 작성, 메이지진구의 숲을 디자인하는 데 활용했다고 한다. 또 닌토쿠천황릉(세계에서 가장 큰 3대 왕릉 중 하나-옮긴이)을 관찰, 몇백 년이나 사람의 손길 하나 없이 원시림과 같은 장엄함을 유지하고 있다는 점에 놀라 이상적인 모델로 삼았다고도 전해진다.

철저한 관찰과 재발견을 통해 만들어진 이 숲의 비전은 소름 끼칠 정도로 본능적이어서 인간의 DNA를 직접 자극하는 듯한 압도적인 힘이 있다. 애초에 인공적으로 만들면서 인공을 배제한다거나, 그 기간이 몇백 년 단위라는 점도 놀랍다. 이 숲을 설계하면서 그들은 식생의 미래 모습을 그리고, 낙엽이나 곤충이나 조류도 포함한 숲의 순환을 영원히 유지하는 시스템을 디자인했다. 그야말로 미래에서 과거로 돌아간 사람이 그린 것 같은 미래의 모습이다.

앞선 사람들의 위대한 업적은 단기적 목표에 현혹되거나 그저 돈에 눈이 멀어 이익을 추구하거나 규모를 확장하는 일에 휘둘리지 않았다는 것이다.

광대한 시간 감각으로 자기가 하는 일의 의미와 비전을 물으라고 알려 주는 것 같다.

이런 지침은 광고 카피에서도 볼 수 있다. 예를 들면 나이키의 "저스트 두 잇"이나 다이세이건설의 "지도에 남을 일" 등이 그렇다. 나는 사람의 가능성을 믿고, 자긍심을 갖고 행동하자는 뜻을 담은 말만이 시대를 넘어 살아 숨 쉰다고 생각한다. 인간의 본질을 건드리는 '자세의 비전'만이 시간을 초월해 의미를 바꾸고 계속 살 수 있다.

나는 비전을 생각할 때 이런 앞선 사람들의 자세를 본받아 "50년, 100년의 시간 축 안에서 꾸준히 가치를 창출할 수 있을까?"라고 묻는 것을 사고 습관으로 삼고 있다. 일을 시작한 지 아직 30여 년밖에 되지 않았으니 어느 일도 50년에 이르지는 못했지만, 언젠가는 그런 일을 창출하고 싶고, 또 창출할 수 있으리라 믿는다.

> *비전을 100년 규모로 재인식하면*
> *미래에 남길 수 있는 일의*
> *방향성이 보이기 시작한다.*

THINKING TOOL
90

미래가 과거를 만든다

시간은 되돌릴 수 있다. 과거를 바꾸자

"아, 그때 그 말을 하는 게 아니었는데." "그때 이런 판단을 했더라면……." 이렇게 과거에 내린 업무적 판단을 두고 괴로워하는 사람이 많다. 나도 남보다 후회를 자주 하는 편이라 "그렇게 했더라면 좋았을걸." 하는 감정에 오랫동안 시달려 왔다.

그런데 우주물리학자 사지 하루오 선생님을 만나 큰 충격을 받고 인생관이 싹 달라졌다. 싱글싱글 웃으며 "어렸을 때 아인슈타인 박사가 내 머리를 쓰다듬어 준 적이 있지."라고 말하는 참으로 매력적인 분이다. 어느 날, 선생님께 인생에서 실패의 의미를 물었더니 다음과 같은 답을 주셨다.

"많이 실패하는 게 좋아요. 마지막에 성공하면 실패가 아닌 게 되니까."

"잘 이해가 되지 않습니다만."

"양자역학적으로는 미래가 과거를 만든다는 말도 맞거든요. 다시 말해 미래가 좋아지면 과거도 좋아져요."

우리가 실패에 속상해하는 이유는 과거는 바꿀 수 없고, 과거의 행동이 미래에 영향을 미친다고 생각하기 때문이다. 이를 물리학적으로는

'순행성'이라고 한다. 우리는 누구나 시간은 되돌릴 수 없다는 사실을 당연하게 받아들인다. 그런데 사지 선생님의 말씀에 따르면, 최첨단 과학에서는 미래의 행동이 과거의 결과에 영향을 미치는 '역행성'이 성립할 가능성이 있다고 한다. 나는 "시간은 되돌릴 수 없잖아!" 하고 마음속으로 놀라면서 선생님의 말씀을 깊이 생각하게 됐다.

👉 미래를 멋지게 바꾸면 과거도 바뀐다

사실 잘 생각해 보면 우리는 분명 시간의 역행성을 겪어 봤다. 그것도 가까이서 몇 번이고 말이다. 예를 들어 사춘기에 불량한 행실로 주변에 민폐를 끼친 아이가 나중에 대스타가 돼 가족은 물론 동네의 자랑이 됐다는 식의 이야기는 분명히 미래가 과거의 결과를 바꿔 놓은 것이다. 늦잠을 자는 바람에 기차를 놓쳐서 상사에게 호되게 야단맞았는데, 다른 사람들이 탄 기차에 문제가 생기면서 자신만 운 좋게 다른 경로로 거래처에 제때 도착해 칭찬을 받았다는 이야기에서도 역행성이 성립한다.

즉 우리는 인생 스토리로서 역행성을 체감해서 안다. 이를 노력했다든가 운이 좋다는 말로 표현함으로써 과거의 결과를 바꾸는 방법을 이미 안다는 말이다. 게다가 그 가능성은 최신 물리학을 통해서도 뒷받침되고 있다.

이를 비즈니스에 응용하지 않을 수 없다.

과거가 어땠건 미래를 멋지게 바꾸면 과거도 바뀐다. 그렇다

면 늘 미래를 제안하면 된다.

이것이 "미래가 과거를 만든다."가 내 업무 철학이 된 계기다. 늘 부정적인 태도로 과거에 사로잡혀 있던 나를 180도 바꿔 얼마든지 실패해도 괜찮다고 확인시켜 준 경험이었다.

그런데 비즈니스에서 '미래의 제안에 의한 과거의 재작성'이라는 생각 도구를 사용하려면 다음 세 가지 중요한 포인트를 알아야 한다.

첫째, 그 기업다운 미래를 제시해야 한다. 아무리 멋진 비전을 제시해도 그것이 기업의 DNA와 단절된, 그 기업답지 못한 미래라면 받아들여지지 않는다.

둘째, 분명히 지금까지는 그랬음을 중요하게 생각해야 한다. 현재 상황 정의에 수긍과 공감을 얻지 못하면 미래도 거짓말 같아진다. 그러므로 비전을 수립할 때는 단순히 현재 상황을 확인하는 데 그치지 말고 과거부터 지금까지를 되돌아보며 "확실히 그렇구나!" 하고 공감을 얻어 낼 수 있는 현재 상황 정의가 필요하다.

셋째, 앞으로 뭘 하면 좋을지를 제시한다. 비전이라는 목적지에 도착하려면 어떻게 해야 하는지를 누구나가 행동하기 쉽게 나타내는 것이다. 이것이 명확하면 미래에 대한 행동 지침이 생기고, 미래를 자기 일처럼 생각하며 움직일 수 있다.

사실은 이 세 가지 포인트를 토대로 한 생각 도구가 앞에서 언급한 X → Z며, 과제 → 미래 → 실현 방안이다. 모든 것은 미래가 과거를 만든다는 생각에서 시작됐다.

미래가 과거를 만든다고 생각하면 일이든 인생이든 긍정적이 된다. 물

345

론 가끔은 끙끙 앓거나 부정적으로 바뀔 때도 있을 것이다. 인간이니 어쩔 수 없다. 하지만 당신의 미래는 분명 고통스러운 과거를 바꿔 준다. 이 비전은 아마도 큰 구원이 될 것이다.

'시간은 되돌릴 수 없다.' '과거는 바꿀 수 없다.'
이것은 과거의 가르침.
미래의 행동으로 과거의 결과를 바꿀 수 있다.

THINKING TOOL

91

'작게, 느리게'로 지역성이 돋보이는 시대

일본에는 작은 보물이 여기저기 잠자고 있다

일본이라는 브랜드 비즈니스를 생각할 때 어떤 청사진을 그릴 수 있을까? 애초에 일본은 규모로 세계와 경합을 벌이면 승산이 없다. 그런데도 예전에는 서구 스타일의 효율성과 규모를 추구해 여기에 자원을 집중시켰다. 그 결과가 지금의 일본이다. 하지만 비관하지 말자. 일본이 가진 풍요로운 풍토와 문화로 눈을 돌리면 작아도 날카로운 아이디어나 세계적으로 사랑받는 콘텐츠가 남아돌 정도라는 사실을 깨달을 것이다.

예를 들어 이시카와현에서 개발해, 그 뒤로도 현의 일부 지역에서만 재배되는 루비로망 포도는 매우 고가에 거래된다. 재배가 어렵고 희소해서 세계적으로 인기가 높아, 이 포도를 구하려고 세계 각지에서 찾아온다고 한다. 하지만 포도를 재배하는 사람들은 생산을 확대할 생각은 없고 오로지 맛만 추구해서 이시카와현의 그 토지에서만 생산하고 있다.

예전 같으면 브랜드로 만들어 씨를 팔거나 세계 각지에서 사업을 펼쳤을 텐데 오히려 적음, 좁음, 희소성을 추구함으로써 세계가 찾는 초우량 브랜드로 키워 내, 롱테일 비즈니스를 성립시킨 셈이다. 이는 일본이 지향해야 할 청사진 중 하나라고 생각한다.

특히 일본의 지방에는 이처럼 세계가 부러워할 자산이 많이 잠자고 있다. 여기에 그 지방의 역사, 전통, 신화, 축제 등을 연관 지어 스토리를 만들면 전 세계가 찾는 브랜드가 될 수 있다. 루이비통을 비롯한 세계의 고급 브랜드가 일본의 지방 기업이나 기술과 협업을 모색하는 것이 바로 그 증거다.

하지만 우리에게는 언제부턴가 서구에 비해 열등하다고 생각하는 비하 버릇이 배어, 일본의 본질적인 가치를 놓치고 있었다는 생각이 든다. 지금까지 일본이 지향해 온 '크게, 빠르게'를 강조하는 효율론이 기저에 깔려 있기 때문일 것이다. 하지만 시대가 바뀌었다. 지금이야말로 '작게, 느리게'의 관점에서 모든 것을 재검토해야 한다.

☞ 방언은 여기에만 있는 보물이다

지역성의 저력을 조명한다는 점에서 호시노리조트의 호시노 요시하루 대표가 한 말이 무척 흥미로웠다. 아오모리의 한 숙박업소 재건을 위해 종업원 모두를 대상으로 설문 조사를 했을 때의 일이다. 취합된 내용은 "훌륭한 산해진미가 있다.", "바다가 아름답다.", "정성스러운 서비스" 같은 여느 숙박업소와 다를 바 없는 의견뿐이었다. 그래서 반대로 단점을 물었더니 "접객 시에 사투리가 튀어나와 창피하고 죄송스럽다."라는 대답이 돌아왔다. 그때 호시노 씨가 말했다. 사투리야말로 이곳에만 있는 보물이라고 말이다. 그렇게 해서 사투리를 내세운 호시노리조트 아오모리점이 탄생했고, 지금은 사투리를 배워 '아오모링구얼(아오모리와 바이링구얼을 합한 조어-옮긴이)'이 되려고 찾아오는 사람이 많은 유명 숙박업소가 됐다.

젊은 세대나 전 세계 사람들 눈으로 보면 사투리는 촌스럽기는커녕 지역 문화를 느낄 수 있는 보물이다. 이를 찾아내 상품화한 수완을 듣고, 나는 역시 호시노 씨답다며 무릎을 쳤다. 이는 '크게, 빠르게'라는 개념이 낳은 지방보다 도시가 우수하다는 편견을 뒤엎고 '작게, 느리게'라는 관점에서 일본의 가치를 재발견한 최고의 사례라고 생각한다.

스타벅스의 47JIMOTO(지역이라는 뜻 - 옮긴이) 프라푸치노®도 '작게, 느리게'라는 발상에서 만들어졌다. 47개 지역 각각의 맛을 일일이 만드는 것이 얼마나 비효율적인지는 한 번이라도 가맹점 사업을 해 본 사람이라면 충분히 이해할 것이다. 하지만 그들은 해냈다. 지역의 매력을 그 지역에서 즐기자는 로컬의 가치를 진심으로 믿었기 때문이다.

'대중에서 소집단으로'라고 앞에서도 서술했지만, 일본의 소집단이라고 할 수 있는 지방의 힘은 대단하다. 게다가 각 소집단의 힘을 합치면 세계를 움직이는 거대한 힘이 된다. 이는 단순히 규모의 확대를 추구하는 척도가 아니라, 작은 힘을 믿고 뭉침으로써 얻는 힘을 말한다.

> '작게, 느리게'를 통한 브랜딩으로
> 일본의 가치를 재발견하자.

THINKING TOOL

92

이름으로 지역에 가치를 불어넣자

구역의 특성과 공통 체험에 주목하자

얼마 전 미국에 갔을 때 느꼈는데, 뉴요커들은 정말 작명 센스가 좋은 것 같다. 예를 들면 맨해튼의 유명 지역인 트라이베카는 트라이앵글 빌로 커낼(커낼 스트리트 남쪽의 삼각형 지역)에서 이름을 따왔다. 원래는 창고 거리였는데, 뉴욕 예술의 중심지가 됐다가 그 뒤에는 고급 주택지로 바뀌었다. 또 미트패킹은 도축장과 공장 등이 밀집했던 지역을 멋진 구역으로 격상시킨 이름이며, 소호는 사우스 오브 휴스턴 스트리트의 약자로 음악과 미술의 중심지가 된 구역의 이름이다.

사실 뉴욕에서는 진짜 주소명으로 소통하는 일이 별로 없다. 특징이 같은 지구를 같은 이름으로 정의함으로써 구역 전체가 활황을 맞은 곳이라고 한다. 그야말로 이름의 힘을 활용해 지역 활성화에 성공했다고 할 수 있다.

최근 화제가 되고 있는 노매드는 노스 오브 매디슨 스퀘어 파크의 약자로, 노매드 워커(유목민처럼 한 군데 정착하지 않고 일하는 사람)라는 지금 시절다운 업무 방식의 이미지에 맞춰 이름이 지어졌다고 한다. 그런데 이 이름 덕분에 미드타운과 다운타운 사이에 끼어 무시당했던 지구가 갑자기 주목을 받았다. 지금은 유명 호텔과 레스토랑이 모여들어 '노매드'를 내걸면서 지구 전체의 가치가 점점 높아지고, 출점이 잇따르는 등 상승 순환 효과가 일어나고 있다. 뉴요커는 역시 이름의 효과를 잘 알며, 작명을 통해 가치를 높이는 전문가들이다.

☞ 지역 특성이나 공통의 체험에 주목하자

이에 비해 일본은 아직 이름의 강점을 제대로 활용하지 못하고 있다. 교토, 가나자와, 요즘은 야마구치, 모리오카 등이 (〈뉴욕타임스〉 덕분에) 세계적으로 주목받고 있는데, 이 지역들은 주소명을 전제로 한 커뮤니케이션에 그치고 있다. 도쿄의 야네센(야나카, 네즈, 센다기)은 구역을 명칭화해 옛 일본 분위기를 풍기는 거리나 먹거리에 대한 기대치를 높이는 데 공헌하고 있다. 이런 시도가 더욱 늘어나면 지역 가치가 훨씬 더 높아질 것이다. 이런 의미에서도 지역 특성이나 공통의 체험이라는 관점에서 새롭게 가치화하는 작명은 일본의 지역 가치를 높이는 데 있어 개척의 여지가 많다고 생각한다.

예를 들어 일본에는 후지산이 보이는 언덕배기 동네가 많고, 동네 이름에 '후지미'라는 말이 붙어 있는 경우가 많다. 이런 지역을 통합해 '후지미'라는 이름으로 세계에 소개한다면 새로운 관광자원이 될지도 모른다. '○○ 도쿄 후지미 호텔'이라고 하면 세계적으로 가 보고 싶은 곳 중 하나가 될지도 모른다. 마찬가지로 벚꽃이든 물이든 나무든 들새든 음식이든 어떤 주제든 간에 특정 구역을 명칭화하는 데 활용할 수 있다. 더구나 돈 한 푼 안 드는 공짜다. 관광지 개발 차원에서라도 꼭 이름을 붙여 주는 아이디어를 실현해 줬으면 좋겠다.

물론 지금까지도 우동의 고장, 교자 마을, 주물 마을과 같이 슬로건을 내걸고 관광 활성화를 꾀한 사례는 있다. 하지만 위와 같이 구역에 이름을 붙이고 호텔, 음식점, 상업 시설 등에도 활용한다면 더욱 가치를 높일 수 있을지도 모른다.

참고로 작명은 비즈니스상 부정적인 이미지를 불식시키는 데도 활용할 수 있다. 예를 들면 한데 섞여 산다는 뜻의 '잡거'를 '셰어오피스'로 바꾸면 세련된 느낌이 든다. '혼자 먹는 쓸쓸한 식사'도 '오히토리사마(혼자인 손님. 혼자서 자기만의 취미나 오락에 돈을 쓰는 사람-옮긴이)'라고 표현하면 자긍심을 가질 수 있다. 인파가 적어 한산한 시골 마을도 '세계 제일의 조용한 마을'이라고 하면 관광자원이 될 수 있다. 또 딸기 파르페도 '1만 5,000엔(일본어로 딸기와 1, 5의 발음이 모두 '이치고'로 같다. -옮긴이)이 넘는 파르페'라고 이름 붙이면 괜히 더 먹어 보고 싶다. 작명은 마이너스를 플러스로 만들 수도 있으며, 플러스를 한층 더 플러스로 만들 수도 있는 강력한 생각 도구다.

여담이지만 마이너스를 플러스로 만드는 작명의 힘을 잘못 쓰면 나쁜 영향도 급속도로 커지므로 주의해야 한다. 예를 들어 '각성제'라는 이름에는 눈이 맑아진다거나 활기가 생긴다는 뜻의 '각성'이라는 단어가 들어가 있어, 원래는 불법 약물에 쓰여서는 안 되는 것이 아닐까 싶다. 아트 디렉터 아키야마 구기 씨는 차라리 '인생종침약'이나 '대변지림약'으로 바꾸는 것이 낫지 않겠냐고 했는데, 약물 사용 억제 효과라는 측면에서는 더 적절할 것도 같다.

'폭주족'이라는 명칭도 옳지 않은 것 같다. 폭주는 종종 영화 제목에도 쓰이는 청춘의 상징으로, 긍정적으로 인식하는 사람도 있으니 말이다. 어느 날 미우라 준 씨가 "폭주족은 '방귀뿡뿡족'이라고 하면 어떨까요?"라고 해서 기막힌 아이디어라고 생각했다. 그러면 폭주하고 싶어도 창피해서 그런 무리에 들어가지 못할 테니까 말이다.

이름이 가진 힘을 활용하면 일본을 더욱 매력적으로 만들 수도 있고, 부정적인 것을 억제할 수도 있다. 게다가 이름을 짓는 데는 돈 한 푼 안 든다. 이런 최고의 무기를 쓰지 않을 이유가 있을까? 각자의 업무를 비롯해 지역의 가능성을 활성화하는 데까지 적극적으로 활용했으면 좋겠다.

> 이름을 지어 가치를 부여하면
> 지역이 활성화될 가능성이 크다.

THINKING TOOL
93

'없는 것'으로 차별화하라

없기에 비로소 할 수 있는 체험에 가치가 있다

나는 지방 도시와 관련한 일도 많이 해 왔다. 매번 어떤 방향으로 지역을 개발할지, 어떻게 하면 지역 주민이 의욕을 낼 수 있을지가 고민스러웠다. 그때마다 지역사회 조성 전문가인 기타야마 다카오(北山孝雄) 씨의 말이 큰 힌트가 됐다.

일본 도시 개발을 이끈 기타야마창조연구소의 대표인 기타야마 씨는 쌍둥이 형인 건축가 안도 다다오 씨와의 협업을 통해 오모테산도를 지금 같은 패션 거리로 이끈 프롬퍼스트 빌딩, 새로운 상업 형태를 창출한 도큐한즈, 나아가 구사쓰 온천 부활로 이어진 유바타케 주변 거리 디자인 등 세련되고 멋진 지역 개발에 관여해 왔다.

이 기타야마 씨의 말에는 하나를 말하고 열을 알게 하는 예리함이 있다. 내가 어떤 안건으로 지역 주민들을 어떻게 끌어들이면 좋을지를 고민할 때 그가 꺼낸 말은 "책을 써 보든지."라는 한마디였다. 내 생각을 전부 담은 책을 모두에게 보여 주고, 재미있다고 말한 사람을 동료로 삼으라는 이야기였다. 또 지역 개발 콘셉트 문제로 고민할 때는 그 지역에 직함을 달아 주라고 했다. 예를 들면 '교자 마을 우쓰노미야', '미식의 도시 산세바스티안'과 같이 정체성을 제시했을 때 공감을 얻으면 그 방향으로 지역사회를 조성하면 된다는 것이다.

그의 명언 중에서도 내가 가장 놀란 것은 "있는 것이 아니라 없는 것으로 차별화하라."라는 말이었다. "다들 멋진 도서관이 있다거나 자랑할 만한 호텔이 있다고들 하는데, 그런 것들은 어디든 있잖아. 중요한 건 '없는 것'이지. 예를 들면 파친코가 없다거나 유흥업소가 없다거나 고속도로가 없다거나 대형 슈퍼마켓이 없다거나, 그런 게 브랜드가 되는 시대라고."

그 말에 눈이 번쩍 뜨였다. 그러고 보니 지방 사람들은 도시에는 있는 것이 자기 고장에는 없다는 사실을 부끄럽게 여기는데, 이는 '작게, 느리게'의 시대에 역행하는 것이다. 당연하게 있어야 하는 것이 '없으니' 거기서 얻을 수 있는 체험에 가치를 두자. 예를 들어 '고속도로가 없다.', '편의점이 없다.', '붐비지 않는다.'는 모두 '최고의 경치를 독점할 수 있다.'로 이어진다. 이제 장소의 가치는 '있다'에서 '없다'로 이행하고 있다. 기타야마 씨의 말에서 그런 본질적인 전환을 깨달았다.

또한 '없다'라는 가치는 모든 것, 모든 일에 적용된다. 편리한 기능이 없는 레코드가 유행하고, 유튜브 라이브를 하지 않는 행사가 인기를 끌고, 매뉴얼이 없는 학교에 아이들이 모여든다.

효율적으로 타임 퍼포먼스(시간 대비 효과-옮긴이)를 높이기 위해 생긴 편리함은 라이프 퍼포먼스(어려운 상황을 극복해 내는 힘-옮긴이)를 끌어올리지 못한다. 앞으로는 라이프 퍼포먼스를 높이기 위해 굳이 불편을 감수하고 성가신 의식을 즐기는 시대가 올 것이다. 그렇지만 나는 편리함도 좋아서 '없는 것'도 정도껏이라야 한다고 생각한다. 편리함도 적당히 살리면서 '없는 것'을 즐기고 싶다.

부재의 가치에 눈을 돌리자.
그리고 타임 퍼포먼스보다
라이프 퍼포먼스를 높이자.

THINKING TOOL
94

관계인구 이전에 관심 인구를

'없다'고 만들지 말고 '없음'을 살리자

뉴욕의 하이라인을 아는가? 폐선된 철도의 고가를 공원으로 만들어, 사람들이 빌딩 사이의 공중 산책로를 즐길 수 있게 한 새롭고도 행복한 경치를 만들어 낸 장소다. 이곳은 도시 디자인이 '부수고 새로 짓는' 기존 스타일에서 '남기고 바꾸는' 새로운 스타일로 변화했음을 보여 주는 상징이다. 지역 주민이었던 두 젊은이가 비전을 제시하고 개발을 주도한 '비전 드리븐'의 성공 사례로서 세계적으로도 널리 사람들 입에 오르내렸다.

그런데 최근에 뉴욕에 가서 보니 하이라인에 대한 평가가 많이 달라져 있었다. 코로나19 이후 현지에서 직접 듣기르는 하이라인 개발은 결과적으로 실패했다는 이야기였다. 코로나19가 유행하는 동안, 토지 브로커가 주변 빌딩과 토지를 사들여 최고가로 팔아 치우는 바람에 젠트리피케이션이 일어났고, 결과적으로 원래 살던 사람들이 쫓겨났다. 토지 매매를 규제하는 구조를 디자인해 두지 않은 탓에 지역 주민의 불행을 초래한 책임이 무겁다는 비난이 일고 있었다.

사람의 탐욕을 간파하고 미래를 디자인하기란 아무래도 어려우므로, 하이라인에 대한 지금의 평가가 너무 가혹하다 싶기도 했다. 한편으로

SNS 시대에는 사람의 행복이 부서진 이미지가 정보로서 따라다니기 때문에 앞으로 하이라인이 번영해 나가는 데는 그림자가 드리워질 것이라는 생각이 들었다.

이 이야기에서 얻은 교훈이 있다. 결국 '사람이 행복하지 않으면 도시에 활기가 생기지 않는다.'라는 단순한 원리다. 다른 도시를 둘러봐도 그렇다. 설령 대규모 쇼핑몰이 생기건 대기업을 유치해 비즈니스적으로 성공하건 간에 그 지역에서 살아 숨 쉬는 역사와 사람의 행복에 대한 존중 없이는 영속적인 지역사회 조성이란 성립하지 않는다. 사람의 행복이 그려지지 않는 곳에 사람들이 모여들 리 없다.

사실 행복의 이미지라는 문맥에서도 앞서 언급한 '있다', '없다'가 주제가 된다. 기타야마 다카오 씨가 나스시오바라역을 재개발해 달라는 의뢰를 받고, 이미 '있는' 역 앞 자동차 도로를 없애고 전부 잔디밭으로 조성해 아무것도 '없다는 것'을 긍정적인 관광자원으로 삼자고 제안했다고 들었다. 그야말로 쓸데없는 것이 '없는' 것을 선택해, 행복한 이미지의 관광자원이 '있는' 도시로 바꾸려고 시도한 뛰어난 아이디어라고 생각한다.

대도시나 다른 동네에 있는 것이 여기도 똑같이 있는 것만으로는 그 지역다운 행복한 이미지는 생기지 않는다. 앞으로는 없으니 만들자고 할 것이 아니라 '없음'을 살리자는 생각으로 전환해야 지역이 행복해질 수 있을 것이다. 하지만 사람이나 기업은 전례나 경제 효율만 따져 곧장 '있는' 것을 선택해 버린다. 어떻게 하면 이를 회피할 수 있을까? 방법은 지금을 기준으로 생각하지 말고, 미래 시점에서 봤을 때 없는 편이 좋은 것과 있는 편이 좋은 것을 가늠하는 것이다.

☞ 관계인구 이전에 관심 인구를 늘리자

하천에 발을 담그고 노트북을 하는 모습을 찍은 사진이 붐을 일으키면서 이주자가 빠르게 늘어난 도쿠시마현 가미야마초는 풍요로운 자연 말고는 쓸데없는 것이 없다는 점을 살리면서도, 그래도 와이파이는 있음을 알려 주목을 받았다. 만일 가미야마초가 다른 마을처럼 대도시에 많이 있는 것들을 똑같이 만들어 내세웠다면 어땠을까? 아마도 지역을 사랑하는 주민들은 불만이 커졌을 것이고, 이주자도 줄어들었을 것이다. 없는 것을 지나치게 있게 만들었다가는 불행을 초래한다.

그럼 미래 시점에서 봤을 때 있는 편이 좋은 것은 뭘까? 내 대답은 이(移), 식(食), 주(住)를 풍요롭게 하는 것이다. '의(衣)'가 아닌 이유는 앞으로 노매드 워커가 계속 늘어날 것을 고려하면 모바일 환경을 갖추는 것이 무엇보다 중요하기 때문이다. '이'도 갖춘 데다 그 지방만의 풍요로운 '식'과 '주'가 있다면 대도시 사람들의 관심은 단번에 높아지고 찾아오는 사람도 많아진다.

최근 지역사회 조성과 관련해 '관계인구'나 '관여할 여지'와 같은 말들이 흔히 쓰인다. 나는 줄곧 관계인구 이전에 관심 인구를 늘리는 것이 중요하다고 생각해 왔다. "재미있는 마을이다.", "부러운 삶이네."라는 소망의 물결은 강한 파급 효과를 일으켜 일본 전역뿐 아니라 전 세계로 확산돼 어느새 대단한 가치를 그 마을에 가져오기 때문이다. 이런 관심을 불러일으키기 위해서라도 일본의 각 지방은 더욱 없음을 잘 살려야 한다.

고급스러운 삶이 있음을 내세울 수밖에 없게 된 하이라인은 앞으로 다른 고급스러운 지역과 경쟁하면서 독창성을 잃어 갈 것이다. 반대로 없음을 내세울 수 있는 지역은 강하다. 그곳만이 가진 독자적인 풍요로움을 구가할 수 있으며, 무엇보다 있음으로 인해 피폐해진 대도시 사람에게 없음의 행복을 제안할 수 있으니 말이다.

> 눈앞의 이점이 아니라
> 미래에서 본 관점으로 '없음'을 살리자.

THINKING TOOL
95

수익이 없으면 미래도 없다

좋은 것이 팔리는 것=지구를 좋게 하는 것. 미래를 만들기 위해 수익을 창출하자

최근에 내가 정한 두 가지 업무 규칙이 있다. 하나는 일을 수락하는 기준인데, 5년 뒤에 내가 죽는다고 해도 그 일을 수락하고 싶냐는 것이다. 나는 이제 55세가 넘었다. 마음 같아서는 일을 척척 해내고 싶지만, 사는 동안 할 수 있는 일의 양은 한정돼 있다. 지금까지 나는 일을 가리지 않고 어떤 일이든 기꺼이 맡아 왔다. 그런데 이제는 일이나 발주처의 규모와 상관없이 여생을 걸어도 좋다는 생각이 드는 사람과 함께 일하고 싶다.

또 하나는 의뢰가 들어왔을 때의 자세다. 먼저 "아, 재미있네요."라고 쉽게 말하지 않기로 했다. 붙임성이 좋은 나는 늘 의뢰가 들어오면 그 일의 장점을 찾아내 "좋네요, 재밌군요!" 하고 말하는 편인데, 이제는 그러지 않기로 마음먹었다. 왜냐하면 일을 수락하지 않을 가능성을 남겨 두고 싶기 때문이다. 지금까지 일해 오면서 처음에는 재미있을 것 같았는데 결과적으로 굉장히 재미없었던 경우도 있었다. 그렇기에 이제는 처음부터 "재미있군요!"라며 수락하지 않고 충분히 이야기를 나눠 본 뒤에 결정하려고 한다.

일전에도 처음에는 나와 맞지 않는다고 생각했던 경영자가 다섯 번째

만남에서 잡담을 나누다가 사원들의 성장을 울면서 이야기하는 모습을 보고, 이런 분이 맡기는 일이라면 해 봐야겠다 싶었다. 처음 만난 자리에서 바로 계약했다면 이런 마음을 느끼지 못했을 것이라고 생각하니, 다소 시간이 걸리더라도 마음이 통하는 관계 맺기를 앞으로도 쭉 소중히 해야겠다는 생각이 들었다.

그렇다면 나는 어떤 일이 재미있을까? 나는 다음 세 가지를 기준으로 삼고 있다. 여러분에게도 참고가 됐으면 좋겠다.

- 그 일에는 깊이 신뢰할 수 있는 사람이 있는가?
- 그 일에는 사회를 바꿀 만한 기술이나 서비스가 있는가?
- 그 일에는 고객이 수익을 창출할 수 있는 구조가 있는가?

앞의 두 가지는 글자 그대로 흔히 볼 수 있는 이야기므로 설명을 생략하겠다. 중요한 것은 세 번째의 '수익을 창출할 수 있는가?'다. 이렇게 말하면 "결국은 돈이네요?"라고 하겠지만, 그렇지 않다. **어떤 일이든 수익이 없으면 미래도 없다.** 하지만 여기서 내가 말하는 '수익 창출'이란 단순히 돈 이야기가 아니다. 행복한 대가로서의 수익 창출이다. 즉 **"그 일은 사람이 행복해지기 위해 기꺼이 돈을 낼 만한 시스템을 갖추고 있는가?"** 란 기준이다.

나와 함께 두바이 엑스포의 크리에이티브 어드바이저를 맡았던 파노라마틱스의 대표 사이토 세이이치(齋藤精一) 씨가 "사그라다 파밀리아 성당은 세계에서 가장 돈을 잘 버는 공사 현장이다."라고 했다. 그의 말마따나 나 역시 그 현장은 **많은 사람을 행복하게 하면서 관광과 건축으**

<u>로 꾸준히 수익을 창출하는 최고의 구조</u>라고 생각한다. 건축물이 완공되면 공교회가 돼 돈을 벌지 못하게 되므로, 안토니오 가우디가 일부러 공사를 최대한 오래 하려고 했을 가능성도 제기된다. '미완성'을 디자인하다니 실로 천재적인 수익 창출 방법이 아닐 수 없다.

☞ 자연에도 좋고, 내게도 좋다

15년쯤 전에 이온레이크타운에서 발표한 카피가 예견했던 것처럼 지금은 지구 환경을 좋게 하고 자기 자신도 풍요롭게 하는 것들이 팔리는 경향이 강해졌다. 다만 그 이면을 보면, 기업 내부적으로 지속가능성이나 컴플라이언스 준수가 강하게 요구됨에 따라 일상적인 업무에 한층 더 부담이 가해지고 있어 예전이 더 좋았다는 목소리가 나오기도 한다. 다만 이렇게 생각해 보면 어떨까?

우리가 만든 모든 일은 언젠가 우리 아이들에게 되돌아올 것이다.

지구를 오염시키는 제품이나 조악한 콘텐츠 등에 둘러싸여 자라나는 아이들은 당연히 저도 모르는 사이에 악영향을 받기 마련이다. 또 수익 창출이라는 목적에만 초점을 맞춘 해로운 서비스도 결국은 돌고 돌아 다음 세대의 심신과 환경을 망친다. 아이들이 마시는 물을 오염시키는 것과 같은 행위라는 것을 자각하자.

　부담이 커졌다고 해도, 아이들의 미래와 사회의 미래를 위해 좋은 것을 팔아서 수익을 창출해야 한다. 그래야 사람들이 행복해하며 기꺼이 돈을 낼 것이다.

<u>　　　　앞으로 일의 슬로건은
　　　　'미래를 만들기 위해 벌자'.</u>

THINKING TOOL
96

쉬이지 않아도 되는 패치워크의 다양성

'서로 이해하지 못해서' 시작하는 다양성의 형태

신슈의 어느 마을로 촬영을 갔을 때의 일이다. 나를 포함한 스태프 일동은 점심으로 맛있는 소바를 먹을 수 있겠다며 무척 기대하고 있는데, 프로듀서가 혼자 심란한 표정을 지었다. 무슨 일인지 물었더니 "여러분에게는 무척 기대되는 소바 마을이겠지만, 내게는 독 마을이네요. 심각한 메밀 알레르기가 있어서 먹으면 죽을 수도 있거든요." 하고 말했다.

깜짝 놀랐다. 내가 아무리 '소바의 맛'을 전해도 프로듀서 같은 사람에게는 민폐일 수밖에 없으니 말이다. 자신이 좋아한다고 해서 다른 사람도 그러리라 생각하는 것은 착각이다. 사람과 사람은 서로 이해할 수 없는 것이 많다. 설령 친구나 가족일지라도 어느 정도는 이해할 수 있겠지만, 타인에게는 절대로 깊이 들여보낼 수 없는 마음의 장소가 있다. 기업과 기업, 국가와 국가라면 한층 더 그렇다.

그러므로 서로 이해할 수 없는 것에서 시작하는 것이 커뮤니케이션의 본질적인 모습이다. 이 전제를 바탕으로 나는 서로 이해할 수 없다면 서로 나누면 된다고 생각한다. 서로가 전혀 받아들일 수 없는 스타일이거나 생각의 소유자라고 해도 비전을 공유하며 함께 북극성을 향해 여행을 떠나 보자. 사람은 같은 것을 바라보기만 해도 친근감을 느끼니까. 일은 그런 의미에서 서로 이해할 수 없는 옆 사람과도 사이가 좋아질 수 있는 구조인지도 모르겠다.

어느 날 우리 회사 임원인 다카하시 케이 씨가 이상적인 다양성을 표현하기 위해 고심하는 내게 '패치워크'라는 단어는 어떻냐고 의견을 내줬다. 나는 진심으로 감동했다. 일본에서는 다양성이라고 하면 바로 '서로 섞이는 것'이라고 이해한다. 하지만 사람은 그리 쉽게 서로를 이해할 수 없으며, 하물며 서로 섞이기는 더욱 어렵다. 서로가 다양성을 인정하고 섞여서 공존하자는 이상(理想)은 거짓이다.

여러 가지 색을 섞다 보면 검어지듯이 사람을 무리하게 섞으면 마음도 관계성도 분명히 새까매진다. 그것이 여러 조직이나 현대 사회 안에서 나타나고 있는 문제의 근원이라고 생각한다.

사람과 사람은 섞이지 않아도 된다. 패치워크처럼 자신의 색을 유지한 채로 다른 색의 사람과 어울리면서 전체적으로 아름다우면 된다.

그렇기에 이 발견은 귀중하다. 다양성에서 중요한 것은 각자가 고유한 빛을 발하면서 옆의 것을 침식하지 않는 것이다. 그러면 거리를 두고 봤을 때 패치워크 작품처럼 아름다운 그림이 완성되지 않을까 싶다. 같은 팀, 같은 프로젝트로 함께하는 많은 사람과 비전을 나누고 설레는 미래라는 아름다운 그림을 그릴 수 있다면 더할 나위 없겠다.

너무 낙관적인 생각 아니냐고 하는 사람이 있을지도 모르겠지만, 나는 진심으로 그런 세상을 비전으로 삼아 꿈꾸고 있다.

*함께 비전을 나누자.
패치워크와 같은 다양성을!*

THINKING TOOL
97

그 아이디어라면 확실히 행복할까

넓은 시야로 지구를 생각하고, 긴 안목으로 가족을 생각하자

"이거면 내 딸아이가 행복해질 것 같나?"

이 말은 30년도 더 전에 "말하자."라는 도요타 텔레비전 광고에 나왔던 대사다. 도요타의 신형 자동차 카롤라의 장점을 나열하며 구매를 권하는 판매원에게 아버지가 던진 한마디. 나는 이 광고를 보고 바로 소리를 질렀다. "모든 일이 지향해야 하는 것은 역시 행복이어야 한다."라고 말이다. 그 뒤로 나는 항상 "그 아이디어라면 확실히 행복할까?"라는 질문을 토대로 생각에 생각을 거듭하고 있다.

닛산 세레나의 "물건보다 추억."을 기획할 때도 이 자동차가 있으면 뭐가 행복해질까를 생각했다. 플레이스테이션4 광고 때도 게임의 본질적인 행복은 뭘까를 계속 묻다가 "할 수 없는 것을 할 수 있다니 최고야!"라는 카피에 이르렀다. 이 모두 경쟁 제품과의 작은 차별화가 아니라 행복을 창출하는 존재로서 재검토한 결과다.

경쟁을 토대로 한 자본주의 사회에서는 '그 제품보다, 그 사람보다 조금이라도 좋은 것을'이라는 비교로 넘쳐 난다. 하지만 앞으로의 시대는 더욱 넓은 시야로 지구의 행복을 생각하고, 더 긴 안목으로 가족과의 행복을 바라는 일이라야 사람들에게 지지받을 수 있다. 행복 추구는 더 이상 비현실적인 비즈니스가 아니다. 앞으로는 비즈니스의 중심이 되는 자세다.

👉 행복이라는 말의 함정

다만 행복이라는 말을 안이하게 써서는 안 된다는 점도 명심하면 좋겠다. 어느 도시 개발 프로젝트에 관여했을 때의 일이다. 내가 "이번 도시 개발에서는 다른 곳과의 차별화보다는 새로운 시설이 만들어 갈 행복에 관해 이야기하고 싶습니다."라고 말하자, 고객사 관계자가 "행복이라는 단어는 별로 쓰고 싶지 않습니다. 왜냐하면 이 도시에는 행복한 사람도 불행한 사람도 모두 있으니까요. 우리는 어떤 상태의 사람이든 기분 좋게 있고 싶어지는 그런 곳으로 만들고 싶거든요."라고 말했다.

나는 머리를 한 대 얻어맞은 기분이었다. 확실히 일반적인 기준으로 행복하냐 아니냐를 판단하는 것은 불손한 일이며, 부주의하게 '행복'을 부르짖다가는 의도와 다르게 상처를 주기도 한다. 우리가 해야 할 것은 각자 나름의 '행복이란 무엇인가?'를 추구하는 것이지, 누군가가 행복한지 어떤지를 판단하는 것이 아니다.

비슷한 시기에 5인조 밴드 사카낙션의 야마구치 이치로 씨가 자신의 우울증에 대해 고백하는 다큐멘터리를 봤다. 대중의 인기로 먹고사는 직업을 가진 사람들이 껴안고 있는 고통이나 아픔을 적나라하게 말하는 모습이 마음에 와닿았다.

사람은 겉으로 봐서는 알 수 없다. 행복한 것 같은데 행복하지 않은 경우가 종종 있다. 이를 충분히 이해한 상태에서 상상력을 발휘해 행복을 지향하는 것이 비즈니스에서는 중요하다고 생각한다.

**작은 일이든 큰일이든
행복하게 하는 본질은 같다.
넓고 장기적인 시야로 아이디어를 짜자.**

THINKING TOOL
98

사랑이야말로 아이디어를 구현하는 힘

누군가를 행복하게 해 주고 싶은 마음이
새로운 지속가능성을 낳는다

일본은 해외에 비해 스타트업이 적다. 물론 스타트업을 지원하는 투자 시스템이 약하다는 문제점이 있지만, 그것 말고도 일본의 독자적인 정신적 경향에 원인이 있다고 생각한다.

하나는 '주어진 환경에서 꽃을 피워라.'라는 미의식이 창업하려는 사람들의 행동을 억제하고 있다는 점이다. 그리고 또 하나는 '불만은 참는 것'이라는 미덕이 스타트업 정신의 발아를 방해하고 있다는 점이다. 이미 언급했듯이 불만은 아이디어의 씨앗이며, 사회적 과제 해결을 위한 실마리다. 스타트업은 이 불만을 비즈니스와 연결해 기업이 해결해야 할 과제로 인식하는 것에서 출발한다. 그런데 일본에서는 그 씨앗인 불만에 대한 인식과 공유가 잘 이루어지지 않아서 시작하기 어렵다.

그런데 요즘, 스타트업의 존재 덕분에 세상이 사회적 과제를 인식하는 사례가 늘고 있다. 우리가 마시는 물에 이런 문제점이? 여성은 이런 점에서 어려움이? 인사에 그런 불만이? 이런 문제 인식에서 스타트업이 생기고 유명해지는 과정에서 세상이 그 숨은 불만을 알고 과제로 인식하게 된 사례는 허다하다. 그런 의미에서 스타트업이 더 늘어난다면 지속가능성 시대에 알아야 할 본질적인 숨은 불만을 전 세계가 알고, 일본다운 문화와 자연관이 과제를 해결한 사례가 전 세계에 퍼지는 계기가 될 것이다. 일본의 미의식도 미덕도 물론 훌륭하지만, 이런 미의식과 미덕으로 인해 일본의 본질적인 힘이 확산하기 어려워지고 있는 것은 유감이 아닐 수 없다.

<mark>세계가 공감하는 숨은 불만을 발견한다면 매우 큰 비즈니스 기회가 될 것</mark>이고, 세계적으로 계속 팔리는 서비스와 제품 개발도 꿈만은 아닐 것이다. 앞으로의 시대와 일본의 가치관을 곱하면 그 가능성은 매우 크다고 생각한다.

그럼 이 숨은 불만을 발견해 내는 포인트는 어디에 있을까? 물론 '아홉 칸 불만 빙고' 항목에서도 설명했듯이 세세하게 쪼개면 기능과 기회와 기분 중 어느 하나에 해당하겠지만, 나는 그 이전의 커다란 주제를 제기하고자 한다.

숨은 불만을 발견해 비즈니스화하는 가장 큰 포인트는 사랑이다.

어느 날 텔레비전에서 박사 나카마쓰 씨가 발명한 '간장 쭉쭉(간장을 옮겨 담는 기구, 후에 등유를 옮겨 담는 데 이용)'에 관한 이야기를 듣고 있다가 문득 깨달았다.

나카마쓰 씨가 이 아이디어를 생각해 낸 것은 어머니 때문이었다. 어머니가 겨울에 추운 부엌(옛날 부엌은 정말 추웠다)에서 한 되짜리 무거운 간장병에서 작은 용기로 간장을 옮겨 담는 모습을 보고 어떻게든 해결해 드리고 싶다고 생각한 것이다. 만일 그때 나카마쓰 씨가 "그게 어머니 일이니까.", "집안일이 다 그렇지." 하고 생각하는 냉정한 사람이었다면 이 아이디어는 실현되지 않았을 것이다.

어머니를 편하게 해 드리고 싶다, 행복하게 해 드리고 싶다는 마음이 그 광경을 해결해야 할 '불'로 여기고 아이디어를 궁리하게 한 셈이다.

누군가를 행복하게 해 주고 싶다는 강한 마음이 아이디어를 구현시킨다. 약을 드론으로 배송하는 집라인이나 지금은 거대 기업이 된 세일즈포스 역시 누군가를 행복하게 하고 싶다는 마음에서 시작됐으며, 그 마음이 없었다면 힘든 개발을 완수하지 못했을 것이다.

흔히 스타트업에는 큰 뜻이 필요하다고 한다. 하지만 큰 뜻이란 세상을 바꾸고자 하는 막연한 추상론이 아니라, 구치적으로 머리에 떠올린 한 사람을 행복하게 하고 싶은 '사랑'이라고 나는 생각한다. 그리고 사랑으로 대하는 행동은 일본의 미의식이나 미덕과도 일맥상통한다.

다만 사랑을 내세우면 설교하는 것 같아진다. 설교로는 세상을 바꿀 수 없다. 중요한 것은 사랑이 담긴 발명이다. 그게 제품이든 일이든 말이든 상관없다. 불만을 행복으로 바꾸는 공감이 가는 스토리가 있는 발명은 사람의 마음을 움직인다. 일본다운 사랑의 발명이 세계를 바꾸는 모습을 꼭 보고 싶다.

*사랑이야말로 누군가의 개인적인 불만을
사회적 과제로 만들어
지속가능성의 실현으로 이끈다.*

THINKING TOOL
99

손에 손을 잡는 리좀식 업무

같은 마음으로 이어져 미래를 만든다

미래를 위한 새로운 업무 방식에 관해 이야기해 보자. 이 책에서 여러 차례 소개한 히키니쿠토코메는 사실 요식업계를 바꾸기 위해 만들었다. 먼저 **팀의 자세를, 그리고 지식재산권을 지키는 방법을, 나아가 성장 방법을,** 그리고 마지막으로 **일본의 가치를 바꾸기 위해** 만든 것이다.

헛소리라고 생각하는 사람이 있을지도 모르겠지만, 정말로 그런 생각을 토대로 만든 음식점이다. 야마모토노 함박 사장 야마모토 쇼헤이(山本昇平) 씨, 잇푸도의 전 사장이자 현 토리키조쿠 USA 사장 기요미야 도시유키(清宮俊之) 씨, 광고와 브랜딩을 하는 나, 이렇게 세 사람이 브랜드를 만들었다. 이색적인 조합이지만, 요식업계의 전환점을 찾기 위한 필연적인 팀이었다.

야마모토 씨는 한 가지 메뉴의 맛을 철저하게 높이고, 운영 체계를 정립하고, 직원을 양성해 멋진 팀을 만들어 냄으로써 '또 오고 싶은 가게'를 실현했다. 기요미야 씨는 음식에 관한 풍부한 식견을 통해 정확한 조언과 센스 넘치는 좋은 파트너를 연결해 줬다. 나는 콘셉트와 로고를 비롯해 음식의 프로가 아닌 관점에서 브랜드에 재미 요소와 새로운 체험을 더해 세계로 비약할 수 있는 날개를 제공했다.

콘셉트인 "바로바로 갈아서, 바로바로 구워서, 바로바로 지어서"를 슬로건으로 내걸고 운영, 기획, 점포 개발, 유통, 브랜딩 같은 서로 다른 업종의 전문가들이 손에 손을 잡고 가게를 만들었다. 그야말로 크로스오버 팀 만들기라고 할 수 있으며, 앞으로 음식 사업 개발의 한 형태가 될 것이라고 생각한다.

☞ 음식으로 일하고 싶어지는 미래를 만든다

세 번째 점포를 출점한 즈음, 해외에서 출점 문의가 들어왔다. 많은 요식업 컨설턴트가 "해외의 식문화를 고려하면 똑같은 형태로는 어려울 수도 있다."라고 말했지만, 우리는 오히려 현지화하지 않기로 했다. "일본에서와 똑같은 형태로 출점해 일본의 맛과 멋을 세계에 알리고 싶다."라는 야마모토 씨의 생각을 해외 파트너에게 전하자, 대개의 기업이 호의적으로 "일본은 쿨하니까 똑같이 했으면 한다."라고 말해 줬다. 서로의 마음이 통해 손을 잡는 순간이었다.

히키니쿠토코메는 직원의 미래도 소중히 생각하고 디자인했다. 그것은 음식으로 일하고 싶어지는 미래를 만든다는 생각에서 탄생했다. 우리는 적극적으로 해

▶ 히키니쿠토코메의 아이콘

외에 진출해 거기서 생긴 이익을 일본으로 환원히 일하는 사람들에게도 돌려주고자 마음먹었다. 나아가 이곳에서 일을 배운 사람들이 독립하고자 할 때 응원하는 구조도 만들었다. 현장에서 일하는 사람들과 단단히 손을 맞잡는 것은 당연해 보이지만 쉽지 않은 일이며, 그래도 가장 중요한 미래를 만드는 방법이라고 생각한다.

그리고 히키니쿠토코메에서는 기업으로서의 성장 역시 손을 맞잡는 것으로 디자인하고 있다. 많은 스타트업은 자사 규모 확대를 꿈꾸는데 우리는 그러지 않기로 했다.

가능한 한 멋진 파트너와 손을 잡고 문화를 이어 전 세계에 동료를 늘림으로써 성장해 나간다. 같은 생각으로 이어지고 연계해 가는 '리좀적 규모'를 이상으로 삼고 있다.

리좀은 '뿌리줄기'를 뜻하는 말로, 수평적 관계로 연결되는 상태를 가리킨다. 우리는 '같은 마음'이라는 뿌리가 연결된 리좀 관계야말로 미래를 잘 만들어 갈 수 있다고 믿는다.

그런데 야마모토 씨의 이념인 '또 오고 싶은 가게 만들기'는 사실 내 부친이 생전에 하시던 말씀과 같다. 아버지는 교토의 유서 깊은 미야코호텔의 총요리장이셨다. 어린 내가 아버지에게 이런 질문을 한 적이 있다.

"어떤 마음으로 요리를 만들어요?"

그러자 아버지는 조금 망설이나 싶더니 "또 오고 싶어지도록, 이려나!"라고 답해 주셨다.

당시의 나는 그 말의 의미를 몰랐지만, 지금은 확실히 이해한다. 돌아가신 아버지가 히키니쿠토코메를 방문하는 일은 이뤄지지 않았지만, 어쩌면 지금이라도 칭찬해 주실지도 모르겠다.

> *같은 마음이라는 뿌리를*
> *공유한 동료와 손을 잡으면*
> *분명 미래는 열릴 것이다.*

THINKING TOOL
100

세 가지 질문으로 아이디어를 최종 판단

모두의 불만을 해결하는가?
사람을 정말로 행복하게 할 수 있는가?
소중한 사람에게 말할 수 있는가?

이 책을 통해 생각 도구에 관한 이야기를 해 봤다. 여기서 소개한 생각 도구는 실제로 내가 업무 현장에서 써 온 아이디어 도출 방법으로, 신세를 진 이들에게서 물려받은 인생의 지침이자, 30여 년이라는 시간을 들여 단련한 기술의 집대성이다. 이제 마무리하며 여러분께 전하고자 하는 것은 아이디어를 최종적으로 판단하는 세 가지 질문이다.

여러분이 생각해 낸 아이디어를 재차 되물어 그것이 옳고 재미있고 효과가 있는지를 최종적으로 판단할 수 있는 방법이다.

첫 번째는 "그 일이 모두의 불만을 해결하는가?"

지금까지 전한 바와 같이, 불만은 아이디어를 낳는 원천이며 우수한 아이디어는 반드시 숨은 불만을 해결한다. 그러므로 고민이 될 때는 먼저 불만으로 되돌아가는 것이 비결이었다.

이 책에 담긴 생각 도구를 실천해 본 독자라면 "바로 이거다!" 하고 생각해 낸 아이디어로 이미 누군가의 불만을 해결했을 것이다. 그래서 마지막 확인에는 '모두'를 더해 봤다.

그 아이디어가 처음에 상정한 사람들의 불만을 해소하는 것으로 끝나지 않고 골고루 널리 모두의 만족을 가져오는지, 이로 인해 입장이 다른 사람들이 불행해지거나 사회적으로 불이익을 당하지는 않는지를 냉정하게 확인해 봤으면 한다. 누군가의 불만을 해소하는 것이 다른 누군가의 불만을 초래하는 것이어서는 안 된다.

진정한 창의성은 제한된 자원을 두고 싸우는 것도 아니고, 나아가 제로섬 게임도 아니다. 함께 나누고 새로운 것을 만들어 내는 것이다. 사회적으로 널리 퍼져 나가는 중에 그 업무 또는 사업의 아이디어가 모두에게 좋은 것이 되고 있는지를 다시 살펴봤으면 좋겠다. 이것이 점검해야 할 첫 번째 항목이다.

두 번째는 "그 아이디어가 누군가를 확실히 행복하게 할 수 있는가?"

아이디어의 목적은 사람을 행복하게 하는 것이라는 점은 거듭 전해 온 바와 같다. 다만 여기서 중요한 사실은

막연한 집단이 '아마도 행복해지겠지.'가 아니라, 주변 사람이든 멀리 있는 사람이든 '확실하게 한 사람'만은 진짜로 행복하게 만들 수 있다고 딱 잘라 말할 수 있어야 한다는 점이다.

예전에 카피라이터 강좌에서 "어머니에게 네글리제(얇은 천으로 원피스처럼 만든 여성용 잠옷 – 옮긴이) 사라고 말하기 위한 카피를 써 보자."라는 과제를 제시한 적이 있다. "건강을 위해 네글리제를", "아버지가 기다려요. 네글리제를!" 등 여러 가지 아이디어가 나왔지만, 네글리제라는 시대에 뒤처진 제품은 좀처럼 사지 않으리라.

그래서 내가 제시한 카피는 "어머니, 제가 네글리제 가게를 차렸어요." 였다. 그렇게 말하면 부모는 자녀를 위해 반드시 한 벌은 살 테니까 말이다.

"그건 카피가 아니다."라는 의견도 있었지만, 형태 따위는 아무래도 상관없다. 확실하게 누군가 한 사람의 마음을 움직이는 →를 만드는 것이 중요하다. 단 한 사람이라도 좋으니 그 아이디어가 이루어졌을 때 확실히 행복해할 사람의 얼굴을 생생하게 그릴 수 있는가? 그런 아이디어가 진짜며, 한 사람뿐 아니라 많은 사람을 행복하게 할 수 있는 아이디어가 될 것이다. 꼭 '확실히'에 신경 써서 점검해 보자.

☞ '권장도'는 가장 빼놓을 수 없는 지표

마지막 세 번째는 "소중한 사람에게 말할 수 있는가?"

앞에서 정의한 바와 같이 스토리는 '원하고, 말하고 싶어지는 이야기'이므로, 마지막으로 그 이야기가 스토리로서 기능하는지를 확인하자. 그 아이디어를 구체화했을 때 친구나 가족에게 신나게 말할 수 있는가? '소중한 사람'으로 한정한 이유는 브랜드에 빼놓을 수 없는 인지도나 호의의 정도와 같은 중요한 지표가 몇 가지 있는데, 이 중 가장 빼놓을 수 없는 것이 '권장도'기 때문이다. 즉 '소중한 사람에게 말할 수 있을 만큼 믿고, 또 관심이 가는가?'를 측정하는 지표라는 말이다.

자신이 소중하게 생각하는 사람에게는 미움을 받고 싶지 않으므로 지구를 오염시키는 기업의 제품이나 공정거래가 아닌 것은 권할 수 없을 것이며, 거짓이나 과대광고가 포함된 것도 절대 추천하지 않을 것이다. 그것을 집어 든 사람이 믿고 좋아해서 소중한 사람에게도 추천할 수 있느냐 하는 관점을 마지막으로 갖는 것이 아이디어의 질과 세상에 나왔을 때의 확산을 담보한다. 이것이 마지막으로 확인할 부분이다.

참신한 아이디어일수록 위화감을 포함하고 있으며, 처음에는 좋은 평가를 받기 어려울 수 있다. 하지만 위에 제시한 마지막 세 가지 질문을 통과할 수 있다면 가슴을 펴고 당당하게 "괜찮습니다." 하고 제안할 수 있다. 마지막 생각 도구로서 유용하게 활용했으면 좋겠다.

이제 마무리로 한마디만 더 하자면, 이 책에 쓴 것은 어디까지나 '도구'다. 그러므로 사용하는 사람에 따라 사용법은 달라지기 마련이고 효과도 다를 것이다. 그래도 괜찮다.

중요한 것은 자신도 창의적으로 생각할 수 있다는 자신감과 더불어 시도해 보는 자세다.

가족도 지역도 회사도 그리고 세상도 모두 주변에 있는 한 사람을 행복하게 해 주고 싶어 하는 한 사람의 아이디어로 인해 바뀌어 간다. 무슨 일이든 애정을 가지고 바라보고, 관찰하고, 과제를 재발견하는 것에서부터 모든 것이 시작된다.

그러므로 행복한 놀라움이 세상을 가득 채우도록 귀찮아하지 말고 생각하자. 부끄러워하지 말고 아이디어를 내자. 그것이 많은 사람과 당신 자신을 바꾸는 큰 힘이 될 것이다. 당신에게서 탄생한 아이디어는 미래로 보내는 선물이다.

> *위의 세 가지 질문을 통해 점검을 마쳤다면*
> *이제 남은 것은 실행뿐이다.*
> *누군가를 행복하게 만드는 미래를*
> *스스로 만들어 내자.*

--- 에필로그 ---

"고니시 씨는 미래를 읽을 수 있군요."라는 말을 들은 적이 있다. 물론 내게 그런 힘은 없다. 이 책에서 언급한 바와 같이 진정한 의미에서 실패를 거듭한 결과, 틀리지 않는 경로를 거칠 수 있었다. 거기에 사람이 흥미로워하는 아이디어를 더함으로써 '유행'이라는 용의 꼬리를 잡는 성과를 가끔 거뒀을 뿐이다. 단 내 인생에서 "이 사람은 미래를 읽을 수 있구나." 싶은 사람이 몇 명 있기는 하다.

한 사람은 나의 벗이자 멘토이기도 한 구라타 다이스케(倉田泰輔) 씨다. 그는 금융계 출신이다 보니 여러 기업의 최고재무관리자기도 하고, 영화나 애니메이션 프로듀서로 활약하기도 하는 다재다능한 사람이다. 내가 고민할 때면 언제나 "지금 이걸 하면 이렇게 되겠죠." 하고 가르쳐 준다. 그리고 나중에 그가 말한 대로 돼서 나는 늘 놀란다. 어느 날, 구라타 씨에게 "정말 미래가 보이는 거 아냐?" 하고 묻자, 그럴 리가 있겠냐며 굳이 말하자면 "실패를 여러 번 경험하다 보니까."라고 대답해 줬다.

여러 가지 실패를 경험하다 보면 생기는 센스가 있다. 틀리지 않는 경로를 알면, 그 길을 막 걷기 시작한 사람을 올바른 방향으로 이끌 힘이 생기는 것이다. 센스는 미래를 보는 힘 중 하나다. 역시 성공 체험보다 실패 체험이 미래를 보는 힘을 키우는 데는 더 효과적인 것 같다.

또 한 사람은 요시미 유코(吉見佑子) 씨다. 그녀는 유명해질 사람을 알아보는 힘이 대단하다. 뮤지션을 비롯해 건축가, 젊은 기업가, 빵집부터 레몬 칵테일 전문점 주인에 이르기까지 영역의 폭도 넓다. 나는 그들이 아직 명성을 얻기 전에 소개받아 어느새 유명해지는 모습을 여러 차례 목격했다. 요시미 씨에게 굉장한 능력이라고 말했더니 "절반 정도는 빗나가요."라며 웃었지만, 절반은 맞히니 얼마나 대단한가. 그래서 그녀에게도 "어떻게 미래를 아느냐?"라고 물어봤다. 돌아온 답은 "얼굴을 보고."라는 한마디였다. 그리고 "좋은 사람을 만나는 힘."이라고 덧붙였다. 당연히 외모 지상주의나 인맥 만들기 같은 수준 낮은 이야기가 아니다.

요시미 씨가 선택하는 사람들은 모두 젊지만 알랑거리지 않고 자신의 두 발로 버티면서 의욕이 넘치는 눈빛을 보여 준다. 보통 사람들과는 다른 왠지 모를 위화감이 있다. 사람들과 만나는 것을 마다하지 않고 겁 없이 뛰어들어 보는 개구쟁이 정신, 바로 유행에 필요한 '위화감과 깊이감'이 있는 사람들이다. 그런 사람이 잇달아 힘을 가진 사람을 만나면 번뜩이는 생각이 넘쳐 난다.

미래는 확실하게 그려야 끌어당길 수 있으며, 그것에 설레면 사람이 모여들기 마련이고, 그렇게 해서 점점 재미있는 인생이 된다. 목적지를 내다보는 사람은 강하다. 그런 강한 사람이 되기 위해 먼저 뭘 생각해야 하는지, 어떻게 생각하면 좋을지를 돕는 것이 바로 생각 도구다. 독자 여러분이 이 책과의 만남으로 설레는 미래를 향해 걸어 나가 준다면 더없이 기쁘리라.

사실 이 책의 집필을 마무리하는 단계에서 나는 라스베이거스의 스피어라는 구체형의 대형 영화관을 방문했다. 그리고 그곳에서 정말로 인생이 바뀔 만큼 대단한 영상을 봤다. 이 세상에는 여전히 모르는 것이 많고 미래는 새로운 것으로 넘쳐 난다. 그것을 만드는 것이 어쩌면 나일지도 모른다고 생각하니 무척이나 설렜다. 인생은 대단히 재미있다. 여러분의 인생이 더욱 밝게 빛나기를 진심으로 기원한다.

  마지막으로 이 책을 완성하는 데 있어 어쩌면 공저자라고 해도 좋을 만큼 적확하고 날카로운 조언과 편집을 해 주신 문예춘추의 야마모토 히로키(山本浩貴) 씨에게 마음을 다해 감사 말씀을 드리며 이 책을 마무리하고자 한다.

글쓴이 고니시 도시유키

심플리어 006

기획을 설계하는
생각 도구 100

1판 1쇄 인쇄 2025년 7월 14일
1판 1쇄 발행 2025년 7월 23일

지은이 고니시 도시유키
옮긴이 고정아
펴낸이 김영곤
펴낸곳 (주)북이십일 21세기북스

TF팀 팀장 김종민
기획편집 신지예 **마케팅** 정성은
편집 꿈틀 이정아 박귀영 **디자인** design S
영업팀 정지은 한충희 장철용 강경남 황성진 김도연 이민재
제작팀 이영민 권경민
해외기획팀 최연순 소은선 홍희정

출판등록 2000년 5월 6일 제406-2003-061호
주소 (10881) 경기도 파주시 회동길 201(문발동)
대표전화 031-955-2100 팩스 031-955-2151 **이메일** book21@book21.co.kr

ⓒ 2025, 고시니 도시유키

ISBN 979-11-7357-378-1 (03320)

(주)북이십일 경계를 허무는 콘텐츠 리더

21세기북스 채널에서 도서 정보와 다양한 영상자료, 이벤트를 만나세요!
페이스북 facebook.com/21cbooks **포스트** post.naver.com/21c_editors
인스타그램 instagram.com/jiinpill21 **홈페이지** www.book21.com
유튜브 youtube.com/book21pub

- 책값은 뒤표지에 있습니다.
- 이 책 내용의 일부 또는 전부를 재사용하려면 반드시 ㈜북이십일의 동의를 얻어야 합니다.
- 잘못 만들어진 책은 구입하신 서점에서 교환해드립니다.

깊이 읽는 독해력의 기술을 담은 책

안다는 착각

중학생 이상이라면 반드시 읽어야 할 독해력 필독서

니시바야시 가츠히코 지음 | 값 19,900원 | 218쪽

인생을 바꾸는 365 데일리 루틴

하루 한 장, 작지만 큰 변화의 힘

대한민국 최고 기록학자가 제안하는 작은 습관으로 거대한 변화를 만드는 법

김익한 지음 | 값 28,000원 | 388쪽

비즈니스 리더라면 반드시 읽어야 할 책

수평적 사고

일상의 창의성을 의미 있는 혁신으로 전환하는 수평적 사고

폴 슬론 지음 | 값 22,000원 | 316쪽

원치 않는 집중을 끊어내는 몰입 혁명

집중력의 배신

중독의 덫을 빠져나와 몰입의 세계로 나아갈 자기혁명 심리학

한덕현 지음 | 값 17,000원 | 240쪽